Tratamento dos Contratos Bilaterais na Recuperação Judicial

Tratamento dos Contratos Bilaterais na Recuperação Judicial

2022

Gustavo Stenzel Sanseverino

ALMEDINA

TRATAMENTO DOS CONTRATOS BILATERAIS NA RECUPERAÇÃO JUDICIAL
© Almedina, 2022

Autor: Gustavo Stenzel Sanseverino

Diretor Almedina Brasil: Rodrigo Mentz
Editora Jurídica: Manuella Santos de Castro
Editor de Desenvolvimento: Aurélio Cesar Nogueira
Assistentes Editoriais: Isabela Leite e Larissa Nogueira
Estagiária de Produção: Laura Roberti

Diagramação: Almedina
Design de Capa: Roberta Bassanetto

ISBN: 9786556276199
Agosto, 2022

Dados Internacionais de Catalogação na Publicação (CIP)
(Câmara Brasileira do Livro, SP, Brasil)

Sanseverino, Gustavo Stenzel
Tratamento dos contratos bilaterais na recuperação judicial / Gustavo Stenzel Sanseverino. – São Paulo, SP : Almedina, 2022.

Bibliografia.
ISBN 978-65-5627-619-9

1. Contratos – Brasil 2. Direito empresarial
3. Empresas – Recuperação – Leis e legislação
4. Lesão (Direito) 5. Recuperação judicial
(Direito) – Leis e legislação – Brasil I. Título.

22-114042 CDU-34:338(81)

Índices para catálogo sistemático:

1. Brasil : Direito empresarial 34:338(81)

Eliete Marques da Silva – Bibliotecária – CRB-8/9380

Este livro segue as regras do novo Acordo Ortográfico da Língua Portuguesa (1990).

Editora: Almedina Brasil
Rua José Maria Lisboa, 860, Conj. 131 e 132, Jardim Paulista | 01423-001 São Paulo | Brasil
www.almedina.com.br

AGRADECIMENTOS

O caminho para a construção deste livro – resultado da minha dissertação de mestrado apresentada à Faculdade de Direito da Universidade de São Paulo (USP) e defendida em fevereiro de 2020, agora editada com pontuais alterações – somente foi possível de ser percorrido graças a múltiplas contribuições, inspirações e ensinamentos de pessoas a quem sou profundamente agradecido.

Agradeço, em primeiro lugar, ao professor Francisco Satiro, por todos os valiosos ensinamentos compartilhados ao longo da orientação. Com enorme generosidade, me despertou o interesse específico a respeito do tema tratado neste livro, além de sempre clarear, com inspirador didatismo, os problemas centrais dessa área de pesquisa.

Aos professores Manoel Justino Bezerra Filho, Marcelo Barbosa Sacramone e João Pedro Scalzilli, por todos os apontamentos críticos e positivas recomendações que foram compartilhados na banca de defesa. Também registro meu agradecimento ao professor Cassio Cavalli, pelas relevantes contribuições quando da banca de qualificação.

À professora Judith Martins-Costa, que, ainda nos meus primeiros anos de graduação, generosamente me abriu as portas da inesquecível experiência de estágio no escritório na Rua Luciana de Abreu e, por tabela, de um vastíssimo mundo jurídico, inspirando a todos pela sua capacidade de conjugar, com maestria e rigor acadêmico, uma intensa curiosidade intelectual com uma profunda cultura histórico-humanista.

Ao professor Carlos Klein Zanini, que, no meu último ano de graduação, me convidou para ingressar no MBZ Advogados, por todos os aprendizados e exemplos proporcionados no convívio profissional, ensinando-me de modo singular que a advocacia se constrói com raciocínio prático e vocação de serviço.

À professora Sheila Cerezetti e ao professor Luis Felipe Spinelli, doutrinadores a quem muito admiro pela produção acadêmica e pela honestidade intelectual, por terem trazido importantes considerações sobre o trabalho. Gostaria de também registrar minha gratidão aos professores Paulo Fernando Campos Salles de Toledo, Peter Sester e Ivo Waisberg, que, cada qual ao seu modo, contribuíram positivamente nesta caminhada.

Ao Alan Santos Hay, profícuo pesquisador e agora colega, pela riqueza do diálogo e pela profundidade das contribuições trazidas na reta-final de conclusão da dissertação. Aos amigos Rafael "Taga" Xavier, Pedro Deos e Felipe Guaspari, que, com máxima parceria e disponibilidade, contribuíram com suas atentas revisões e sugestões críticas na antevéspera do depósito da dissertação.

Aos amigos Eduardo Halperin, Eduardo Roithmann, Enrico Sanseverino, George Hauschild, Giacomo Grezzana, Giovana Benetti, Luciano Piva, Marcelo Ramos Leite, Marcelo Tosin e Rodrigo Fuhr Oliveira, que por diversas formas auxiliaram no desenvolvimento deste trabalho.

Às minhas tias Raquel e Ana Luiza, pelo acolhedor porto seguro que sempre me proporcionaram em São Paulo.

Aos meus avós, Maria Thereza e José, pelo exemplo vivo da fé que busca iluminar cada passo desta caminhada.

À Catarina Paese, que, com muita leveza, sinceridade e amor, possibilitou que a nossa relação fosse uma fonte de significado e estímulo para as alegrias e os desafios de cada dia.

A minha irmã, Luíza, de quem sempre recebi o máximo de cuidado, companheirismo e bons conselhos como irmã mais velha.

Aos meus pais, Carminha e Paulo, cujo amor, dedicação e exemplo foram – e sempre serão – a sustentação e o impulso de cada passo ao longo desta caminhada.

APRESENTAÇÃO

Em 2015, junto com a Professora Sheila Neder Cerezetti – minha colega no Departamento de Direito Comercial na USP e na coordenação do Grupo de Estudos de Empresa e Crise – GEC – estive na UFRGS a convite do Professor Gerson Branco. O propósito da visita era participar da avaliação final do resultado do trabalho de um grupo de estudos de alunos de graduação e pós-graduação que ele coordenava sobre insolvência. A par do bom trabalho apresentado pela grande maioria dos participantes, dois alunos destacaram-se. Na verdade, mostraram tamanha profundidade e maturidade na abordagem de seus temas que não foi possível deixar de notá-los. Ao final do evento, eu a Professora Sheila fomos conversar com esses alunos que, para nossa surpresa, estavam ainda cursando graduação, apesar de já no último ano. Como ministraríamos disciplina de pós-graduação em conjunto no primeiro semestre do ano seguinte, decidimos convidá-los para que a acompanhassem como alunos especiais, o que foi imediatamente aceito. Assim conheci Gustavo. E, durante o semestre em que convivemos durante a disciplina de pós-graduação, foi possível confirmar que a primeira impressão não foi um equívoco. Dedicado, Gustavo acompanhou o curso e novamente teve desempenho destacado. Ao final, convidei-o a submeter-se ao processo seletivo para ingresso no programa da FDUSP, oferecendo-me para ser seu orientador em caso de aprovação.

O convite teve um especial significado para mim. Remontou minha própria história. Meu ingresso no pós-graduação deu-se por similar convite feito pelo meu então professor de Mercado de Capitais no quinto ano da graduação, Prof. Waldírio Bulgarelli, de saudosa memória, que assim o fez porque supostamente teria identificado em mim algum potencial para a vida acadêmica – que espero ter correspondido.

Quanto ao Gustavo, que mais tarde descobri pertencer a uma família de juristas de escol no Direito Brasileiro[1], não restam dúvidas do acerto da minha decisão. E a prova disso é o trabalho que o leitor tem em mãos, e que pode agora avaliar pessoalmente. Fruto de um curso de pós-graduação consistente, de estudos profundos e de muita dedicação. O tema árido não o assustou e o resultado é um trabalho que aborda com profundidade um dos problemas mais sérios da recuperação judicial – o tratamento dos contratos bilaterais, mas principalmente daqueles que os norte-americanos decidiram chamar de "executory contracts", e as cláusulas ipso facto. E com isso elaborou uma obra essencial para quem pretende se aprofundar nas questões que aborda.

Não por outra razão, o livro ingressa com méritos na série especial que resultou da parceria entre a Editora Almedina e o Grupo de Estudos de Empresa e Crise – GEC ligado ao Departamento de Direito Comercial na USP e coordenado pela Professora Sheila Cerezetti e por mim. Uma série que pretende trazer a público trabalhos desenvolvidos na pós-graduação da USP.

Boa leitura.

FRANCISCO SATIRO

[1] Seu pai, Ministro Paulo de Tarso Sanseverino é uma das maiores referências em Direito Privado não só como Professor Universitário, mas principalmente pelo papel que desempenha no Superior Tribunal de Justiça, como protagonista na formação da jurisprudência específica no assunto. Seu avô, José Sperb Sanseverino, foi Professor de Filosofia do Direito e Deputado Estadual pelo Rio Grande do Sul.

PREFÁCIO

Explicitamente motivado pelo *laconismo* da legislação concursal brasileira ao disciplinar o tema especifico do tratamento dos contratos bilaterais na recuperação judicial, Gustavo Stenzel Sanseverino decidiu a ele dedicar sua atenção, valendo-se de uma interessante e muito aguda ideia-força: os contratos se alicerçam, concomitantemente, em uma dimensão patrimonial, expressa na metáfora da veste jurídica para instrumentalizar a troca de bens e serviços e em uma dimensão organizativa, consequente ao papel central na própria organização da atividade empresarial globalmente considerada. A primeira pode ser compreendida desde uma perspectiva interindividual, tendo em vista os polos contratantes; já a segunda só é compreensível em perspectiva social, sendo a empresa uma instituição que atine, ao fim e ao cabo, aos interesses da sociedade. Essas duas dimensões podem entrar em tensão quando do processo de recuperação judicial, pois ambas restam subordinadas a um terceiro fator, este de ordem procedimental, na medida em que a "lógica coletiva da recuperação judicial" impõe "prevenir todo e qualquer ato de um credor que possa dilapidar o patrimônio ou inviabilizar a atividade empresarial da devedora, durante o período em que se negocia o plano de soerguimento empresarial"[2].

O choque potencial revela-se pelo contraste, entre, de um lado, da perspectiva do credor, individualmente considerado (sendo o patrimônio do devedor a garantia primária e precípua do adimplemento das obrigações contratuais) e, de outro, da "coletivização" da ameaça quando o patrimônio

[2] Neste livro, p. 21.

está fragilizado. Então, estará afetado todo o conjunto de pessoas que mantinha, mantém e manterá relações contratuais com a empresa em crise. Este potencial choque entre interesses exige a organização, juridicamente estruturada, do cumprimento das múltiplas obrigações a que está sujeita a empresa em crise. Do contrário, a situação metaforizada por Gustavo – passageiros acionando por sua conta e risco a saída de emergência de uma aeronave superlotada em razão de *overbooking* – conduzirá com certeza ao desastre. Considerando que a empresa não terá forças suficientes para o cumprimento ponto por ponto das obrigações tal qual pactuadas, é também do interesse dos credores que a recuperação se organize de modo satisfatório em vista de um reexame do conjunto de obrigações, ultrapassada a perspectiva individual de cada credor contratante. Não por acaso, lembra o Autor a teoria do *nexo de contratos* que interpreta economicamente a noção de empresa, tendo presente o fato de esta inserir-se em um mercado no qual atua por meio de contratos encadeados – ao menos economicamente – alguns deles sendo indispensáveis para a manutenção de seu ciclo operacional. Diferentes escalas de interesses devem, pois, ser necessariamente articuladas, ultrapassando-se a perspectiva individual para se alcançar a dimensão transindividual dos contratos.

É em vista desse contexto que Gustavo Sanseverino situa o exame de dois mecanismos de defesa passíveis de utilização pelo credor individual (quais sejam, a cláusula *ipso facto* e a exceção de inseguridade), traçando suas distinções, limites e alcance. E ensaia fundamentada resposta à pergunta central do trabalho, que é a de "saber se os créditos decorrentes de contratos de *execução diferida* pendentes de cumprimento à data do pedido estão, ou não, submetidos aos efeitos do plano de recuperação"[3].

Subjazem a essa questão camadas e camadas de Teoria dos Contratos e de Direito Concursal, exigindo do Autor a fina costura entre *lex generalis* e *lex specialis*, trabalho nem sempre levado a efeito pelos que cuidam do Direito Civil e do Direito Comercial, esquecidos, talvez, da sábia advertência do *maestro* Bulhões Pedreira acerca da necessária conjugação entre o direito geral da atividade negocial e o direito das empresas[4]. Essa conjugação

[3] A seguir, p. 106.

[4] BULHÕES PEDREIRA, José Luiz Bulhões. Sistema Jurídico da Companhia. *In*: LAMY FILHO, Alfredo; BULHÕES PEDREIRA, José Luiz (Coords.). **Direito das Companhias.** Vol. I. Rio de Janeiro: Forense, 2009, § 45, p. 173. Acerca da centralidade da noção de "atividade

teórica é, no entanto, fundamental para resolver problemas práticos advindos das diferentes escalas de interesse exsurgentes da empresa em crise, consideradas, aliás, pelo legislador brasileiro. Sendo viável a manutenção de uma empresa em crise, a Lei n. 11.101/05 privilegia mecanismos de recuperação aos de liquidação – traço revolucionário no sistema concursal nacional[5]. Consequentemente, a recuperação judicial enseja a criação de um potencial estado de latência das atividades da empresa, sem recair, todavia, na sua total paralisação. Durante esse estado peculiar, parte da exigibilidade das obrigações resta em suspenso, parte das dívidas não pode esperar o fim do procedimento, devendo ser logo atendida.

Sob perspectiva normativa, o fulcro está no art. 49 da Lei 11.101/05. Embora Gustavo Sanseverino tenha destacado a sua interpretação funcional, creio ter ido além: realizou também interpretação histórica e sistemática para extrair os sentidos denotados pela função do dispositivo normativo. *Estão sujeitos à recuperação judicial todos os créditos existentes na data do pedido*, diz o artigo legal. E a resposta que propõe para a correta compreensão dogmática da expressão "créditos existentes" é a de indicar a data do adimplemento – o qual, nos contratos duradouros, se renova sucessivamente no tempo –, como a data de corte sobre os critérios sujeitos ou não sujeitos ao rito recuperacional[6]. Conclui, em consequência: "independentemente de o contrato ter sido celebrado antes do pedido de recuperação, o respectivo crédito não estará sujeito à recuperação judicial quando a utilidade da prestação devida pela contraparte *in bonis* estiver programada para ser disponibilizada à recuperanda (e internalizada em seu patrimônio) em momento posterior ao início do procedimento"[7].

Como já pode perceber o leitor, o livro que ora tenho o gosto de prefaciar é, por sua ambição e, especialmente, por sua realização, merecedor de todos os elogios. É límpido na redação (cujo estilo está concorde

negocial" no sistema do Código Civil vide: MARCONDES, Sylvio. **Problemas de Direito Mercantil.** São Paulo: Max Limonad, 1970, (2ª tiragem), p. 137; e LEÃES, Luis Gastão Paes de Barros. A disciplina da empresa no novo Código Civil brasileiro. **Revista de Direito Mercantil**, vol. 128, ano XLI (nova série), out-dez. 2002, p. 11 e 12.

5 CEREZETTI, Sheila Neder. **A recuperação judicial de sociedades por ações: o princípio da preservação da empresa na Lei de Recuperação e Falência**. São Paulo: Malheiros Editores, 2012, p. 427

6 A seguir, p. 112.

7 A seguir, p. 190.

ao celebrado bom gosto artístico e culinário do seu Autor); é agudo na argumentação, sofisticado no método e rigoroso no trato das fontes: o texto legislativo pauta a análise, e não a esgota, como em *manuais leguleios* que se limitam a repetir o que já está no texto legal; são investigados, sem anacronismos, autores de ontem e de hoje, estando o texto vivo pela atenção conferida à jurisprudência. Se por um lado é profundo, por outro não deixa de ser leve. O estilo é destacado por bem lançadas metáforas que explicam e ilustram a realidade jurídica subjacente, sem exageros.

Uma palavra de destaque deve ser dada ao método. Como tenho observado em outros contextos, *a estrutura fala*: sejam textos de Lei, sejam peças judiciais ou arbitrais, sejam proposições doutrinárias, é pelo exame da estrutura que começamos a perceber o encadeamento do raciocínio do autor do texto. A arquitetura projetada para o *Tratamento dos Contratos Bilaterais na Recuperação Judicial* fala de maneira expressiva e clara. Cada um dos quatro capítulos em que dividida a obra é um antecedente passo necessário para a boa compreensão do todo.

No Capítulo 1, Gustavo Sanseverino cuida de fixar os fundamentos da análise. Estão indicados o léxico e o terreno a serem investigados. A boa compreensão sobre as modalidades de contratos duradouros é pressuposto do aprofundamento das ideias trabalhadas a respeito do regime recuperacional. A síntese apresentada fixa os alicerces iniciais da construção dogmática.

No Capítulo 2, traça o histórico normativo dos contratos no regime da insolvência. Se sincronicamente as ideias sobre o direito contratual são apresentadas pelo cotejo entre os regimes recuperacional e falimentar, o escorço também se dá diacronicamente, sob duas perspectivas: tanto pelo retorno ao regime legal anterior, do Decreto-Lei 6.771/45 e do Código Civil de 1916, quanto pela análise do regime atual, do Código Civil de 2002 e da Lei 11.101/05 (LRE), quanto, ainda, por um mergulho na história legislativa deste último diploma. A esse respeito, o exame é minucioso sem perder a objetividade, em atenção dedicada aos trabalhos legislativos. As fontes, recentes do ponto de vista histórico, são diretamente examinadas. O leitor está diante de exame profícuo de documentos ligados ao processo de elaboração da Lei, sobretudo os debates parlamentares. Não há um "*diz-que-me-disse*" de outros autores, que, quando não se reduz a uma espécie de "entrevista jurídica sobre a opinião doutrinária alheia" ou de opinião sem fundamento. No Direito, toda opinião que não estiver antecedida por meditação e reflexão é despida de autoridade e, consequentemente, despida também de utilidade[8].

A verticalidade do trabalho se acentua nos Capítulos 3 e 4. Os dois tópicos explorados em cada um dos respectivos capítulos cobrem assuntos de potenciais interferências críticas na capacidade de sobrevivência empresarial da devedora durante o período de recuperação.

O foco do Capítulo 3 está na cláusula *ipso facto*. É descrita a sua configuração funcional como instrumento de regulação *ex ante* do risco de insolvência, segundo o qual as partes estabelecem ser o início de um procedimento concursal como causa para a extinção antecipada do contrato. Percebe e destaca o Autor a importante distinção conceitual entre a insolvência e o inadimplemento, pois a "insolvência não implica de *per si* um rompimento automático e objetivo do sinalagma contratual, nem torna inútil ou impossível a prestação. Sob a perspectiva da empresa em crise, o interesse na continuidade de um contrato pode não apenas subsistir, mas também ser potencializado após o início da recuperação judicial. Isso porque, por conta da declaração do estado de insolvência, a devedora pode ter grandes dificuldades para encontrar novos parceiros contratuais"[9]. Por isso enfrenta também a qualificação jurídica da cláusula – se condição resolutiva ou cláusula resolutiva expressa, examinando o tema à luz dos artigos 127, 128 e 474 do Código Civil.

Esclarecidos os conceitos no plano da existência e tendo considerado muito seriamente os argumentos defensivos da validade da cláusula *ipso facto*, logra concluir que a lacuna de previsão da LRE não significa recair em "uma 'terra sem lei' dentro da legislação concursal"". Atento ao papel da doutrina como formuladora de modelos hermenêuticos e ao da jurisprudência, legitimada à produção de modelos jurisprudenciais, convoca-as à tarefa de preencher as lacunas que destaca de modo articulado e sistemático. Em trabalho de boa doutrina, não se furta a apresentar, de modo fundamentado, uma diretriz hermenêutica ao aplicador, entendendo pela invalidade da cláusula em tripla ordem de razões: "*(i)* por violar as regras e princípios que disciplinam (direta e indiretamente) o regime

[8] Referi a questão em MARTINS-COSTA, Judith. A autoridade e a utilidade da doutrina: a construção dos modelos doutrinários. *In*: **Modelos de Direito Privado**. São Paulo: Marcial Pons, 2014, p. 9-40.

[9] A seguir, p. 121-122.

do tratamento dos contratos na LRE, *(ii)* por desrespeitar o *stay period* e *(iii)* por repercutir negativa e disfuncionalmente sobre a esfera jurídica das demais partes interessadas na recuperação judicial"[10].

No derradeiro Capítulo 4, o exame recai sobre a exceção de inseguridade. O capítulo dá vida e dá cores ao art. 477 do Código Civil. A partir de uma apreciação dos conceitos à luz do Direito Civil, com ilustração de problemas concretos, Gustavo Sanseverino propõe a análise de um não-óbvio dever de informar daquele que estima exercer a exceção de inseguridade com base no princípio da boa-fé objetiva[11]. Propõe, então, se posta em prática a transmissão da informação previamente ao exercício do remédio excepcional, caso venha a de fato ser exercido, obedecer a uma *lógica de ampulheta*, revertendo o prazo de tolerância para o cumprimento da respectiva obrigação em favor do credor que agiu com base no princípio da boa-fé. Por fim, diante da falta de regramento específico sobre o exercício de posições jurídicas durante o período em que devedora e os seus credores negociam o plano de reestruturação, e com atenção ao fato de que o credor excipiente "está visivelmente exposto a um risco patrimonial caso haja o inadimplemento da contraprestação que é devida pela empresa em recuperação judicial", fornece, com exemplos concretos, critérios sobre o exercício da exceção de inseguridade.

Não por outra razão o trabalho, elaborado originalmente como dissertação de mestrado na Faculdade de Direito da Universidade de São Paulo, sob a segura orientação do Professor Francisco Satiro, mereceu plena aprovação e recomendação para publicação de banca examinadora formada pelos Professores Manoel Justino Bezerra Filho, Marcelo Barbosa Sacramone e João Pedro Scalzilli.

*

Prefaciada a obra, permito-me uma breve nota conclusiva de ordem pessoal sobre o Autor. Fui aluna de seu avô, o Professor José Sperb Sanseverino, em inesquecíveis lições de Filosofia do Direito e de amabilidade, *ésprit de finesse* e generosa disponibilidade para colaborar com os alunos; vinte anos passados, tive a alegria de ser orientadora, em dissertação de mestrado e

[10] A seguir, p. 148.

[11] A seguir, p. 171.

tese de doutorado, de seu pai, o eminente Ministro Paulo Sanseverino hoje uma referência ética e jurídica no Superior Tribunal de Justiça. E, já neste século XXI, pude contar com a colaboração do juvenilíssimo estudante Gustavo Sanseverino como estagiário em meu escritório. Encontrei um estudante sempre disposto a se envolver quer com as atividades ordinárias, quer com os trabalhos extraordinários, auxiliando-me na pesquisa para a redação de artigos e livros, e na realização de eventos do Instituto de Estudos Culturalistas. Nos dois anos que lá permaneceu, cativou a todos com a sua simpatia, educação distinta e interesse por aprender, conviver e viver. Para além das múltiplas habilidades, Gustavo Sanseverino tem destacadas qualidades de caráter.

Quase dez anos depois do estágio, as melhores qualidades requeridas de um então jovem pesquisador, já demonstradas à época, hoje se consolidam em um belíssimo trabalho que contribui à doutrina jurídica de Direito Privado brasileiro.

São Paulo, outubro de 2021.

JUDITH MARTINS-COSTA
Livre Docente pela Universidade de São Paulo.
Advogada, parecerista e Presidente do Instituto de Estudos Culturalistas.

SUMÁRIO

INTRODUÇÃO

No desenrolar da história do *capital*, o motor da indústria tomou o lugar do arado como ferramenta central da vida econômica. Nesta revolução do sistema produtivo, a empresa passou a assumir progressivo protagonismo no processo de criação de riqueza, expandindo *pari passu* a própria funcionalidade do contrato. De veste jurídica para instrumentalizar a troca de bens e serviços (*dimensão patrimonial*), o contrato passa a ocupar um papel central na própria organização da atividade empresarial (*dimensão organizativa*)[12]. Para a organização empresarial, a riqueza não apenas circula, mas também se cria por meio de contratos.

Em nenhum outro momento da história do *capital*, a centralidade do contrato nestas duas dimensões foi tão nítida quanto é hoje, em vista do atual estágio da revolução tecnológica. Sob a *dimensão patrimonial*, volumes inimagináveis de bens e serviços são adquiridos com "dois cliques" no mercado digital do *e-commerce*, viabilizando, por exemplo, que empresas varejistas e instituições financeiras não precisem de lojas físicas para comercializarem seus respectivos produtos e serviços. Sob a *dimensão organizativa*, a onipresença dos aplicativos de transporte conduz à constatação – repetida à exaustão – de que a maior empresa de transporte do mundo não é proprietária de um único carro, lugar-comum igualmente adaptável para as empresas de *streaming* de música e vídeos.

[12] ROPPO, Enzo. **O contrato**. Coimbra: Almedina, 1988, p. 67; REICH, Charles. The new property. **The Yale Law Journal**, Yale, v. 73, n. 5, p. 733-787, Apr. 1964, p. 738; GOMES, Orlando. **Novos temas de Direito Civil**. Rio de Janeiro: Forense, 1983, p. 108-109.

Com base nestes exemplos, é possível visualizar que – assim como a revolução industrial representou uma transição do imóvel rural para o complexo fabril – a revolução tecnológica vem demarcando dia a dia um deslocamento dos *tangíveis* para os *intangíveis* no rol de ativos que compõem o valor da empresa. Entre as dez maiores companhias abertas do mundo, observa-se que, em sete delas, o valor dos ativos intangíveis representa mais de 80% do seu valor de mercado[13].

Diante desta mudança de paradigma, o estabelecimento empresarial não pode ser concebido pelo regime jurídico como um "feudo" onde seus ativos se encontram seguramente encastelados. A empresa atua e se insere no mercado por meio de uma rede de contratos, cuja utilidade pode ser indispensável para a manutenção de seu ciclo operacional. Desta forma, a própria noção de empresa passa a ser interpretada economicamente como um *nexo de contratos*[14].

No contexto da empresa em crise, o tema dos contratos ganha contornos de especial relevância por duas razões principais. A primeira diz respeito ao fato de que a situação de crise econômico-financeira, por si só, é um fator de desestabilização na vida dos contratos – muitos dos quais já podem estar comprometidos por situações anteriores de atrasos e inadimplências por parte da devedora. A segunda razão é que, no contexto excepcional e coletivo da recuperação judicial, os efeitos de um contrato não se restringem às partes contratantes, mas também se estendem ao concurso de credores e aos demais sujeitos afetados pelo estado de insuficiência patrimonial da devedora.

Sob o prisma da contraparte credora, a crise empresarial da devedora naturalmente desperta um "estado de alarme"[15], ao se projetar que a eventual incapacidade desta em honrar com as suas obrigações poderá repercutir decisivamente na própria fortuna do contrato. Neste contexto, os credores que tenham relações contratuais ativas com a devedora

[13] Amazon, Microsoft, Google/Alphabet, Alibaba, Facebook e Tencent.

[14] JENSEN, Michael C.; MECKLING, William H. Theory of the firm: Managerial behavior, agency costs and ownership structure. **Journal of financial economics**, v. 3, n. 4, p. 305-360, 1976.

[15] Expressão de SERPA LOPES (SERPA LOPES, Miguel Maria de. **Exceções substanciais**: exceção de contrato não cumprido. Rio de Janeiro: Livraria Freitas Bastos, 1959, p. 278).

tendem a adotar uma "postura defensiva"[16] a partir da primeira notícia da recuperação judicial – seja para mitigar danos futuros, seja para tentar compensar perdas passadas.

Sob o prisma da devedora, os contratos – em sua *dimensão patrimonial* – podem influenciar diretamente no aumento ou na redução do seu passivo, na medida em que "contratos superavitários" produzirão um saldo positivo para a empresa em crise, e os "contratos deficitários", um novo decréscimo patrimonial. Em sua *dimensão organizativa*, a manutenção da "rede de contratos" pode ser crucial para viabilizar a continuidade do processo produtivo da devedora, garantindo-se o fornecimento de bens e serviços essenciais à preservação da atividade empresarial.

No âmbito da recuperação judicial, essa dupla-dimensão do contrato subordina-se a um fator de ordem procedimental, qual seja: dentro da lógica coletiva da recuperação judicial, deve-se prevenir todo e qualquer ato de um credor que possa dilapidar o patrimônio ou inviabilizar a atividade empresarial da devedora, durante o período em que se negocia o plano de soerguimento empresarial. Desde já, vale enfatizar que as posições jurídicas ativas do credor individual não estão localizadas em uma redoma alheia à realidade da empresa em crise. Em outras palavras: os direitos, poderes e faculdades deste credor podem se sujeitar a substanciais limitações em vista do interesse concursal, especialmente no período crítico entre a data do pedido e a data da assembleia geral de credores convocada para a apreciação do plano de recuperação.

Em linguagem metafórica, a lógica coletiva imposta ao tratamento dos contratos na recuperação judicial pode ser comparada ao comando de "apertar os cintos" emitido no momento de entrada de um avião em uma zona de turbulência. Neste ambiente excepcional e coletivo, caso qualquer dos passageiros decida por sua conta e risco acionar individualmente a "saída de emergência" para pular da aeronave, a intempestividade do ato poderá afetar severamente a continuidade do voo e o próprio destino das demais pessoas a bordo.

Na realidade brasileira, somam-se os casos de credores que, após o início do procedimento de recuperação judicial, imediatamente suspendem

[16] Expressão de Carvalho de Mendonça (CARVALHO DE MENDONÇA, José Xavier. **Tratado de direito comercial brasileiro**. v. VII. 7. ed. Rio de Janeiro: Livraria Freitas Bastos, 1964, p. 464).

a venda a crédito, passando a exigir da devedora o pagamento à vista ou, ao menos, o reforço de uma garantia para retomar a continuidade do fornecimento de bens e serviços[17]. Também é possível visualizar situações de credores que, após a primeira notícia do processamento da recuperação judicial, buscam acionar suas "saídas de emergência" para extinguir antecipadamente os contratos em execução com a devedora. Dentre os mecanismos de saída, a cláusula *ipso facto* é uma fórmula amplamente utilizada nos contratos empresariais, autorizando a contraparte a terminar a relação contratual unicamente por causa do início da recuperação judicial.

Em caso envolvendo a recuperação judicial da *Livraria Saraiva*[18], a problemática fica muito bem evidenciada. Logo após a *Livraria Saraiva* entrar em recuperação judicial, a provedora dos serviços de tecnologia da informação necessários para a operacionalização do *e-commerce* da devedora invocou a cláusula *ipso facto* para fins de extinção antecipada do contrato de prestação de serviços. Durante o plantão judiciário, o Juízo Recuperacional deferiu o pedido de tutela de urgência requerido pela *Livraria Saraiva* para suspender a eficácia da cláusula *ipso facto* deste contrato, a fim de evitar uma descontinuidade do sistema de softwares necessários às atividades de comércio eletrônico da *Livraria Saraiva*.

Na recuperação judicial do *Grupo OI*[19], a estratégia do grupo de empresas recuperandas foi outra. Prevendo o risco de colapso de suas atividades de telecomunicações em caso de invocação da cláusula *ipso facto* por seus credores, o *Grupo OI* refletiu o tema do tratamento dos contratos já na petição inicial da recuperação, que, entre outros requerimentos, pleiteou em tutela de urgência "a suspensão da eficácia das cláusulas contratuais que preveem o ajuizamento da recuperação judicial como causa de rescisão do contrato". Para justificar a tutela de urgência, o *Grupo OI* ressaltou que grande parte dos seus contratos vigentes continha a cláusula *ipso facto*, o que indica o caráter amplamente usual dessa "saída de emergência" nos contratos comerciais. O Juízo Recuperacional deferiu a tutela de urgência,

[17] WAISBERG, Ivo; *et alii*. **Financiamento de empresas em recuperação judicial:** importância, dificuldades e estímulos, mar. 2010. TMA-Brasil.

[18] TJSP. 2ª Câmara Reservada de Direito Empresarial. AI 2024636-35.2019.8.26.0000. Relator Des. Maurício Pessoa. J. em 13/08/2019.

[19] TJRJ. 7ª Vara Empresarial da Capital. Processo 0203711-65.2016.8.19.0001. Juiz Titular Fernando Cesar Ferreira Viana. J. em 29/06/2016.

suspendendo a eficácia da cláusula *ipso facto* em todos os contratos firmados pelas devedoras do *Grupo OI*.

Também no setor de telecomunicações, a experiência estrangeira revela um caso paradigmático envolvendo o colapso da empresa australiana *One.Tel*[20], que faliu em questão de horas – logo após dois credores interromperem, com base no exercício da cláusula *ipso facto*, o fornecimento de serviços essenciais às atividades da empresa em crise. Neste caso, os prejuízos econômicos e o trauma institucional foram tamanhos que motivaram uma completa alteração do paradigma regulatório no âmbito do tratamento dos contratos no regime concursal australiano.

Frente a esta problemática, também motiva o desenvolvimento deste trabalho o *laconismo* da legislação concursal brasileira ao disciplinar o tema específico do tratamento dos contratos bilaterais na recuperação judicial[21]. Em perspectiva sistemática, o tema é mais regulado no capítulo da falência do que no da recuperação judicial, o que não deixa de ser contraintuitivo[22]. De modo geral, poderia se esperar que o legislador devotasse maior atenção na regulação dos efeitos da recuperação judicial sobre as obrigações contratuais das empresas com efetiva chance de recuperação. Todavia, não foi o que ocorreu na LRE, ao se verificar maior detalhamento na regulação da matéria no regime falimentar.[23]

Em perspectiva histórica, o tema era mais expressamente regulado no antigo regime da concordata[24] do que no atual regime da recuperação judicial, o que não deixa de ser surpreendente, pois – ao menos desde o início dos anos 1990 – alertava-se sobre a necessidade de que a legislação concursal fosse modernizada em linha com as evoluções jurídicas

[20] STRETEN, Elizabeth. National report for Australia. *In*: CHUAH, Jason; VACCARI, Eugenio (Ed.). **Executory contracts in insolvency law**: a global guide. Cheltenham: Edward Elgar Publishing, 2019, p. 476-498, p. 494.

[21] É importante ressaltar que os vácuos normativos existentes no tratamento dos contratos bilaterais na recuperação judicial não foram preenchidos pelo Poder Legislativo quando da formulação das alterações na Lei nº 11.101 que foram trazidas pela Lei nº 14.112/20.

[22] SOUZA JÚNIOR, Francisco Satiro de; WANDERLEY, Eduardo G. National Report for Brazil. *In*: CHUAH, Jason; VACCARI, Eugenio (Ed.). **Executory contracts in insolvency law**: a global guide. Cheltenham: Edward Elgar Publishing, 2019, p. 94-118, p. 108.

[23] Especialmente nas regras previstas entre os artigos 115 e 129 da Seção VIII (Dos Efeitos da Decretação da Falência sobre as Obrigações do Devedor).

[24] No revogado Decreto-lei 7.661/45.

em matéria obrigacional. No revogado Decreto-lei 7.661/45, o art. 165 estabelecia que "o pedido de concordata preventiva não resolve os contratos bilaterais, que continuam sujeitos às normas do direito comum". Na LRE, essa regra não foi diretamente incorporada pelo regime da recuperação judicial, propiciando-se com essa ausência o surgimento de dúvidas e incertezas sobre qual o tratamento a ser dado aos contratos bilaterais que estejam com prestações pendentes de cumprimento na data de início da recuperação judicial.

De início, uma delimitação merece ser feita. Este vácuo normativo na LRE não atinge igualmente todos os créditos originados em contratos sinalagmáticos. Para os contratos cujas prestações foram integralmente cumpridas pela contraparte, é certo que o respectivo crédito estará sujeito ao concurso de credores. Em relação aos contratos celebrados após o início da recuperação judicial, não pairam dúvidas de que o respectivo crédito da contraparte estará fora do concurso de credores. Para os credores proprietários que sejam titulares de garantias fiduciárias (*e.g.*, compra e venda de um caminhão com alienação fiduciária), a LRE foi igualmente clara ao conceder-lhes um tratamento privilegiado de não-sujeição à recuperação judicial[25].

Deste modo, o hiato normativo deixado pelo legislador diz respeito aos contratos com "um pé dentro, outro fora" da recuperação judicial, quer dizer, aos contratos cuja celebração seja anterior ao pedido e cujo cumprimento se estenda para após o pedido de recuperação judicial. São estes contratos, portanto, o objeto do presente trabalho.

O trabalho encontra-se dividido em duas grandes partes. A primeira destina-se à investigação de duas perguntas centrais: *(i)* quais as razões que podem explicar o laconismo do legislador a respeito deste tema? *(ii)* De que forma os esforços doutrinários podem auxiliar no preenchimento deste vácuo normativo?

[25] Na Lei nº 14.112/20, entre os § 3º e 9º do art. 49, nota-se que foram inseridos critérios específicos para a determinação de quais débitos do produtor rural que estarão sujeitos ao procedimento de reorganização. Em atenção a uma outra demanda setorial, foi incluído pela Lei nº 14.112/20 o § 13 no art. 6º da LRE, conferindo tratamento extraconcursal aos créditos decorrentes de *"contratos e obrigações decorrentes dos atos cooperativos praticados pelas sociedades cooperativas com seus cooperados"*.

Após a explicação e o preenchimento deste vácuo normativo na primeira parte do trabalho, a segunda terá como *fio-condutor* as fases do procedimento de recuperação judicial a fim de serem analisadas duas questões específicas, quais sejam: *(i)* por causa unicamente do pedido de recuperação, o credor está autorizado a terminar antecipadamente o contrato com base na cláusula *ipso facto*? *(ii)* Durante a fase do *stay period*, este mesmo credor pode manejar a exceção de inseguridade, suspendendo a execução de sua prestação contratual enquanto não for cumprida pela devedora a sua correspectiva contraprestação ou, ao menos, oferecida uma garantia suficiente desta contraprestação?

Convém salientar que – muito embora a cláusula *ipso facto* e a exceção de inseguridade sejam institutos claramente distintos – são identificáveis quatro pontos que as unem no âmbito da recuperação judicial.

A um, ambas pressupõem a inocorrência de uma situação de inadimplemento em relação às prestações contratuais pendentes de cumprimento ao tempo de início da recuperação judicial. Vale dizer: a cláusula *ipso facto* atua como "saída de emergência" quando o único incumprimento contratual é o do "dever de se manter solvente", ou seja, quando as demais obrigações contratuais estão sendo regularmente cumpridas pela devedora. Por sua vez, a exceção de inseguridade pressupõe um risco de inadimplemento *ad futurum* (e não a configuração propriamente dita do incumprimento contratual no momento presente).

A dois, ambas são remédios que revelam um comportamento reativo do credor individual em face de uma situação de crise econômico-financeira da devedora. Vale dizer, tanto a cláusula *ipso facto* quanto a exceção de inseguridade exercem uma função de garantia em prol do credor, quando este visualiza a materialização do risco de insolvência da contraparte contratual.

A três, em ambas o exercício da posição jurídica ativa do credor individual pode gerar um decréscimo financeiro para a devedora (*dimensão patrimonial* do contrato), bem como ocasionar uma disfunção no seu giro empresarial (*dimensão organizativa*).

A quatro, na cronologia do procedimento recuperacional, os efeitos de ambas podem afetar (direta ou indiretamente) o andamento da negociação coletiva entre a devedora e os credores concursais sobre o plano de recuperação a ser apreciado em assembleia geral de credores. Em outros termos: tanto o exercício da cláusula *ipso facto* quanto o manejo da exceção de inseguridade podem interferir, de maneira crítica, na capacidade de sobrevivência empresarial da devedora durante o *stay period*.

No desenvolvimento da pesquisa, duas metodologias foram utilizadas. Sob o método histórico, o estudo está ancorado na premissa de que a legislação importa pelo "dito" e pelo "não-dito". No mundo das normas jurídicas assim como no código da vida social, as *ausências* falam tanto quanto as *presenças*. Com base nessa premissa, o recorte histórico da pesquisa buscou compreender os "não-ditos" da LRE por meio de dois enfoques complementares: *(i)* a análise do tema do tratamento dos contratos bilaterais no revogado Decreto-lei 7.661/45 (em atenção ao texto normativo e às construções doutrinárias e jurisprudenciais da época), com o objetivo de se contextualizarem os dilemas e as preocupações que estavam no "espelho retrovisor" do legislador durante a elaboração da LRE, conforme texto promulgado em 2005; e *(ii)* a investigação das fontes primárias dos trabalhos preparatórios da LRE, cujo projeto de lei tramitou – com suas idas e vindas – pelos corredores do Congresso Nacional por mais de 11 anos (de dezembro de 1993 até fevereiro de 2005), testemunhando significativas mudanças na estrutura socioeconômica do país ao longo daqueles quase doze anos[26].

Sobre essa opção metodológica de se analisar a tramitação legislativa da LRE, cabe abrir parênteses. Não raro, os estudiosos do Direito tratam com certo desdém os trabalhos preparatórios de uma legislação, valendo-se (implícita ou explicitamente) daquela célebre frase creditada ao chanceler alemão Otto Von Bismarck[27]. No entanto, é de certa forma curioso que – ao mesmo tempo em que relegam os trabalhos preparatórios ao esquecimento – conferem status de "manjar dos deuses" às construções doutrinárias e jurisprudenciais que tratam justamente daquela legislação.

Da maneira como se buscou empregar, a investigação histórica não representa um culto a uma interpretação originalista e cristalizada da legislação. Pelo contrário, o objetivo é religar aquilo que foi preocupação

[26] A partir deste recorte histórico, ressalta-se que não serão objeto de investigação deste trabalho as razões pelas quais a reforma da Lei nº 14.112/20 não preencheu os vácuos normativos existentes no regime da recuperação judicial a respeito do tratamento dos contratos bilaterais.

[27] Em verdade, é do poeta norte-americano John Godfrey Saxe (1815-1898) a autoria do aforismo "As leis, como as salsichas, cessam de inspirar respeito na medida em que sabemos do que são feitas."

no passado com o que é objeto de atenção no presente, visando a uma dupla-finalidade: de um lado, compreender as opções valorativas feitas no passado; e, de outro, justificar uma interpretação atualizada e integrativa do texto normativo em conformidade com os objetivos, princípios e regras que estruturam o regime da LRE.

Sob o método dogmático, a investigação é de caráter multidisciplinar, com foco central no Direito Civil e no Direito das Empresas em Crise brasileiro. Nesta multidisciplinariedade, adota-se a seguinte premissa: o Direito Civil é campo do Direito comum, e o Direito das Empresas em Crise, do Direito excepcional. Considerando que o tema do trabalho diz respeito a efeitos substanciais da recuperação judicial (Direito excepcional) sobre os contratos (Direito comum), a abordagem sempre se iniciará pela compreensão do instituto e de suas funções sob a perspectiva do Direito Civil, para depois se adentrar nos fundamentos que justificam uma intervenção do Direito excepcional sobre as normas do Direito comum.

Ao se verificar uma crescente importância do tema em perspectiva de direito comparado ao longo da última década (inclusive com relevantes alterações legislativas sobre o tratamento dos contratos em regimes concursais estrangeiros), se recorre complementarmente à rica experiência estrangeira, em especial para a reflexão em torno das questões centrais da segunda parte do trabalho.

Ao final deste plano introdutório, vale destacar uma última colocação de ordem material: o percurso investigativo não tem como *norte* uma "lógica do sacrifício", a qual pudesse inadvertidamente autorizar, após o início da recuperação judicial, inadimplementos futuros da devedora em detrimento da saúde econômico-financeira do credor individual[28]. Na tensão existente entre crédito e débito inerente ao contrato bilateral, a contraparte não pode ser compelida a sacrificar a sua prestação quando se deparar com um risco concreto, objetivo e imediato de não conseguir obter a contraprestação devida pela recuperanda. Por outro lado, este mesmo credor está inevitavelmente inserido no contexto coletivo e excepcional da crise empresarial, buscando-se por meio deste trabalho apresentar

[28] PESTANA DE VASCONCELOS chamou de "falências por arrastamento" o risco de crises empresariais sucessivas dentro de uma mesma cadeia produtiva. (VASCONCELOS, Luís Miguel Pestana de. O novo regime insolvencial da compra e venda. **Revista da Faculdade de Direito da Universidade do Porto**, Porto, ano 3, p. 521-559, 2006, p. 523).

subsídios que demonstrem a relevância de se estabelecerem critérios restritivos e limites substanciais para o exercício de posições jurídico-contratuais pelo credor individual em vista das estruturas normativas que fundamentam o procedimento de recuperação judicial.

CAPÍTULO 1
SIGNIFICAÇÃO DOS CONTRATOS BILATERAIS NA INSOLVÊNCIA

No campo do Direito das Empresas em Crise, o termo "contrato bilateral" carrega – para além da estrutura sinalagmática que *amarra*[29] a prestação com a contraprestação – uma conotação própria relacionada especificamente à execução do contrato no tempo[30]. No regime da recuperação judicial (assim como no da falência), a expressão "contrato bilateral" traduz especificamente aquelas relações contratuais nas quais, no momento de início do procedimento concursal, existam obrigações sinalagmáticas pendentes de cumprimento de lado-a-lado. Quando do deferimento do processamento da recuperação judicial, pressupõe-se que cada parte do contrato esteja ocupando a dupla-posição de credora e de devedora da outra parte.

[29] AZEVEDO, Antônio Junqueira de. **Negócio jurídico:** existência, validade e eficácia. São Paulo: Saraiva, 2002, p. 155-156.

[30] Sob a perspectiva do Direito Comparado, vale notar que a opção terminológica adotada em outros ordenamentos carrega, de maneira explícita, o elemento temporal relativo ao fato de o contrato estar pendente de cumprimento à data de início do procedimento de insolvência, como bem se observa nas seguintes nomenclaturas: no direito espanhol, "*contratos con obligaciones recíprocas pendientes de cumplimiento*"; no direito estadunidense, "*executory contracts*"; no direito francês, "*contrat en cours*"; no direito italiano, "*contratti pendenti*"; e no direito português, "*negócios em curso*".

Com esta conotação vinculada à situação de crise empresarial, o conceito de contrato bilateral depende, na recuperação judicial, da verificação de um requisito positivo e de um requisito negativo. O requisito positivo é a existência de um contrato sinalagmático entre a empresa em crise e a contraparte *in bonis*. O requisito negativo é que, ao tempo do início do concurso de credores, ainda não tenha havido a satisfação integral da correspectiva prestação por qualquer das partes contratantes[31].

Nos regimes concursais, o tema do tratamento dos contratos bilaterais ganha peso e complexidade quando justamente a equação *crédito-débito* da relação obrigacional ainda estiver viva para ambas as partes à data de início do procedimento[32], considerando que a solução normativa tende a ser muito mais simples quando uma das partes já tiver adimplido integralmente a sua obrigação. Nos casos em que a contraparte *in bonis* já quitou a sua prestação, o contato passa a significar, para a empresa em crise, apenas mais um "débito" a integrar a coluna do seu *passivo*. Nas hipóteses em que a empresa em crise já solveu integralmente a sua contraprestação, a prestação pendente de cumprimento pela contraparte equivale a um "crédito" a compor a lista dos *ativos* da empresa em crise[33]. São, portanto, os

[31] SERRA, Catarina. **Lições de Direito da Insolvência**. Coimbra: Almedina, 2018, p. 225.

[32] As Recomendações da UNCITRAL elencam duas principais dificuldades para o tratamento dos contratos na insolvência: a primeira grande dificuldade é justamente o fato de o contrato ser um feixe de direitos e obrigações, sendo difícil medir antecipadamente a utilidade da prestação antes que seja cumprida; a segunda grande dificuldade é a multiplicidade de tipos contratuais existentes no tráfico negocial, *in verbis:* "The first difficulty is that, unlike all other assets of the insolvency estate, contracts are usually tied to liabilities or claims. That is, it is often the case that the estate must perform or pay in order to enjoy the rights that are potentially valuable assets. The result is that difficult decisions must be made about the treatment of a contract so as to produce the most value for the estate. A second difficulty is that contracts are of many different types. They include simple contracts for the sale of goods; short-term or long-term leases of land or of personal property; and immensely complicated contracts for franchises or for the construction and operation of major facilities, among many others" (UNCITRAL. **Legislative Guide on Insolvency Law.** New York: United Nations Publication, 2005, p. 119-120).

[33] Na *Ley Concursal Espanhola*, está muito bem delimitada a diferenciação entre os "contratos bilaterais com obrigações recíprocas pendentes de cumprimento" e os "contratos bilaterais em que uma das partes já cumpriu integralmente sua obrigação", conforme o conteúdo normativo do art. 61: "*1. En los contratos celebrados por el deudor, cuando al momento de la declaración del concurso una de las partes hubiera cumplido íntegramente sus obligaciones y la otra tuviese pendiente el cumplimiento total o parcial de las recíprocas a su cargo, el crédito o la deuda que corresponda al deudor*

contratos bilaterais em curso à data de início do procedimento concursal que adquirem exponencial relevo para o Direito das Empresas em Crise.

Como questão preliminar à delimitação da significação dos contratos bilaterais no Direito das Empresas em Crise, cumpre registrar que o presente trabalho adotará o termo "insolvência" em sentido amplo, por razões de ordens procedimental, material e pragmática.

Sob o aspecto procedimental, a expressão "procedimento de insolvência" serve para designar, genericamente, duas espécies de procedimentos concursais: a recuperação judicial (como regime de reorganização) e a falência (como regime de liquidação). Neste sentido, a LRE – ao incorporar, no inciso I do art. 167-B, a definição de "processo estrangeiro"[34] prevista na Lei Modelo da UNCITRAL – reconheceu a abrangência do termo processo de insolvência.

Quanto ao aspecto material, o termo "insolvência" abarcará não apenas o estado de insolvência como déficit patrimonial[35], mas também a situação de crise econômico-financeira[36]. Neste contexto, a *situação de crise* denota

se incluirá, según proceda, en la masa activa o en la pasiva del concurso. 2. La declaración de concurso, por sí sola, no afectará a la vigencia de los contratos con obligaciones recíprocas pendientes de cumplimiento tanto a cargo del concursado como de la otra parte. Las prestaciones a que esté obligado el concursado se realizarán con cargo a la masa."

[34] No capítulo da Insolvência Transnacional incluído pela Lei nº 14.112/2020, foi incorporada, no inciso I do art. 167-B, a seguinte definição de *processo estrangeiro*: "qualquer processo judicial ou administrativo, de cunho coletivo, inclusive de natureza cautelar, aberto em outro país de acordo com disposições relativas à insolvência nele vigentes, em que os bens e as atividades de um devedor estejam sujeitos a uma autoridade estrangeira, para fins de reorganização ou liquidação". No inciso III do art. 2º do Decreto nº 3.937/2001, a decretação da falência e o deferimento do processamento da recuperação judicial são tratados conjuntamente como "situações de insolvência do devedor".

[35] Isto é, a insolvência em sentido estrito reflete a situação em que se constata a insuficiência do ativo para fazer frente ao passivo do devedor, conforme definição do art. 955 do Código Civil: "Procede-se à declaração de insolvência toda vez que as dívidas excedam à importância dos bens do devedor".

[36] Cássio Cavalli diferencia crise financeira e crise econômica: "Em casos de crise empresarial, a empresa enfrenta dificuldades em pagar o quanto deve a seus credores. A dificuldade pode decorrer de uma crise *financeira* ou de uma crise *econômica*. A crise financeira caracteriza-se como um problema de fluxo de caixa, em que a empresa deve fazer desembolsos antes do ingresso de receita. Neste caso, a solução da crise passa por uma reestruturação do fluxo de caixa da empresa. Já a crise econômica caracteriza-se pela incapacidade da empresa em gerar receita. Neste caso, pode ser mais vantajoso liquidar-se a empresa, vendendo-se

empresas devedoras que se encontram em séria e evidente dificuldade para honrar suas obrigações (atuais ou futuras), seja por falta de liquidez, seja por ausência de alternativas para obtenção de crédito[37].

Como justificativa de ordem pragmática, optou-se pela expressão "insolvência"[38], com o objetivo de se demarcar ilustrativamente a dicotomia entre "insolvência" e "inadimplemento", diferenciando-se duas classes de risco inerentes ao estudo dos contratos bilaterais: o risco de inadimplemento e o risco de insolvência[39]. De um lado, o risco de inadimplemento

separadamente seus ativos para pagar seus credores" (CAVALLI, Cássio. **Plano de recuperação**. *In*: COELHO, Fábio Ulhoa (Coord.). **Tratado de Direito Comercial**: falência e recuperação de empresa e direito marítimo. v. 7. São Paulo: Saraiva, 2015, p. 258-294, p. 260). Para uma análise sobre a aproximação dos conceitos de "estado de insolvência" e "estado de crise", vide: TOLEDO, Paulo Fernando Campos Salles de; PUGLIESI, Adriana V. "Capítulo I – Insolvência e Crise das Empresas". *In:* CARVALHOSA, Modesto (Coord.). **Tratado de direito empresarial**: recuperação empresarial e falência. São Paulo: Revista dos Tribunais, 2016, p. 32-28.

[37] No rol de requisitos da petição inicial de recuperação judicial, a Lei nº 14.112/2020 (Reforma da LRE) adotou o conceito de *"crise de insolvência"* (art. 51, § 6º, I), caracterizando-o como a situação de *"insuficiência de recursos financeiros ou patrimoniais com liquidez suficiente para saldar suas dívidas"*.

[38] Na doutrina brasileira, Pontes de Miranda fazia menção à ambiguidade do termo "insolvência", propondo a adoção do termo "insolvência" (para designar o "estado do devedor que não adimple, não solve") e o termo "insolvabilidade" (para designar "o estado de inaptidão econômica à solução de dívida decorrente de um passivo maior do que o ativo, sem a verificação do inadimplemento") (PONTES DE MIRANDA, Francisco Cavalcanti. **Tratado de Direito Privado**. t. XXVII. 3. ed. São Paulo: Revista dos Tribunais, 1984, § 3.202, 1-2, p. 5-7). Por sua vez, Fabio Konder Comparato – além de citar expressamente a constatação de Pontes de Miranda sobre a ambiguidade do termo "insolvência" – também prefere a adotar a diferenciação "insolvência-insolvabilidade", nos seguintes termos: "A inaptidão econômica a adimplir refere-se propriamente a um outro conceito: insolvabilidade. O insolvável deixa de adimplir porque não pode fazê-lo, porque a situação econômica do seu patrimônio torna impossível a prestação devida. Assim, enquanto a insolvência é um fato que diz respeito a uma obrigação, a insolvabilidade é um estado que interessa a generalidade dos credores do devedor" (COMPARATO, Fabio Konder. **O Seguro de Crédito**: Estudo Jurídico. São Paulo: Revista dos Tribunais, 1968, p. 47). Contudo, no presente trabalho, optou-se por não adotar a convenção terminológica "insolvência – insolvabilidade", uma vez que, de um lado, "insolvabilidade" não é uma expressão de uso corrente e, de outro, o termo "insolvência" em sentido lato está associado invariavelmente a uma situação de crise econômico-financeira.

[39] Ao tratar dos riscos que são objeto do direito privado, Gustavo Tepedino afirma que "a rigor, não seria exagero dizer que toda a disciplina do direito privado se estrutura para debelar

diz respeito à probabilidade de não cumprimento de uma obrigação assumida no contexto individualizado de um contrato bilateral. De outro, o risco de insolvência reflete a probabilidade de uma situação objetiva e generalizada de crise da empresa devedora, influindo de maneira ampla na sua capacidade econômico-financeira de cumprir com suas obrigações vencidas e vincendas. Tomando-se de empréstimo a imagem construída por PEDRO SOUZA MACEDO, a insolvência será aqui tratada como a "tempestade", e os inadimplementos, como os "relâmpagos que assinalam a tempestade e permitem que, de longe, seja perceptível"[40].

Com base nos contornos e premissas acima delineados, o presente capítulo será dividido em duas partes. Inicialmente, buscar-se-á delimitar o conceito de "contrato bilateral" sob a perspectiva do Direito Civil (**item 1.1**). Como segundo passo deste estudo, serão examinadas possíveis dimensões dos contratos bilaterais no contexto excepcional e coletivo dos procedimentos de insolvência (**item 1.2**).

1.1. Contratos bilaterais: conceito

O contrato bilateral está fundado na noção de "sinalagma"[41], que representa o equilíbrio recíproco e interdependente entre a prestação e a contraprestação. Ao formar uma relação de interdependência entre as obrigações, o vínculo sinalagmático "amarra" a prestação à contraprestação, de modo que a execução da prestação só faz sentido se a contraprestação for igualmente cumprida, e *vice-versa*[42]. Em sua etimologia

dois riscos: o da insolvência e o do inadimplemento" (TEPEDINO, Gustavo. Efeitos da crise econômica na execução dos contratos: elementos para a configuração de um direito da crise econômica. *In*: TEPEDINO, Gustavo. **Temas de Direito Civil**. 3. ed. Rio de Janeiro: Renovar, 2004, p. 79-125, p. 82).

[40] Ao final desta construção, PEDRO SOUZA MACEDO faz importante advertência: "Mas há relâmpagos sem tempestade e tempestade sem relâmpagos" (MACEDO, Pedro Souza. **Manual de direito das falências**. v. I. Coimbra: Almedina, 1964, p. 218).

[41] Conforme anota MIGUEL MARIA SERPA LOPES sobre as primeiras raízes da ideia de sinalagma, no Direito Romano foi Labeão quem pela primeira vez traduziu a palavra grega "*sinalagma*" por "*contractum*" (**Exceções substanciais**: exceção de contrato não cumprido. Rio de Janeiro: Freitas Bastos, 1959, p. 228-230).

[42] ANTÔNIO JUNQUEIRA DE AZEVEDO considera a *causa sinalagmática* como elemento categorial inderrogável dos contratos bilaterais: "Nos contratos bilaterais, o elemento categorial inderrogável consiste em se convencionar a prestação como causa da contraprestação e vice-versa (e a causa consiste, naturalmente, na dupla realização da prestação e da contraprestação).

jurídica, é interessante notar que foi o Código de Napoleão que oficializou a utilização da expressão "contrato bilateral" como sinônimo de "contrato sinalagmático"[43].

A estrutura sinalagmática pode ser bem ilustrada na fórmula romana que resume o sentido da comutatividade das trocas: "(a) dou para que me dês; (b) dou para que me faças; (c) faço para que me dês; (d) faço para que me faças". Ao analisar este brocardo latino, Luis Renato Ferreira da Silva assinala que "o dar ou o fazer de um só se justifica *(ut)* para obter o dar ou o fazer alheio"[44]. Em outras palavras: a vantagem que ALFA proporciona a BETA comuta-se com a vantagem que BETA proporciona a ALFA, por meio de uma troca onerosa de utilidades.

Em uma compra e venda, por exemplo, cada parte desempenha a sua prestação legitimamente mirando o benefício que advirá do recebimento da contrapartida, de tal modo que vendedor e comprador venham a

Segue-se daí que, uma vez formado o contrato bilateral (plano da existência) e se for válido (plano da validade), o não-cumprimento posterior da prestação (falta de causa referida na sua constituição) autoriza a resolução, evitando que a parte inocente seja obrigada a cumprir a sua prestação, que se tornou *sem causa.* (...) Hoje é fato aceito com naturalidade que, em contratos muito difundidos, como a compra e venda, a troca, a empreitada a locação, prestação e contraprestação estejam normalmente como que amarradas uma à outra. Se um dos contratantes não cumpre sua obrigação, o outro não está obrigado, por sua vez, a cumprir a sua *(exceptio non adimpleti contractus)*, isto é, a execução de uma prestação dependa da execução da outra é o que resulta da própria definição do contrato bilateral sob cuja égide aqueles contratos hoje se colocam" (**Negócio jurídico**: existência, validade e eficácia. São Paulo: Saraiva, 2002, p. 155-156).

[43] António Menezes Cordeiro assinala que a razão da aproximação terminológica entre as expressões deriva de razões linguísticas, pois o Código de Napoleão não iria contrapor "contratos sinalagmáticos" com "contratos não-sinalagmáticos", optando pela dicotomia "contratos bilaterais" e "contratos unilaterais" (MENEZES CORDEIRO, António. **Tratado de direito civil**: direito das obrigações: cumprimento e não-cumprimento, transmissão, modificação e extinção. v. IX. 3. ed. Coimbra: Almedina, 2017, p. 277, nota 915). Entretanto, com a recente reforma do direito contratual francês, levada a cabo pela *Ordonnance* nº 2016-131, de 10 de fevereiro de 2016 (ratificada pela *Loi* nº 2018-287, de 20 de abril de 2018), a histórica expressão "contrato bilateral" não mais consta do texto *Code Civil,* tendo sido substituída pela denominação "contrato sinalagmático". Agora, conforme a nova redação do art. 1106 do *Code,* encontram-se contrapostos *contrat synallagmatique* e *contrat unilatéral.*

[44] FERREIRA DA SILVA, Luis Renato. **Reciprocidade e contrato**: a teoria da causa e sua aplicação nos contratos e nas relações paracontratuais. Porto Alegre: Livraria do Advogado, 2013, p. 37.

receber por sua própria prestação o valor correspondente da contraprestação contrária (respectivamente, o preço para o vendedor, e a coisa para a compradora)[45]. Dentro do programa contratual, o *quid pro quo* concretiza uma ideia de justiça comutativa, impondo às partes "a necessidade de uma recomposição da vantagem auferida por um, em detrimento do outro"[46].

Para a existência de um contrato bilateral, importa ressaltar que não é necessário que as prestações recíprocas guardem uma correspondência de valor absoluto e objetivo. Conforme destaca Karl Larenz, "basta que cada um dos contraentes veja na prestação do outro a compensação suficiente para a sua própria prestação"[47]. Deste modo, o sinalagma contratual é constituído por um juízo subjetivo de cada contratante, que decide prestar a outrem *em virtude* de uma contraprestação[48].

Em síntese, o sinalagma forma-se a partir deste "nexo de correspectividade"[49] que entrelaça o *custo* de executar a prestação ao *benefício* de receber a contraprestação. Nos contratos bilaterais, o vínculo sinalagmático assim representa o "indispensável cimento"[50] para ligar solidamente as prestações contratuais em um todo unitário. Na definição de Serpa Lopes, o contrato sinalagmático é aquele em que se verifica uma "presença dual e geminada das obrigações"[51].

Na dinâmica da relação obrigacional, o vínculo sinalagmático está presente não apenas no momento da formação do contrato bilateral (sinalagma *genético*), mas também ao longo da fase de execução das obrigações

[45] ABRANTES, José João. **A excepção de não cumprimento do contrato**. 2. ed. Coimbra: Almedina, 2014, p. 36.

[46] FERREIRA DA SILVA, Luis Renato. **Reciprocidade e contrato**: a teoria da causa e sua aplicação nos contratos e nas relações paracontratuais. Porto Alegre: Livraria do Advogado, 2013, p. 31.

[47] LARENZ, Karl. **Derecho de obligaciones**. t. I. Madrid: Revista de Derecho Privado, 1953, p. 226.

[48] LARENZ, Karl. **Derecho de obligaciones**. t. I. Madrid: Revista de Derecho Privado, 1953, p. 226.

[49] ABRANTES, José João. **A excepção de não cumprimento do contrato**. 2. ed. Coimbra: Almedina, 2014, p. 36.

[50] GARRON, Frédéric. **La caducité du contrat**. Aix-en-Provence: Presses Universitaires d'Aix-Marseille, 1999, p. 132-135.

[51] SERPA LOPES, Miguel Maria de. **Exceções substanciais**: exceção de contrato não cumprido. Rio de Janeiro: Freitas Bastos, 1959, p. 230.

recíprocas e interdependentes (sinalagma *funcional*)[52]. As obrigações sinalagmáticas – ligadas por esse vínculo de interdependência funcional – nascem unidas e devem permanecer reciprocamente unidas durante todo o transcurso da vida contratual, visto que cada prestação é a "razão de ser" da outra[53].

A fim de assegurar o equilíbrio das posições contratuais durante a fase executiva do contrato, o sinalagma funcional exerce a função de acompanhar "as vicissitudes provocadas pelo tempo"[54]. Como instrumentos de efetiva tutela do sinalagma funcional, o Código Civil disciplina remédios normativos específicos, como a exceção de contrato não-cumprido (art. 476), a exceção de inseguridade (art. 477), a resolução por inadimplemento (art. 475) e a resolução por onerosidade excessiva (art. 478), todos conjuntamente chamados de "remédios sinalagmáticos"[55].

Sob um critério temporal, não é pressuposto para a existência dos contratos bilaterais que o cumprimento das prestações recíprocas ocorra de maneira *instantânea* à formação do negócio jurídico, como é o caso do "toma-lá-dá-cá"[56] de uma compra e venda à vista de um caminhão, em que fica nítido que a execução das prestações se perfectibiliza "de uma vez, em um só momento"[57]. Na cronologia dos contratos bilaterais, as prestações recíprocas podem perdurar no tempo de modo periódico ou continuado (*i.e.*, contratos de execução periódica e de execução continuada), *ou* se protrair no tempo para que a execução ocorra em momento futuro (*i.e.*, contratos de execução diferida). Em todos estes casos, o vínculo sinalagmático acompanha todo o desenrolar da existência do contrato.

[52] Cabe referir que essa distinção entre sinalagma genético e sinalagma funcional é de ordem puramente didática, na medida em que o sinalagma, em sua essência, é o mesmo nos dois momentos (*i.e.* momento de celebração e o momento de execução do contrato).

[53] ABRANTES, José João. **A excepção de não cumprimento do contrato**. 2. ed. Coimbra: Almedina, 2014, p. 36 e 45.

[54] MARTINS-COSTA, Judith. **A boa-fé no direito privado**: critérios para sua aplicação. 2. ed. São Paulo: Saraiva, 2018, p. 706.

[55] MARTINS-COSTA, Judith. **A boa-fé no direito privado**: critérios para sua aplicação. 2. ed. São Paulo: Saraiva, 2018, p. 325, Nota de Rodapé 177.

[56] A expressão "toma-lá-dá-cá" é frequentemente utilizada por PONTES DE MIRANDA para assinalar o caráter sinalagmático dos contratos bilaterais (PONTES DE MIRANDA, Francisco Cavalcanti. **Tratado de direito privado**. t. XXVI. 3. ed. São Paulo: Revista dos Tribunais, 1984, § 3.122, 1, p. 89).

[57] GOMES, Orlando. **Contratos**. 27. ed. Rio de Janeiro: Forense, 2019, p. 80.

No presente trabalho, será adotada a classificação que divide os contratos bilaterais em contratos de execução *instantânea*, de execução *duradoura* e de execução *diferida*, sendo a seguir traçadas as características dos dois últimos.

Nos *contratos duradouros*[58], o traço característico é o fato de as partes contratantes estarem vinculadas a um programa contratual que exige o cumprimento de prestações continuadas – seja por prazo determinado, seja por tempo indeterminado[59]. Nestes contratos, o tempo de duração da obrigação é indispensável para a própria satisfação das partes[60], pois o elemento duradouro da obrigação insere-se na própria essência do dever de prestação[61]. Em síntese: nos contratos duradouros, o adimplemento não visa à extinção do vínculo sinalagmático, mas, sim, condiciona a sucessiva renovação deste vínculo durante a vigência do contrato.

Os contratos duradouros subdividem-se em duas modalidades: os de execução periódica e os de execução continuada. Nos contratos de *execução periódica* (também ditos de *trato sucessivo*), a obrigação contratual se desdobra em prestações que reiteradamente se repetem. Neste trato sucessivo, a obrigação se renova em prestações singulares que são adimplidas, por

[58] Sobre a classificação *contratos duradouros*, o trabalho segue a divisão proposta por Orlando Gomes (GOMES, Orlando. **Contratos**. 27. ed. Rio de Janeiro: Forense, 2019, p. 78-80). No mesmo sentido, vide AGUIAR JÚNIOR, **Ruy Rosado de. Comentários ao novo Código Civil**: Da Extinção do Contrato. v. VI. t. II. Rio de Janeiro: Forense, 2011, p. 261. E, na doutrina portuguesa, vide: ANTUNES VARELA, João de Matos. **Das obrigações em geral**. v. I. 10. ed. Coimbra: Almedina, 2000, p. 93-94.

[59] GOMES, Orlando. **Contratos**. 27. ed. Rio de Janeiro: Forense, 2019, p. 79.

[60] AGUIAR JÚNIOR, Ruy Rosado de. **Comentários ao novo Código Civil**: Da Extinção do Contrato. v. VI. t. II. Rio de Janeiro: Forense, 2011, p. 261.

[61] COUTO E SILVA, Clóvis Veríssimo do. **A obrigação como processo**. Rio de Janeiro: Editora FGV, 2006, p. 163 ("Essas obrigações são mais ricas numa dimensão: no tempo, no elemento duradouro, que se relaciona com a essência do dever de prestação"). Para Judith Martins-Costa e Guilherme Nitschke, o elemento de duração comporia a própria *causa* dos contratos duradouros, formando uma expectativa de permanência (nos contratos de execução continuada) e uma expectativa de repetição (nos contratos de execução periódica), *in verbis:* "o contrato de duração tem por característica a linearidade do adimplemento que, se considerado em suas frações, de modo isolado, poderia corresponder a vários contratos" (MARTINS-COSTA, Judith; NITSCHKE, Guilherme Carneiro Monteiro. Contratos duradouros e lacunosos e poderes do árbitro: questões teóricas e práticas. **Revista Jurídica Luso-Brasileira**, Lisboa, ano 1, n. 1, p. 1247-1299, 2015, p. 1266).

via de regra, ao fim de períodos consecutivos[62] (*e.g.*, obrigação oriunda de um contrato de fornecimento semanal de insumos, obrigação do locatário de pagar o aluguel mensalmente). Nos contratos de *execução continuada*, o cumprimento da prestação se prolonga ininterruptamente no tempo, exigindo-se da parte que está obrigada a fornecer a utilidade uma conduta permanente, sem solução de continuidade[63] (*e.g.*, fornecimento de energia elétrica, licenciamento de um *software*, disponibilização do imóvel pelo locador[64]).

Nos contratos de *execução diferida*, por outro lado, a característica básica é que – para ao menos uma das obrigações principais – o adimplemento não ocorre no momento da formação do negócio jurídico. Diferentemente dos *contratos de execução periódica* em que o tempo renova o interesse na prestação, nos contratos de *execução diferida* o distanciamento temporal (entre a celebração do negócio e a execução satisfativa da prestação) é tão somente suportado pelas partes que aceitam adiar o recebimento da sua contrapartida para momento futuro[65] – por uma questão de utilidade (*e.g.*, o passageiro que aceita comprar um bilhete aéreo para uma data certa), por uma questão de conveniência (*e.g.*, a companhia aérea que aceita vender o bilhete a prazo para facilitar a venda), ou pela própria natureza da prestação (*e.g.*, o empreiteiro que necessita de determinado período de tempo para realizar a obra).

No lapso temporal entre a celebração do negócio e o adimplemento satisfativo da prestação, observa-se que – em variadas situações envolvendo contratos de execução diferida – as obrigações principais são passíveis de divisão, de fracionamento ou de faseamento[66]. Em relação à obrigação de pagamento, o preço representa uma unidade jurídica fracionável. Isto é,

[62] ANTUNES VARELA, João de Matos. **Das obrigações em geral**. v. I. 7. ed. Coimbra: Almedina, 1991, pp. 93-94.

[63] AGUIAR JÚNIOR, Ruy Rosado de. **Comentários ao novo Código Civil**: Da Extinção do Contrato. v. VI. t. II. Rio de Janeiro: Forense, 2011, p. 261.

[64] O típico exemplo do contrato de locação ilustra que, no mesmo contrato, podem conviver prestações continuadas e prestações periódicas, vez que a obrigação do locador é permanente, e a obrigação do locatário é periódica.

[65] AGUIAR JÚNIOR, Ruy Rosado de. **Comentários ao novo Código Civil**: Da Extinção do Contrato. v. VI. t. II. Rio de Janeiro: Forense, 2011, p. 261.

[66] ALMEIDA COSTA, Mario Júlio de. **Direito das obrigações**. 12. ed. Coimbra: Almedina, 2012, p. 699.

mediante a divisão do preço em parcelas sucessivas, o pagamento destas apenas amortiza em fases o montante total do débito[67].

Em relação às obrigações *de dar* e *de fazer*, o objeto da prestação pode exigir a execução de certos atos preparatórios para viabilizar o cumprimento definitivo da obrigação principal (*e.g.*, obrigação do empreiteiro para com o dono da obra, obrigação do auditor independente para entregar o parecer sobre as demonstrações financeiras da uma companhia aberta). Para proceder à entrega da respectiva prestação, o auditor contábil necessita realizar uma série de atos prévios, que se prolongarão no tempo até a conclusão do seu parecer, sendo certo que a satisfação definitiva do interesse da companhia somente ocorrerá após o recebimento da versão final da peça contábil. Buscando demarcar esse prolongamento temporal atrelado aos atos preparatórios do adimplemento, parte da doutrina denomina-os de contratos de execução prolongada[68], como uma subespécie dos contratos de *execução diferida*.

Delimitado o conceito e analisadas as categorias de contratos bilaterais segundo um critério temporal, o próximo passo é examinar como a relação obrigacional sinalagmática desembarca no campo do Direito das Empresas em Crise.

1.2. Contratos bilaterais: dimensões na insolvência

O início de um procedimento de insolvência representa, sob uma perspectiva econômica, uma situação de escassez de recursos (momentânea ou definitiva), implicando usualmente na constatação da ausência de disponibilidades da devedora para honrar todos os compromissos com seus credores. Por consequência, todas as partes que até então mantiveram algum tipo de relação jurídico-contratual com a devedora serão – em menor ou maior grau – afetadas pela externalização da crise econômico-financeira da devedora.

[67] PONTES DE MIRANDA, Francisco Cavalcanti. **Tratado de direito privado**. t. XXII. 3. ed. São Paulo: Revista dos Tribunais, 1984, § 2.715, 1, p. 173 ("Prestações parciais são partes de prestação, que, feitas, apenas diminuem o que é devido. Não há reiteração, porque não há pluralidade; há unidade, que se parte. A prestação parcial é prestação fracionária do devido").

[68] Na doutrina brasileira: AGUIAR JÚNIOR, Ruy Rosado de. **Comentários ao novo Código Civil**: Da Extinção do Contrato. v. VI. t. II. Rio de Janeiro: Forense, 2011, p. 260-261. Na doutrina portuguesa: ANTUNES VARELA, João de Matos. **Das obrigações em geral**. v. I. 7. ed. Coimbra: Almedina, 1991, p. 98.

Em linguagem metafórica, o processo de insolvência assemelha-se a uma situação de *overbooking* de uma companhia aérea, situação emergencial em que a quantidade de assentos disponíveis na aeronave para acomodar os passageiros é menor do que o número de passagens vendidas[69]. No particular caso do *overbooking*, a escassez de recursos está na insuficiente quantidade de assentos disponíveis. Frente a essa situação, entende-se que a pessoa responsável pelo gerenciamento dessa crise deve pautar a sua conduta com base nos seguintes objetivos: de um lado, garantir a decolagem da aeronave, com o máximo de eficiência e no menor tempo possível; de outro, estabelecer os critérios adequados que permitam ordenar e eleger quais as categorias de passageiros que, justificadamente, terão prioridade para ocupar todos os assentos disponíveis na aeronave.

Em uma situação de crise econômico-financeira, ao se verificar uma corrida de credores (e não de passageiros) em um contexto de evidente escassez de recursos da devedora, as máximas de conduta acima referidas podem ser convertidas nos seguintes objetivos que norteiam os procedimentos concursais: *(i)* garantir a preservação e a maximização dos ativos que, conjuntamente, compõem o patrimônio da devedora[70]; e *(ii)* estabelecer regras e critérios de distribuição desses ativos (escassos e limitados) entre as partes afetadas pela crise da empresa[71].

No âmbito da empresa em crise, há de se destacar que a realidade de escassez de recursos não é sinônimo de imutabilidade do patrimônio da devedora. Após a explicitação da crise empresarial com o início de um procedimento concursal, a devedora permanece sendo um organismo

[69] O exemplo do avião é uma paráfrase da ilustrativa imagem desenvolvida por Thomas Jackson a respeito da superlotação de um teatro para um concerto musical, *in verbis*: "*A solvent debtor is like a show for which sufficient tickets are available to accommodate all prospective patrons and all seats are considered equally good. In that event one's place in line is largely a matter of indifference. But when there is not enough to go around to satisfy all claimants in full this method of ordering will define winners and losers based principally on the time when one gets in line*" (JACKSON, Thomas H. **The logic and limits of bankruptcy law**. Cambridge: Harvard University Press, 1986, p. 10).

[70] Figurativamente, preservar a integridade da aeronave e de todos os seus assentos, a fim de garantir o sucesso do voo com o máximo de eficiência e celeridade.

[71] Para análise do problema do *common pool assets* (também conhecido como o problema da Tragédia dos Comuns) na doutrina concursal brasileira, vide: AYOUB; Luiz Roberto; CAVALLI, Cássio. **A construção jurisprudencial da recuperação judicial de empresas**. 3. ed. Rio de Janeiro: Forense, 2017.

vivo e dinâmico, o qual, invariavelmente, precisará seguir interagindo com diferentes agentes econômicos. Frente a cada contrato bilateral com prestações pendentes de cumprimento, a empresa devedora terá de optar por uma dentre as seguintes alternativas[72]: *(i)* cumprir integralmente o contrato; *(ii)* tentar renegociar os seus termos e condições; ou *(iii)* decidir pela inexecução contratual dali em diante.

Nesse contexto, verifica-se que a crise empresarial não é um *fator de congelamento* do conjunto patrimonial da devedora, sendo certo que o seu patrimônio permanecerá suscetível a flutuações (positivas ou negativas), a depender do modo de administração e de realização dos seus ativos. Neste rol de ativos da empresa em crise, estão incluídos não apenas bens móveis e imóveis, mas também ativos intangíveis, créditos e outros direitos contratuais. Em uma realidade de concurso de credores, o patrimônio que será vislumbrado pelas partes afetadas pela crise empresarial não se resume a um bloco monolítico dos ativos de titularidade da devedora na data de início do procedimento concursal, pois – para se aferir a real capacidade de se reaverem os créditos concursais – importará sobremaneira as mutações patrimoniais que venham a ocorrer no patrimônio da devedora no curso do processo de insolvência. Em outras palavras: a real capacidade de a devedora conseguir viabilizar, no futuro, o pagamento (parcial ou integral) dos créditos concursais poderá estar condicionada ao modo de gestão dos contratos bilaterais com prestações pendentes de cumprimento (seja no curto, no médio ou no longo-prazo).

Em atenção a essa dinâmica de possíveis flutuações patrimoniais (positivas ou negativas) da empresa em crise, é fundamental que o regime concursal consiga estabelecer mecanismos para a preservação do sobrevalor referente à manutenção do negócio em funcionamento – seja no procedimento de liquidação (falência), seja no procedimento de reorganização (recuperação judicial). Essas flutuações podem ser

[72] Na *árvore de decisões* sobre os contratos em curso na insolvência, George Triantis ressalta que a empresa em crise teria as seguintes alternativas: executar, descumprir ou renegociar o contrato, *in verbis*: "*A firm entering bankruptcy typically has a substantial number of executory contracts and it must select a course of action with respect to each: that is, whether to perform, breach, or renegotiate*" (TRIANTIS, George. The effects of insolvency and bankruptcy on contract performance and adjustment. **University of Toronto Law Journal**, Toronto, v. 43, n. 3, p. 679-710, ago. 1993, p. 679).

significativamente influenciadas a depender do grau de proteção ao bloco de bens corpóreos e, igualmente, à rede de contratos da devedora. Por meio da proteção de bens e direitos essenciais à manutenção do giro empresarial, busca-se evitar uma dilapidação – desnecessária e intempestiva – do conjunto patrimonial da empresa em crise[73], o que prejudicaria não apenas a devedora, mas também a coletividade de credores e as demais partes afetadas pela situação de crise econômico-financeira[74].

Diferentemente de um bem corpóreo (*e.g.*, maquinário industrial), vale notar que, de maneira isolada, o "conjunto patrimonial" de um contrato sinalagmático congrega um feixe interdependente de direitos e obrigações. No contexto individual da economia de um contrato, o sinalagma carrega uma necessária interligação do *elemento ativo* com o *elemento passivo*[75].

Nessa conjuntura, constata-se que a complexidade do tratamento dos contratos bilaterais na recuperação judicial reside justamente nesta ligação umbilical entre o *crédito* (*i.e.*, elemento ativo) e o *débito* (*i.e.*, elemento passivo). Exemplificativamente, no procedimento de recuperação judicial de uma incorporadora imobiliária OMEGA, é possível visualizar os seguintes exemplos de contratos bilaterais: **(a)** contrato de fornecimento de cimento, situação em que o *passivo* de OMEGA é a obrigação de pagar o preço do cimento ao fornecedor ALFA, e o seu *ativo* consiste no direito de receber o lote de cimento ("*Exemplo A*"); **(b)** um contrato de promessa de compra e venda de unidade imobiliária em que o *passivo* de OMEGA é a obrigação de entregar o imóvel ao promitente-comprador, e o seu

[73] No âmbito do regime falimentar, Eduardo Munhoz refere o fenômeno do *asset-grabbing*: "Há consenso em torno da ideia de que o procedimento falimentar é indispensável para assegurar um sistema de concurso coletivo coordenado dos credores sobre o patrimônio do devedor, evitando-se o fenômeno reconhecido na literatura como asset grabbing" (MUNHOZ, Eduardo Secchi. Pressupostos da recuperação judicial. *In*: COELHO, Fábio Ulhoa (Coord.). **Tratado de Direito Comercial**: falência e recuperação de empresa e direito marítimo. v. 7. São Paulo: Saraiva, 2015, p. 163-180, p. 167-168).

[74] WAISBERG, Ivo. Proteção dos ativos essenciais da recuperanda. *In:* MENDES, Bernardo Bicalho de Alvarenga (Coord.). **Aspectos polêmicos e atuais da lei de recuperação de empresas.** Belo Horizonte: D'Plácido, 2016, p. 432.

[75] Sobre a necessidade de se visualizar o contrato como um conjunto interligado de ativos e passivos no âmbito da insolvência, vide: JACKSON, Thomas H. **The logic and limits of bankruptcy law.** Cambridge: Harvard University Press, 1986, p. 107.

ativo é o direito de receber o preço relativo à unidade imobiliária vendida ("*Exemplo B*").

Dentro da economia interna de um contrato bilateral, enquanto as obrigações de parte-a-parte ainda estão pendentes de cumprimento, é tarefa dificultosa projetar antecipadamente se o adimplemento resultará em um saldo positivo. Enquanto não houver a perfectibilização do adimplemento, tende a ser extremamente complexo para ambas as partes determinar o valor final da utilidade daquele contrato – situação que assume contornos ainda mais delicados para a empresa em crise.

No *Exemplo A*, partindo-se das premissas de que *(i)* não são previamente quantificáveis os custos do inadimplemento (incluindo o valor da indenização por perdas e danos) e que *(ii)* o preço e a qualidade do lote de cimento a ser fornecido por ALFA estão dentro dos padrões de mercado, a verificação de um saldo positivo para OMEGA somente poderia ocorrer após o efetivo cumprimento das obrigações principais de ambas as partes (tanto a entrega do cimento por ALFA, quanto o pagamento do preço por OMEGA).

Como variação do *Exemplo A*, na hipótese de *(i)* os custos do inadimplemento estarem pré-fixados ($10,00), e *(ii)* o preço do lote de cimento fornecido por ALFA (*e.g.*, $100,00) ter se tornado manifestamente desproporcional em comparação com o preço-médio atualmente praticado no mercado pelos fornecedores BETA e GAMA (*e.g.*, $20,00) – "*Exemplo A.1*" –, resta evidente que a prestação devida por OMEGA ficou excessivamente onerosa, em virtude da variação do preço do cimento. Neste cenário específico de rompimento do sinalagma, é possível visualizar nitidamente o caráter deficitário deste contrato bilateral para a empresa em crise, uma vez que o resultado útil do adimplemento certamente provocaria um prejuízo a OMEGA, podendo inclusive comprometer a sua capacidade de superação da crise empresarial.

No *Exemplo B*, visualiza-se que a incerteza quanto à identificação do valor final do contrato pode ser potencializada em razão do usual distanciamento temporal entre o momento da celebração do contrato e o da entrega do imóvel. Do lado da incorporadora, os custos de obra são suscetíveis a múltiplas variações por diferentes fatores. Do lado do promitente-comprador, a natural flutuação do preço do metro-quadrado no mercado imobiliário também é um fator que pode influenciar (positiva ou negativamente) na atratividade do negócio e nos próprios incentivos que este terá para continuar cumprindo o programa contratual. Em tese, somente no momento da "*entrega das chaves*" da unidade imobiliária, as partes teriam melhores condições de identificar o resultado do adimplemento dessa promessa de compra e venda.

De regra, nos contratos sinalagmáticos, percebe-se que somente com a concretização do adimplemento por ambas as partes será possível mensurar qual é o resultado útil desses contratos. Com base no resultado do adimplemento, a empresa em crise então poderá identificar, com maior precisão, se a diferença entre o *elemento ativo* e o *elemento passivo* de cada relação sinalagmática veio a produzir saldo positivo (ou negativo) no seu balanço patrimonial.

Como exceção, na hipótese de rompimento do sinalagma do contrato durante a execução do programa contratual, tanto a devedora quanto a contraparte *in bonis* terão mais facilidade para identificar quem estará suportando o caráter manifestamente desvantajoso daquele contrato, por meio da projeção do saldo (positivo ou negativo) decorrente do adimplemento. Nesses casos de perda da reciprocidade contratual, a empresa em crise conseguirá melhor identificar tanto os "contratos superavitários", quanto aqueles "contratos deficitários".

Em síntese, entende-se que a análise dos contratos bilaterais como uma composição interligada de ativos e passivos exerce duas importantes funções, para fins de endereçamento do adequado tratamento dos contratos no contexto da insolvência. A primeira função é permitir que as partes venham a examinar, de modo global, a rede dos contratos da empresa em crise que estão pendentes de cumprimento ao tempo do pedido de recuperação judicial, a fim de que este seja um *ponto de atenção* no curso do procedimento. Para tanto, as partes envolvidas devem levar em consideração que – em um contexto de escassez de recursos –, o resultado do cumprimento (ou não) de determinados contratos vigentes poderá impactar, substancial e diretamente, no próprio valor da empresa em funcionamento.

Como corolário da primeira função, a segunda função consiste em buscar viabilizar que a empresa em crise consiga "separar o joio do trigo" dentre os contratos vigentes, dividindo, quando possível, os contratos bilaterais em curso nas seguintes categorias: *(i)* os contratos em que o saldo positivo é prevalente e que, portanto, devem ser cumpridos para auxiliar no soerguimento da empresa; e *(ii)* os contratos em que o saldo negativo é nitidamente predominante e que, por consequência, devem ser ou renegociados, ou descumpridos, para a mitigação dos prejuízos à empresa em crise.

A partir dos pontos acima examinados, observa-se que o tratamento dos contratos bilaterais nos processos de insolvência está intrinsecamente relacionado a um contexto de escassez de recursos. Em vista da finalidade coletiva do concurso de credores, não é admissível que a empresa em crise potencialize seus prejuízos em razão do cumprimento de contratos nitidamente deficitários, assim como não é tolerável que ações individuais de credores venham a resultar em uma dilapidação intempestiva e injustificada do conjunto de ativos da devedora.

Com o início de um procedimento de insolvência, o princípio da relatividade dos contratos (*res inter alios acta*) poderá sofrer "uma limitação generalizada"[76], uma vez que, invariavelmente, as consequências do cumprimento (ou não) de um contrato não estarão mais circunscritas às partes que o pactuaram, podendo afetar o interesse da coletividade de credores e a posição jurídica das demais partes interessadas no procedimento[77].

Sob a lógica da execução coletiva, entende-se que a noção jurídica de *concurso* entre credores é um elemento de convergência no âmbito dos procedimentos de insolvência (*i.e.*, liquidação e reorganização). Conforme destacado na Exposição de Motivos da *Ley Concursal* espanhola, o termo

[76] Toma-se emprestada a expressão "limitação generalizada" de Catarina Serra ao especificar determinadas concreções jurídicas do princípio da *par conditio creditorum* (SERRA, Catarina. **Lições de direito da insolvência**. Coimbra: Almedina, 2018, p. 137-138).

[77] Ao tratar da classificação dos créditos nos procedimentos de insolvência, Francisco Satiro explica que o caráter "extra-individual" das posições creditícias na insolvência está evidenciado no conteúdo normativo do art. 8º da LRE, o qual confere ao comitê de credores, a qualquer credor, ao devedor ou ao seus sócios ou ao Ministério Público a legitimidade para impugnar a relação de credores, *in verbis*: "As características individuais de cada crédito, por refletirem-se nas expectativas de todos os demais credores e no equilíbrio de poder na definição da solução da crise, ganham importância coletiva e indisponibilidade no regime da recuperação judicial. Prova do caráter "extra-individual" e consequentemente indisponível que adquirem os créditos no regime da recuperação judicial e da falência está no art. 8º da LRE, que prevê que o comitê de credores, qualquer credor, o devedor ou seus sócios ou o Ministério Público têm legitimidade para impugnar a "legitimidade, importância ou classificação de crédito" submetido à recuperação judicial" (SOUZA JÚNIOR, Francisco Satiro de. **Parecer "Grupo TONON".** Parecer constante dos autos do processo TJSP, nº 2190770-23.2017.8.26.0000, fls. 607-640, 2016).

"concurso" descreve ilustrativamente a concorrência dos credores sobre o patrimônio da devedora, significando, assim, "um fenômeno unificador dos diversos procedimentos de insolvência"[78].

Uma vez que no concurso os credores compartilham o interesse de minimizar seus prejuízos buscando reaver o máximo de seus créditos[79], é de se concluir que o tratamento dos contratos nos procedimentos de insolvência é um importante mecanismo para se buscar a preservação dos ganhos decorrentes de contratos superavitários para a devedora ou a minimização dos *passivos* decorrentes de contratos deficitários da empresa em crise.

Somando-se o *Exemplo A.1* com o *Exemplo B* acima, é possível visualizar o seguinte ciclo virtuoso relacionado ao tratamento dos contratos: a empresa OMEGA – ao minimizar o seu *passivo* por meio da extinção do contrato de fornecimento com ALFA ($100,00) –, formaliza a contratação de um novo fornecimento de lote de cimento de BETA ($ 20,00), gerando uma economia de $ 70,00. Esse prejuízo poupado seria capaz de reduzir os custos da obra, viabilizando, assim, a conclusão do empreendimento imobiliário e o adimplemento da obrigação de entrega das respectivas unidades.

[78] Exposição de Motivos Espanhola. *In verbis*: "*El nombre elegido para denominar el procedimiento único es el de 'concurso', expresión clásica que, desde los tratadistas españoles del siglo XVII, fundamentalmente de Amador Rodríguez (Tractatus de concursu, 1616) y de Francisco Salgado de Somoza (Labyrinthus creditorum concurrentium, 1646), pasó al vocabulario procesal europeo y que, por antonomasia, describe la concurrencia de los acreedores sobre el patrimonio del deudor común. No se persigue con ello solamente rescatar un vocablo tradicional en la terminología jurídica española, sino utilizarlo para significar el fenómeno unificador de los diversos procedimientos de insolvencia e identificar así gráficamente el procedimiento único, como ha ocurrido en otras legislaciones*".

[79] Analisando concurso na doutrina germânica e valendo-se da lição de Erasmo Valladão, vide seguinte trecho de Gabriel Buschinelli: "(...) a finalidade comum corresponde à finalidade a ser perseguida pelos credores, na qualidade de credores e pode ser definida como o "interesse que tem cada credor em, ao menos em médio prazo, minimizar seus prejuízos, mediante a ampliação das disponibilidades da massa" (BUSCHINELLI, Gabriel Saad Kik. **Abuso do direito de voto na assembleia geral de credores**. 2013. 203 f. Dissertação (Mestrado em Direito) – Faculdade de Direito, Universidade de São Paulo, São Paulo, 2013, p. 24). Vide, igualmente: NOVAES E FRANÇA, Erasmo Valladão A. e. Seção IV: Da Assembleia Geral de Credores. *In*: SOUZA JÚNIOR, Francisco Satiro de; PITOMBO, Antônio Sérgio A. de Moraes (Coord.). **Comentários à Lei de recuperação de empresas e falência**: Lei 11.101/2005. 2. ed. São Paulo: Revista dos Tribunais, 2007, p. 186-217, p. 192.

Em síntese, observa-se que - configurada uma situação de crise empresarial a acarretar o início de um processo de insolvência – o modo de gestão dos contratos pode ser fator crucial para a continuidade financeiro-operacional da empresa em crise. Assim, objetivando a preservação das fontes de receita e a maximização da composição do ativo – em proveito da própria satisfação da coletividade de credores –, o adequado tratamento aos contratos poderá ampliar significativamente as possibilidades de superação da crise empresarial em um contexto de reorganização ou, ao menos, auxiliar em uma mínima estabilização patrimonial da massa falida no cenário extremo de decretação da falência.

CAPÍTULO 2
TRATAMENTO DOS CONTRATOS NOS REGIMES DE INSOLVÊNCIA BRASILEIRO

2.1. Tratamento dos contratos bilaterais no Decreto-lei 7.661/1945

Dentro das fases históricas do direito concursal brasileiro, o Decreto-lei 7.661/45 vigorou durante toda a segunda metade do século XX – precisamente, por sessenta anos – até a edição do atual regime da LRE. Com anteprojeto elaborado por uma comissão de ilustres juristas no período final da Era Vargas[80], o Decreto-lei 7.661/45 modificou substancialmente a legislação concursal, pois "reforçou a diminuição da participação dos credores nas decisões acerca do destino do devedor insolvente e transferiu ao magistrado da falência as mais relevantes competências decisórias"[81].

[80] Constituída pelo então Ministro da Justiça Dr. Alexandre Marcondes Filho, a comissão foi formada pelos juristas Noé Azevedo, Joaquim Canuto Mendes de Almeida, Sylvio Marcondes Machado, Philadelpho Azevedo, Hahnemann Guimarães e Luís Lopes Coelho, os quais tomaram como base a minuta de anteprojeto de lei de falências elaborado por Trajano de Miranda Valverde no ano de 1939 (VALVERDE, Trajano de Miranda. **Comentários à Lei de falências**. v. I. 4. ed. Rio de Janeiro: Forense, 1999, p. 11).

[81] Cerezetti também observa que, sob a égide do Decreto-lei 7.661/45, o afastamento da participação ativa dos credores contribuiu para a sedimentação da concepção de que a concordata era um "favor legal" à empresa em crise, isto é, uma concessão imposta pelo magistrado desde que preenchidos os requisitos legais pela devedora (CEREZETTI, Sheila Neder. **A recuperação judicial de sociedades por ações**: o princípio da preservação da empresa na Lei de Recuperação e Falência. São Paulo: Malheiros Editores, 2012, p. 76-78).

Fundado nesta concepção de ampliação e fortalecimento dos poderes do magistrado sobre o concurso de credores, o Decreto-lei 7.661/45 estabeleceu dois procedimentos de insolvência, quais sejam: *(i)* a falência para regular a quebra dos comerciantes e das sociedades comerciais economicamente inviáveis; e *(ii)* a concordata (nas modalidades preventiva e suspensiva) para regular a reestruturação dos débitos quirografários da empresa em crise, fixando, de maneira rígida e insuficiente, uma fórmula legal para que a devedora pudesse pleitear ao juízo concursal o desconto do valor do seu endividamento e a dilação do prazo de pagamento[82].

No que tange especificamente aos efeitos da abertura de um procedimento de insolvência sobre os contratos bilaterais, o Decreto-Lei 7.661/45 regulou-os diretamente tanto na falência quanto na concordata. É possível observar também que, no tratamento dos contratos, o Decreto-lei 7.661/45 foi sensivelmente influenciado pelos regimes legais antecedentes, especificamente a Lei 2.024/1908 e o Decreto-lei 5.746/1929[83]. Em atenção às regras pertinentes ao tratamento dos contratos previstas no Decreto-lei 7.661/45, tem-se como propósito analisá-las a partir de duas perspectivas distintas e complementares.

Sob uma perspectiva de construção histórica dos conceitos jurídicos, vale notar que várias das categorias jurídicas que *hoje* estão postas no tratamento dos contratos na LRE já estavam especificamente previstas

[82] Analisando historicamente o regramento excessivamente engessado do procedimento da concordata, SCALZILLI, SPINELLI e TELLECHEA observam que "a concordata se tornou um remédio assaz limitado – uma espécie de moratória da dívida quirografária, com prazos exíguos de pagamento –, incapaz de lidar com todos os tipos de crise empresarial" (SCALZILLI, João Pedro; SPINELLI, Luis Felipe; TELLECHEA, Rodrigo. **Recuperação de empresas e falência**: teoria e prática na lei 11.101/2005. 1. ed. São Paulo: Almedina, 2016, p. 61).

[83] A Lei 2.024/08 foi concebida pelo notável comercialista JOSÉ XAVIER CARVALHO DE MENDONÇA – que, após causar grande furor na comunidade jurídica nacional ao traduzir e comentar artigo por artigo o *Bankruptcy Act de 1898*, foi convocado pelo Senador Urbano Santos para redigir a nova legislação concursal brasileira, que sintetizava os princípios do Decreto 917/1890 e igualmente expurgava os defeitos deste. Já o Decreto-lei 5.746/1929 teve seu anteprojeto elaborado por WALDEMAR FERREIRA, sob os auspícios da Associação Comercial do Estado de São Paulo e em resposta ao trágico contexto econômico resultante da crise de 1929 da Bolsa de Nova Iorque. Para uma detalhada e interessante análise da história jurídica dessas duas fases do direito concursal brasileiro, vide: SCALZILLI, João Pedro; SPINELLI, Luis Felipe; TELLECHEA, Rodrigo. **História do direito falimentar**: da execução pessoal à preservação da empresa. São Paulo: Almedina, 2018, p.183-188.

no regime do Decreto-lei 7.661/45, que, por sua vez, já incorporara referências normativas previstas nos regimes concursais anteriores (*i.e.*, Lei 2.024/1908 e Decreto-lei 5.746/1929). Nessa perspectiva conceitual, objetiva-se analisar as construções desenvolvidas pela doutrina concursal brasileira ao longo do século XX, traçando-se o conteúdo dos conceitos normativos que, direta ou indiretamente, foram recebidos *por herança* na LRE.

Sob uma perspectiva de investigação histórica, pretende-se contextualizar sinteticamente quais eram as principais questões relativas ao tratamento dos contratos (especialmente, no regime da concordata) que ocupavam os debates doutrinários e jurisprudenciais, durante a última quadra de vigência do Decreto-lei 7.661/45 (*i.e.*, entre os anos de 1990 a 2005). Nesse sentido, entende-se que essa perspectiva histórico-investigativa pode contribuir para a análise dos possíveis fatores que influenciaram as opções legislativas (e, igualmente, os vácuos normativos) da LRE sobre o tratamento dos contratos. Por meio do exame de determinadas questões que preocupavam a doutrina e a jurisprudência à época, tentar-se-á identificar alguns dos elementos que estavam refletidos no *espelho retrovisor* do legislador no momento de elaboração da LRE.

2.1.1 Tratamento dos contratos bilaterais na falência (Decreto-lei 7.661/45)

Em linha com o tratamento anteriormente dado pela Lei 2.024/1908 e pelo Decreto-lei 5.746/1929[84], o artigo 43 do Decreto-lei 7.661/45 estabelecia o seguinte regramento para os contratos bilaterais em curso no momento de decretação da falência:

> **Art. 43.** Os contratos bilaterais não se resolvem pela falência e podem ser executados pelo síndico, se achar de conveniência para a massa.
>
> **Parágrafo único.** O contraente pode interpelar o síndico, para que, dentro de cinco dias, declare se cumpre ou não o contrato. A declaração negativa ou o

[84] Na Lei 2.024/1908, o *caput* do art. 47 continha a seguinte redação: "os contratos sinalagmáticos não serão resolvidos pela falência e poderão ser executados pelos síndicos e liquidatários, se o acharem de conveniência para a massa". O Decreto-Lei 5.746/1929 manteve no art. 47 a mesma redação prevista na Lei 2.024/1908, alterando apenas o termo "contratos sinalagmáticos" pelo sinônimo "contratos bilaterais".

silêncio do síndico, findo esse prazo, dá ao contraente o direito à indenização, cujo valor, apurado em processo ordinário, constituirá crédito quirografário.

O primeiro enunciado normativo do *caput* do art. 43 (*i.e.*, "não se resolvem") fixava que não haveria o vencimento antecipado dos contratos bilaterais por causa da decretação da falência – diferentemente do regramento previsto para os contratos unilaterais e os contratos cuja contraprestação já tivera sido integralmente adimplida pela parte *in bonis*. De modo afirmativo, o Decreto-lei 7.661/45 estabeleceu uma *regra de continuidade* dos contratos bilaterais, salvo se o síndico decidisse pela sua extinção[85]. Analisando criticamente a redação do referido artigo, Waldemar Ferreira observava que "melhor teria sido o texto dispondo que tais contratos se resolvem pela falência, a menos que o síndico se resolva a dar-lhes execução, achando-o conveniente para a massa"[86].

Com base no segundo enunciado normativo do *caput* do art. 43, verifica-se que o Decreto-lei 7.661/45 conferiu ao síndico a prerrogativa de dar, ou não, cumprimento aos contratos bilaterais após o início do procedimento falimentar. Ao repercutir substancialmente na execução dos contratos bilaterais, esta prerrogativa do síndico também resultava em uma paralisação do direito que, antes da falência, tinha a contraparte *in bonis* de exigir o cumprimento específico do contrato, não restando à contraparte outra alternativa senão interpelar o síndico a respeito da decisão sobre a continuidade, ou não, desse contrato[87]. Por conta do início do procedimento falimentar, a contraparte *in bonis* perde o direito de exigir a execução específica da obrigação que era devida pela devedora.

[85] Ao interpretar o art. 43 do Decreto-lei 7.661/45, Pontes de Miranda fez o seguinte apontamento sobre a *continuidade* dos bilaterais na falência: "o princípio – enunciado em termos de negação (*verbis* "não se resolvem na falência') – em verdade é *positivo*: "os contratos bilaterais continuam, *salvo* ...". É preciso que haja manifestação de vontade do síndico, mesmo pelo silêncio, para que a resolução se dê." (PONTES DE MIRANDA, Francisco Cavalcanti. **Tratado de direito privado**. t. XXVIII. 3. ed. Rio de Janeiro: Revista dos Tribunais, 1984, § 3.349, 2, p. 289).

[86] FERREIRA, Waldemar. **Tratado de direito comercial**: o estatuto da falência e da concordata. v. 14. São Paulo: Saraiva, 1965, p. 513.

[87] VALVERDE, Trajano de Miranda. **Comentários à Lei de Falências**. v. 1. 4. ed. (revista e atualizada por J.A. Penalva Santos e Paulo Penalva Santos). Rio de Janeiro: Revista Forense, p. 298.

Como critério normativo para a decisão do síndico sobre qual será o destino dos contratos bilaterais, foi estabelecido o critério da "conveniência para a massa" no *caput* do art. 43. Em atenção a esse juízo de oportunidade e conveniência em prol da massa concursal, nota-se que o Decreto-lei 7.661/45 confiou ao síndico uma margem de discricionariedade para decidir sobre a continuidade dos contratos bilaterais. Ao explicitar o juízo de conveniência, o Decreto-lei 7.661/45 acabava por restringir, de regra, a competência do juízo falimentar para revisar o mérito da decisão do síndico sobre executar (ou não) o contrato bilateral.

No exercício de sua prerrogativa de avaliar a eventual conveniência do cumprimento contratual para a massa, o síndico tinha o dever de medir comparativamente os seguintes custos: *de um lado*, calcular os custos decorrentes do regular cumprimento do contrato (*i.e.*, custo do adimplemento); e, *de outro*, projetar prospectivamente quais seriam as perdas e danos devidas pela massa em caso de se optar pela descontinuidade do contrato (*i.e.*, custo do inadimplemento). Em síntese, o síndico tinha o dever de mitigar os danos em favor do interesse do concurso de credores, uma vez que na falência não haveria espaço para desperdícios ou gratuidades. Sobre esse ponto, J. X. Carvalho de Mendonça bem sustentava a máxima de que o objetivo da lei falimentar "é também poupar prejuízos à massa"[88].

Na jurisprudência, o acórdão do TJRJ na autofalência da *Lundgren Irmãos Tecidos, Indústria e Comércio* também ilustra eloquentemente o entendimento de que cabe ao síndico extinguir antecipadamente os contratos prejudiciais à massa falida. No caso concreto, a empresa falida (proprietária do imóvel) havia celebrado, logo antes do requerimento de autofalência, contrato de locação com as *Lojas Arapuã*, em condições extremamente benéficas à locatária. Diante desse quadro fático, o TJRJ reconheceu o direito do síndico em resolver antecipadamente tal contrato

[88] CARVALHO DE MENDONÇA, José Xavier. **Tratado de direito comercial brasileiro**. v. VII. 7. ed. Rio de Janeiro: Livraria Freitas Bastos, 1964, p. 463-464 ("Os síndicos e liquidatários devem ter em consideração o que acaba de ser exposto. O fim da lei é também poupar prejuízos à massa. Muitas vezes a execução do contrato não trará vantagens ou lucros, ao contrário acarretará prejuízos, mas, sendo a massa obrigada a pagar perdas e danos pela não execução, o valor destes pode ser superior ao do prejuízo que experimentaria na execução, e nessas condições a conveniência da massa aconselha este último alvitre.").

de locação, fazendo prevalecer o interesse da massa sobre o interesse da locatária individual[89].

Em decorrência da opção do síndico pelo cumprimento do contrato bilateral em curso, o Decreto-lei 7.661/45 classificava como "dívidas da massa" o crédito da contraparte *in bonis* decorrente do adimplemento de sua prestação contratual, conforme previsto no art. 124, § 2º, II[90]. Por consequência, tal crédito seria pago com preferência sobre os créditos sujeitos ao procedimento falimentar, tendo caráter extraconcursal. Cumpre ressaltar que a extraconcursalidade desse crédito estava fundamentada no fato de que a continuidade do contrato ocorreria justamente em benefício da massa falida, concretizando o interesse do concurso de credores.

Por outro lado, caso o síndico optasse pela inexecução do contrato bilateral, o parágrafo único do art. 43 estabelecia que a respectiva indenização por perdas e danos – cujo valor deveria ser apurado em ação de rito ordinário – seria classificada como crédito quirografário, sujeitando o crédito da contraparte ao concurso de credores. Trajano de Miranda Valverde justificava a natureza quirografária deste crédito indenizatório sob o fundamento de que o direito a perdas e danos nasce com o próprio contrato, tendo origem em uma obrigação contraída em momento anterior à própria decretação da falência[91].

[89] Vide o seguinte trecho da fundamentação do acórdão: "No caso, chega-se a certeza de que a resolução do contrato é mais benéfica que a sua manutenção, principalmente porque a locatária não nega que o aluguel é pequeno e fica claro que estando os imóveis vazios poderá obter melhores preços no leilão e assim pagar as suas dívidas. Os contratos foram celebrados pouco tempo antes do pedido de autofalência, em condições estranhamente benéficas à locatária e nada impede que após a decretação da quebra o síndico decida o que melhor convém a massa" (TJRJ. 2ª Câmara Cível. Ap. 2003.001.11933. Relatora Desa. Elizabeti Filizzola Assunção. J. em 15/10/2003).

[90] Decreto-lei 7.661/45. Art. 124. Os encargos e dívidas da massa são pagos com preferência sobre os créditos admitidos a falência, ressalvado o disposto nos artigos 102 e 125. (...) § 2º São dívidas da massa: (...) II – as obrigações resultantes de atos jurídicos válidos, praticados pelo síndico.

[91] VALVERDE, Trajano de Miranda. **Comentários à Lei de falências**. v. I. 4. ed. Rio de Janeiro: Forense, 1999, p. 306 ("O direito a perdas e danos pela inexecução de contratos bilaterais nasce com o próprio contrato. A alternativa que o direito comum reconhece ao credor de exigir, conforme melhor entender, ou a execução específica da obrigação, ou o seu equivalente, as perdas e danos, desaparece com a decretação da falência, porquanto não pode o contraente *in bonis* coagir o síndico ao cumprimento do contrato. Essa alternativa

A respeito do prazo para o exercício da opção pelo síndico, o Decreto--lei 7.661/45 não definia um prazo máximo após o início da falência para que o síndico, em seu juízo de conveniência, decidisse continuar, ou não, cada contrato bilateral em curso. Para que a contraparte tivesse mais clareza sobre qual seria o destino do contrato após a falência, foi-lhe conferido o direito de interpelar o síndico para que este declarasse o eventual interesse no cumprimento do contrato, no prazo máximo de cinco dias do recebimento da notificação (art. 43, parágrafo único). A inserção deste direito de interpelação foi uma importante inovação normativa do Decreto-lei 7.661/1945 em comparação com os regimes concursais antecedentes (*i.e.*, Lei 2.024/1908 e Decreto-lei 5.746/1929), disponibilizando à contraparte um *remédio informativo* para que, ao menos, pudesse ter ciência de qual seria o futuro da execução contratual dali em diante.

Em síntese, observa-se que – sob a perspectiva do contexto histórico--normativo antecedente – o tratamento dos contratos bilaterais no regime falimentar do Decreto-lei 7.661/45 seguiu a tradição da Lei 2.024/1908 e do Decreto-lei 5.746/1929 em três principais pontos: *(i)* a *regra da continuidade* dos contratos bilaterais mesmo após a decretação da falência (*i.e.*, "os contratos bilaterais não se resolvem"); *(ii)* o critério da "conveniência para massa" imposto ao síndico para decidir sobre a continuidade desses contratos; e *(iii)* o caráter extraconcursal (*i.e.*, "dívida da massa") do crédito da contraparte decorrente do cumprimento de sua obrigação contratual, na hipótese de o síndico optar pela execução do contrato bilateral.

Ao mesmo tempo, o Decreto-lei 7.661/45 inovou em duas regras importantes em comparação com os regimes antecedentes, especificamente: *(iv)* ao explicitar a natureza de crédito quirografário da indenização por perdas e danos, na hipótese de o síndico optar pela inexecução do contrato bilateral; e *(v)* ao conferir à contraparte *in bonis* o direito de interpelar o síndico sobre qual seria o destino daquele contrato após a falência.

persiste, porém, do lado da massa falida, subordinada à faculdade que tem o síndico de declarar resolvido o contrato. Mas, quer escolha o administrador da massa o cumprimento do contrato, quer a sua resolução, com perdas e danos, em ambas as hipóteses os direitos e obrigações das partes preexistem à declaração da falência, resultam do próprio contrato. Resolvido este, pela vontade unilateral do síndico, o direito a perdas e danos não surge nesse momento, mas passa desse momento em diante a ter eficácia, torna-se possivelmente realizável.").

2.1.2. Tratamento dos contratos bilaterais na concordata (Decreto-lei 7.661/45)

No âmbito do regime da concordata, o art. 165, *caput*, do Decreto-Lei 7.661/45 estabelecia que "o pedido de concordata preventiva não resolve os contratos bilaterais, que continuam sujeitos às normas do direito comum". Além de ter fixado a *regra da continuidade* dos contratos bilaterais após o início da concordata, o regramento do Decreto-lei 7.661/45 explicitou que esses contratos (com obrigações pendentes de cumprimento) não estariam submetidos aos efeitos desse procedimento concursal.

Vale observar que o fundamento normativo para a *regra da continuidade* dos contratos estava inserido no art. 167 do Decreto-lei 7.661/45[92], cuja regra estipulava que a devedora permanecia na administração de seu patrimônio e na condução de suas atividades negociais, durante o procedimento da concordata. Nesse sentido, a devedora estava inclusive autorizada a celebrar novos contratos no curso da concordata. À época, Trajano de Miranda Valverde ressaltava ser "manifestamente impossível a continuação de um negócio ou de uma empresa sem novos compromissos ou novas obrigações"[93].

Considerando que a devedora concordatária continuava na administração de seus negócios, estando, de regra, autorizada a praticar os atos necessários para a regular gestão de suas atividades, cumpre examinar quatro principais consequências jurídicas decorrentes da regra contida no *caput* do art. 165.

[92] Decreto-lei 7.661/45, Art. 167. Durante o processo da concordata preventivo, o devedor conservará a administração dos seus bens e continuará o seu negócio, sob fiscalização do comissário. Não poderá, entretanto, alienar imóveis ou constituir garantias reais, salvo evidente utilidade, reconhecida pelo juiz, depois de ouvido o comissário.

[93] Destaca-se que Trajano de Miranda Valverde emitiu tal posicionamento ao comentar comparativamente o art. 167 do Decreto-lei 7.661/45 com o anterior regime de concordata, especificamente o revogado art. 156 do Decreto-lei 5.746/1929, *in verbis*: "O decreto revogado dispunha que o devedor não podia, sem autorização do juiz, 'contrair novas obrigações'. (...) Com a limitação ou restrição, procurava o decreto revogado impedir qualquer alteração ou modificação substancial no passivo existente no momento em que o devedor havia entrado em juízo com o seu pedido de concordata. Como é manifestamente impossível a continuação de um negócio ou de uma empresa sem novos compromissos ou novas obrigações, a lei vigente [Decreto-lei 7.661/45] não reproduziu, acertadamente, nesta parte, o preceito limitativo do decreto revogado" (VALVERDE, Trajano de Miranda. **Comentários à Lei de falências**. v. I. 4. ed. Rio de Janeiro: Forense, 1999, p. 318-319).

Como primeira consequência, observa-se que – diferentemente do regime da falência – na concordata não era conferida à devedora a prerrogativa de decidir, por um filtro de conveniência, pela execução de determinados contratos e pela inexecução de outros. Na concordata, os contratos bilaterais deveriam ser cumpridos por ambas as partes; e, em caso de descumprimento pela devedora concordatária, a contraparte poderia pleitear a execução específica da obrigação para coagir a concordatária ao cumprimento do contrato. Destacando a diferença entre o tratamento dos contratos bilaterais na falência e na concordata, Pontes de Miranda ressaltava que "o devedor que obteve concordata preventiva tem de cumprir os contratos bilaterais, como se nenhum despacho de decretação da concordata tivesse havido"[94].

Como segunda consequência, os créditos decorrentes de contratos bilaterais tinham caráter extraconcursal, pois não estavam sujeitos ao regime da concordata. Na jurisprudência, essa questão da extraconcursalidade foi examinada pelo Supremo Tribunal Federal – então competente para julgar matérias de direito concursal – ainda nos primeiros anos de vigência do Decreto-lei 7.661/45, especificamente no Recurso Extraordinário 28.759[95]. Para fundamentar o caráter extraconcursal dos créditos decorrentes de contratos bilaterais na concordata, o Ministro Relator Lafayette de Andrada interpretou, conjugadamente, os arts. 165 e 167 com base em trecho da exposição de motivos do Decreto-lei 7.661/45:

> "A concordata preventiva visa as relações do devedor com seus credores quirografários. No complexo de atividades do comerciante ela [a concordata] é um compartimento estanque, dentro do qual se modificam aquelas relações. Prevenindo a declaração da falência, essa concordata não cancela a administração do devedor, nem impede a continuação do seu negócio, e, por isso mesmo, não antecipa os vencimentos dos créditos não sujeitos aos seus efeitos. Não sendo envolvidos os seus interesses no processo, a ele não

[94] PONTES DE MIRANDA, Francisco Cavalcanti. **Tratado de direito privado**. t. XXX. 3. ed. São Paulo: Revista dos Tribunais, 1984, § 3.472, 1, p. 112.

[95] STF. 2ª Turma. RE 28.759/GO. Relator Min. Lafayette de Andrada. J. em 11/10/1955. Ementa: "Recurso extraordinário. Concordata preventiva. O regime a que está sujeita, no que se refere à situação dos créditos contra a massa difere sensivelmente da posição da falência. Nem todos os créditos da massa estão sujeitos à concordata, especialmente os contratos bilaterais".

devem comparecer. O projeto, reconhecendo essa situação, cuida somente da habilitação dos quirografários, os demais créditos permanecem fora do processo, a despeito de que serão objeto do estudo do comissário em seu relatório."

Como terceira consequência jurídica decorrente da sujeição dos contratos bilaterais às normas do direito comum, reconhecia-se à contraparte *in bonis* legitimidade para exercer determinadas posições contratuais frente à devedora concordatária, podendo, por exemplo, apresentar exceção de contrato não-cumprido ou exceção de inseguridade, conforme o caso. No regime da concordata, as regras previstas no art. 1.092, *caput*, do Código Civil de 1916 poderiam ser aplicadas *in totum*:

> **Art. 1092.** Nos contratos bilaterais, nenhum dos contraentes, antes de cumprida a sua obrigação, pode exigir o implemento da do outro.
>
> Se, depois de concluído o contrato, sobreviver a uma das partes contratantes diminuição em seu patrimônio capaz de comprometer ou tornar duvidosa a prestação pela qual se obrigou, pode a parte, a quem incumbe fazer a prestação em primeiro lugar, recusar-se a esta, até que a outra satisfaça a que lhe compete ou dê garantia bastante de satisfazê-la.

Com base na aplicação das normas do Código Civil de 1916, os credores dos contratos bilaterais poderiam adotar uma *posição defensiva*[96] em face da empresa concordatária, buscando garantir o equilíbrio sinalagmático entre as prestações ainda pendentes de cumprimento quando do início da concordata.

Ao analisar especificamente o tratamento dos contratos no regime da concordata, Jorge Lobo sintetiza as prerrogativas de autotutela disponíveis à contraparte de um contrato bilateral. Primeiramente, a contraparte poderia tentar compelir a empresa concordatária a prestar fiança idônea ou constituir garantia real, como meio de reforço da sua capacidade de cumprimento da obrigação contratual. Caso a devedora concordatária não viesse a constituir uma garantia suficiente, a contraparte *in bonis* poderia

[96] CARVALHO DE MENDONÇA, José Xavier. **Tratado de direito comercial brasileiro.** v. VII. 7. ed. Rio de Janeiro: Livraria Freitas Bastos, 1964, p. 464.

se recusar a cumprir com sua prestação, ou postular a rescisão do contrato com perdas e danos[97].

Como quarta consequência, as ações e execuções judiciais derivadas dos contratos bilaterais em curso também não eram suspensas com o processamento da concordata, uma vez que tais créditos não estavam sujeitos aos efeitos da concordata. Ademais, a contraparte *in bonis* mantinha o direito de exigir a execução específica da obrigação devida pela concordatária.

Durante os últimos quinze anos de vigência do Decreto-lei 7.661/45, é possível identificar, em decisões do Superior Tribunal de Justiça (STJ)[98] e do Tribunal de Justiça do Estado do Rio de Janeiro (TJ-RJ)[99], casos de conflito de competência em ações fundadas em contratos bilaterais. Nesses casos, restou consolidado o entendimento jurisprudencial de que inexistiria *vis atractiva* do juízo da concordata para julgar essas demandas judiciais envolvendo contratos bilaterais em que a empresa concordatária figurasse como parte, uma vez que "o pedido [de concordata] não resolve os contratos e nem tira da empresa a administração de seus bens e negócios"[100].

O reconhecimento da ausência de competência do juízo da concordata para apreciar tais demandas sinalizava que as obrigações dos contratos bilaterais não estavam sujeitas ao processo de concordata, admitindo-se medidas constritivas em caso de descumprimento desses contratos pela concordatária. Exemplificativamente, o art. 165 do Decreto-lei 7.661/45

[97] LOBO, Jorge. Efeitos da concordata e da falência em relação aos contratos bilaterais do concordatário e do falido. **Revista de Direito Mercantil**, São Paulo, v. 110, p. 32-42, abr./jun. 1998, p. 41.

[98] Da jurisprudência do Superior Tribunal de Justiça, vide: "Não estão sujeitos a juízo universal, as ações para cumprimento de contratos bilaterais em que figura empresa em regime de concordata, tanto mais quando não envolvem créditos sujeitos aos efeitos da medida preventiva." (STJ. 2ª Seção. CC 1.865/MS. Relator Min. Dias Trindade. J, em 26/06/1991); e "Competência. Contrato bilateral. Concordata preventiva. Juízo universal. Não estão sujeitas a juízo universal as ações intentadas para cumprimento de contratos bilaterais, em que figure como parte empresa sob regime de concordata. Conflito conhecido, declarado competente o juízo da 35a. Vara Cível da comarca de São Paulo." (STJ. 2ª Seção. CC 6.990/PR. Relator Min. Barros Monteiro. J. em 13/04/1994).

[99] TJRJ. 12ª Câmara Cível. AI 2.357/97. Relator Des. Bernardino Machado Leituga. J. em 27/03/1998.

[100] TJRJ. 12ª Câmara Cível. AI 2.357/97. Relator Des. Bernardino Machado Leituga. J. em 27/03/1998.

era utilizado como fundamento normativo para atos de execução contra a devedora concordatária, como busca e apreensão de bem móvel, reintegração de posse e ação de despejo.

No que diz respeito aos julgados relacionados especificamente às concordatas no setor da construção civil à época do Decreto-lei 7.661/45, vale destacar um precedente do STJ que tratou de processo incidental à concordata da construtora ARGON, com julgamento em 1999 ("*Caso Construtora ARGON*"). O caso envolvia uma promessa de compra e venda de unidade imobiliária entre a construtora concordatária ARGON e um promitente-comprador. Nos primeiros meses após o início da concordata, o promitente-comprador continuou efetuando o pagamento das prestações do contrato bilateral em curso. Contudo, no sexto mês pós-impetração da concordata, o promitente-comprador constatou que as obras do empreendimento imobiliário estavam paralisadas, o que inviabilizava a conclusão e entrega do imóvel no prazo ajustado. Por consequência, ajuizou demanda judicial pleiteando a resolução do contrato com indenização por perdas e danos contra a construtora concordatária, a qual alegou genericamente, em resposta, que o pedido de concordata vedava que tal promessa de compra e venda fosse resolvida.

No *Caso Construtora ARGON*, em interpretação do art. 165 do Decreto-lei 7.661/45, o STJ julgou que a concordata não era meio para exonerar de responsabilidade a construtora concordatária, a qual estava obrigada a seguir cumprindo com suas prestações contratuais para com a contraparte *in bonis*. Neste caso, é possível notar uma preocupação do órgão julgador no sentido de não tolerar que a devedora tentasse utilizar o procedimento da concordata como um *salvo-conduto* para descumprimentos contratuais futuros à sua mera conveniência, conforme se identifica no seguinte trecho do voto do Ministro Menezes Direito:

> "Não custa anotar, ainda, que a simples paralisação das obras autoriza a rescisão do contrato quando não se trate de situação passageira e emergencial, mas também não custa realçar que, agora, de há muito se venceu o prazo contratual sem que sequer exista alegação de que a edificação foi concluída. Vê-se que o Tribunal local, expressamente, reconhece que o pedido de concordata não fez rescindir o contrato. A rescisão contratual decorreu, apenas, do não cumprimento do mesmo pela concordatária. Por outro lado, o art. 165 do Decreto Lei n. 7.661/45, como se pode observar, não cuida de eventual

benefício da concordatária no sentido de não cumprir fielmente os contratos já celebrados."[101]

Ainda sobre o *Caso Construtora ARGON*, cumpre ressaltar que tal precedente foi julgado em novembro de 1999 – momento em que fervilhava no ambiente econômico brasileiro a traumática falência da ENCOL S.A. ENGENHARIA, COMÉRCIO E INDÚSTRIA ("*Caso ENCOL*")[102], que resultou em enormes prejuízos para mais de quarenta mil adquirentes de unidades imobiliárias que haviam sido vendidas pela referida incorporadora. Tendo sido um verdadeiro tsunami no setor da construção civil, avalia-se que o *Caso ENCOL* também influenciou significativamente o panorama do regime concursal brasileiro nos últimos anos de vigência do Decreto-lei 7.661/45, contribuindo para a sedimentação de uma visão por parte do Poder Judiciário (em suas diferentes instâncias) de que o procedimento da concordata não poderia ser um *escudo* para a devedora tentar se exonerar das obrigações previstas nos contratos vigentes, sob pena de causar novos prejuízos a seus credores.

Com base nos pontos acima analisados, observa-se sinteticamente que o tratamento dos contratos bilaterais no regime da concordata estava fundamentado na premissa de que os contratos bilaterais deveriam ser regiamente cumpridos, em razão de a devedora concordatária continuar na condução de suas atividades após o início do procedimento. Nesse sentido, a concordata não constituiria uma hipótese exoneratória das responsabilidades contratuais da empresa em crise, não sendo aplicável um conjunto de regras excepcionais sobre os contratos bilaterais da devedora concordatária.

Na perspectiva da contraparte *in bonis*, a aplicação das normas vigentes lhe conferia uma posição privilegiada nos seguintes níveis: *(i)* caráter extraconcursal do crédito decorrente do cumprimento do contrato bilateral em curso; *(ii)* possibilidade de pleno exercício de *posições contratuais defensivas* em face da devedora concordatária (*e.g.*, exceção de contrato

[101] STJ. 3ª Turma. AgRg no Ag 252.689/SP. Relator Min. Carlos Alberto Menezes Direito. J. em 19/11/1999.

[102] Após a ENCOL ter pedido concordata preventiva em novembro de 1997, a decretação de sua falência ocorreu em março de 1999 pelo Juízo da Vara de Falências, Concordatas e Insolvência Civil da Comarca de Goiânia/GO (Processo nº 97.011.195.680/Autos 862/97).

não-cumprido, exceção de inseguridade); e *(iii)* incompetência do juízo da concordata para julgar as demandas fundadas em contratos bilaterais.

2.2. Tratamento dos contratos na LRE

Após uma longa gestação legislativa que durou mais de dez anos e que perpassou quatro diferentes legislaturas, a LRE foi promulgada em 2005 como o novo marco legal dos procedimentos de insolvência no Direito Brasileiro, em resposta aos anacronismos e às insuficiências do Decreto-lei 7.661/45[103]. É possível identificar três fatores que permitiram propulsionar o Congresso Nacional para que, no curso da tramitação parlamentar, fossem construídas as propostas que culminaram em um novo paradigma legislativo, quais sejam: *(i)* sob a perspectiva da cultura jurídica, existia um consenso sobre a defasagem do regime regulatório do Decreto-lei 7.661/45; *(ii)* sob a perspectiva da realidade econômica, as bancarrotas de grandes empresas nacionais chamavam a atenção do legislador sobre a relevância e a atualidade das questões envolvendo a matéria falimentar; e *(iii)* sob a perspectiva de política pública, a reformulação do regime concursal passou a representar, a partir do início dos anos 2000, um dos pilares para o fomento de um projeto governamental de expansão do crédito no Brasil.

Sob a perspectiva do ambiente da comunidade jurídica, havia um consenso sobre o "retumbante fracasso"[104] do Decreto-lei 7.661/45, que era objeto de severas críticas por parte da doutrina comercialista ainda nas primeiras décadas de sua vigência. Em palestra proferida na sede carioca do Instituto Brasileiro dos Advogados, em 1974, Rubens Requião já alertava que "uma das leis que exige mais urgente reforma é a Lei de Falências, pois o atual procedimento constitui um verdadeiro flagelo social em que poucos lucram e a maioria é prejudicada"[105].

[103] CEREZETTI, Sheila Neder. **A recuperação judicial de sociedades por ações**: o princípio da preservação da empresa na Lei de Recuperação e Falência. São Paulo: Malheiros Editores, 2012, p. 15-16.

[104] SCALZILLI, João Pedro; SPINELLI, Luis Felipe; TELLECHEA, Rodrigo. **História do direito falimentar**: da execução pessoal à preservação da empresa. São Paulo: Almedina, 2018, p. 192.

[105] Vale ressaltar que esse importante clamor de Rubens Requião foi utilizado como frase de abertura do Voto do Relator Deputado Osvaldo Biolchi em 1999, quando da apresentação das emendas de plenário na Comissão Especial da Câmara dos Deputados que então

Também na década de 1970, Fábio Konder Comparato – criticando contundentemente a opção legislativa do Decreto-lei 7.661/45 de afastar uma participação ativa dos credores no procedimento da concordata – já clamava pela necessidade de que o direito concursal brasileiro viesse a superar o *dualismo pendular* (ora pró-devedor, ora pró-credor), em prol de uma legislação que buscasse tutelar a "necessidade econômica da permanência da empresa"[106] como organismo centralizador de múltiplos interesses.

Em lúcida retrospectiva histórica, Marcos Lisboa *et alii* analisam que – por causa da rigidez das fórmulas das concordatas (preventiva e suspensiva) reguladas no Decreto-lei 7.661/45 – frequentemente o *remédio virava veneno* em prejuízo da própria empresa em crise, que muitas vezes tinha capacidade econômico-financeira para cumprir com suas obrigações, mas estava adstrita a seguir o disposto na legislação vigente[107]. À época, os dados já indicavam que 80% das empresas em concordata acabava falindo num segundo momento[108]. Tais disfuncionalidades da legislação

apreciava o projeto de lei originário da LRE, especificamente o Projeto de Lei 4.376-A, de 1993 (BRASIL. Câmara dos Deputados: Diário da Câmara dos Deputados – Suplemento, 03 de dezembro de 1999, p. 494).

[106] Conforme a célebre lição de COMPARATO: "o dualismo no qual se encerrou o nosso direito falimentar – proteger o interesse pessoal do devedor ou o interesse dos credores – não é de molde a propiciar soluções harmoniosas no plano geral da economia. O legislador parece desconhecer completamente a realidade da empresa, como centro de múltiplos interesses – do empresário, dos empregados, do Fisco, da região, do mercado em geral – desvinculando-se da pessoa do empresário. De nossa parte, consideramos que uma legislação moderna de falência deveria dar lugar à necessidade econômica de permanência da empresa." (COMPARATO, Fábio Konder. **Aspectos jurídicos da macro-empresa**. São Paulo: Revista dos Tribunais, 1970, p. 95).

[107] LISBOA, Marcos de Barros; DAMASO, Otávio Ribeiro; SANTOS, Bruno Carazza do; COSTA, Ana Carla Abrão. A racionalidade econômica da nova Lei de Falências e de Recuperação de Empresas. *In:* PAIVA, Luiz Fernando Valente de (Coord.). **Direito falimentar e a nova Lei de falência e recuperação de empresas**. São Paulo: Quartier Latin, 2005, p. 29-60, p. 47.

[108] Durante a tramitação legislativa, o alerta foi feito em 1997 pelo Deputado OSWALDO BIOLCHI: "atualmente se impetra uma concordata ou uma falência com muita facilidade, observando-se um total abuso dos institutos, pois quase 80% das empresas que pedem concordata não se recuperam mais e, fatalmente, caminham para a falência" (vide: BRASIL. Câmara dos Deputados: Diário da Câmara dos Deputados – Suplemento, 03 de dezembro de 1999, p. 393).

concursal resultavam em inequidades na alocação distributiva dos recursos, beneficiando poucos e prejudicando muitos. Diante das obsolescências e limitações normativas encontradas no Decreto-lei 7.661/45, verifica-se que tanto a comunidade jurídica quanto diversos segmentos econômicos convergiam para uma percepção de que era necessária a elaboração de um novo marco legal a regular os procedimentos de insolvência no Direito brasileiro.

Sob a perspectiva da realidade econômica, a empresa tem protagonismo como força motriz para a produção e circulação de bens e serviços, bem como para a geração de empregos. De igual modo, a situação de crise empresarial também tende a ocupar o imaginário da sociedade[109], uma vez que a bancarrota de grandes empresas impacta gravemente tanto a ordem econômica quanto a vida cotidiana das pessoas. A depender do grau de endividamento e do número de credores, a crise empresarial é capaz de provocar traumas e cicatrizes no tecido social, cujo potencial corrosivo aumenta em caso de atos fraudulentos praticados por controladores e administradores da devedora.

Durante o longo período dos *trabalhos preparatórios* da LRE, é possível visualizar dois casos emblemáticos de insolvência que acabaram (direta e indiretamente) entrando no radar do legislador. Nos primeiros anos de tramitação do Projeto de Lei 4.376/93, o *Caso ENCOL* eclodiu no noticiário brasileiro. No auge do *Caso ENCOL* em 1999, o Deputado Jovair Arantes – ao justificar a apresentação de emenda aditiva para regular especificamente a situação de falência da incorporadora imobiliária inadimplente de sua obrigação de entrega de bem imóvel – ressaltava expressamente que "o sofrimento vivido por cerca de 42.000 (quarenta e duas mil) famílias que adquiriram imóveis da ENCOL deve ser evitado. A única maneira é a regulamentação do assunto de forma completa, a evitar os entraves que hoje são enfrentados por estes promitentes compradores"[110].

[109] Quando do início da tramitação do Projeto de Lei 4.376/93, ocupavam o noticiário nacional as situações de insolvência da MAPPIN, MESBLA, Casa Centro, Lojas G. ARONSON e da própria ENCOL (vide: BRASIL. Câmara dos Deputados: Diário da Câmara dos Deputados – Suplemento, 03 de dezembro de 1999, p. 450).

[110] Conforme consta dos anais da Câmara dos Deputados, na justificação da Emenda Aditiva n. 100, o Deputado Jovair Arantes concluía que "Após ouvirmos diversos dos adquirentes da ENCOL, no intuito de entendermos quais são as principais dificuldades por eles enfrentadas,

Na última fase de tramitação do Projeto de Lei n. 4.376/93, foi muito emblemática a situação de crise empresarial da companhia aérea Varig S.A., cujas dificuldades econômico-financeiras eram públicas e notórias desde o início dos anos 1990, tendo se agravado no início dos anos 2000. À época, a situação de insolvência da Varig foi levada em consideração pelo Poder Legislativo para que fosse possível acelerar o processo de aprovação da LRE. Não por acaso, apenas oito dias após a entrada em vigor da LRE, foi protocolado o pedido de recuperação judicial das sociedades que compunham o grupo Varig. Por conta de sua dimensão e relevância, a recuperação judicial da Varig acabou se tornando o primeiro grande laboratório para a aplicação das regras previstas na LRE.

Entende-se que, sob diferentes ângulos, as situações de crise da ENCOL e da Varig representaram, para o Parlamento Brasileiro, dois exemplos muito contundentes sobre a relevância de se arquitetar um novo regime legal para os processos de insolvência, promovendo maior eficiência e celeridade na regulação das situações de crise empresarial. Nesse sentido, o envolvimento e o compromisso da classe política para a aprovação da LRE evidenciaram que o Poder Legislativo queria, sim, oferecer respostas normativas adequadas e concretas para o tratamento jurídico das empresas em crise, em face das deficiências regulatórias do Decreto-lei 7.661/45.

Sob a perspectiva de política pública, o texto original da LRE foi promulgado em 2005, dentro do primeiro mandato do governo Lula[111] e em consonância com uma agenda mais ampla do Poder Executivo, que – por meio de uma soma de esforços do Ministério da Fazenda e do Banco Central do Brasil – buscava viabilizar a promoção de um ambiente

chegamos ao texto acima, que sem dúvida significará um grande avanço para os adquirentes de imóveis em construção" (BRASIL. Câmara dos Deputados: Diário da Câmara dos Deputados – Suplemento, 03 de dezembro de 1999, p. 429).

[111] Muito argutamente, o economista Samuel Pessoa cunhou a expressão "*Era Malocci*" para tratar desse período entre meados das décadas de 90 e de 2000, em alusão à política econômica praticada pelos ministros da Fazenda Pedro Malan (no Governo do Ex-Presidente Fernando Henrique Cardoso) e Antônio Palocci (no Governo do Ex-Presidente Lula) (vide: PESSOA, Samuel. Debate entre esquerda e direita no Brasil é pouco esclarecedor. **Revista Conjuntura Econômica**, v. 70, n. 7, p. 10-11, jul. 2016, p. 10).

regulatório favorável à modernização dos mecanismos de garantia, propiciando uma expansão do mercado de crédito no Brasil[112].

Em linha com a referida política pública de fortalecimento do crédito, o Poder Executivo assumiu compromisso institucional perante o Fundo Monetário Internacional (FMI) para aprovar uma nova legislação concursal. Para tanto, o Poder Executivo tinha incentivos concretos para realizar um exame cuidadoso das diretrizes sobre liquidação e reorganização previstas nos estudos do Banco Mundial e da UNCITRAL no início dos anos 2000, a fim de garantir que a modificação do sistema concursal brasileiro guardasse convergência com as diretrizes de organismos internacionais voltadas para a maior eficácia dos mecanismos de proteção do crédito e dos remédios para o tratamento da crise empresarial[113].

Nesse contexto de modificação do panorama regulatório brasileiro, a LRE foi estruturada por meio de um sistema dual para o tratamento das empresas em crise: *reorganização* para as empresas viáveis (recuperação judicial e recuperação extrajudicial) e *liquidação* para a realização eficiente dos ativos das empresas inviáveis (falência). Com base nos critérios de viabilidade e eficiência, Marcos Lisboa *et alii* explicam os fundamentos econômicos que nortearam a elaboração de um sistema normativo voltado a estimular uma participação ativa dos credores nos procedimentos de insolvência, seja para a construção de uma solução negociada nos casos de empresas viáveis, seja para a retirada do mercado de controladores inaptos ou das próprias empresas com valor presente negativo:

[112] Bruno Meyerhof Salama, ao analisar contextualmente o tratamento das garantias fiduciárias na LRE, salienta que foi uma peça legislativa dentro de um todo maior que visava justamente à expansão do crédito como motor do desenvolvimento econômico no Brasil, *in verbis*: "(...) é preciso levar em conta que toda a política econômica do Executivo desenvolvida na última década teve por base a expansão do crédito. A Lei de Recuperação Judicial e Falências de 2005 não foi uma peça isolada. Complementou diversas outras voltadas a solidificar a certeza do crédito e a efetividade das garantias, tudo a fim de facilitar o crédito, engenho do desenvolvimento econômico." (SALAMA, Bruno Meyerhof. Recuperação Judicial e trava bancária. **Revista de Direito Bancário e do Mercado de Capitais**, São Paulo, v. 59, p. 13-23, 2013, p. 21).

[113] CEREZETTI, Sheila Neder. **A recuperação judicial de sociedades por ações**: o princípio da preservação da empresa na Lei de Recuperação e Falência. São Paulo: Malheiros Editores, 2012, p. 85-86.

> "A nova Lei cria dispositivos que estimulam a negociação entre devedor e credores, de forma a encontrar soluções de mercado para empresas em dificuldade financeira. O objetivo central é viabilizar a continuidade dos negócios da empresa enquanto unidade produtiva, mantendo assim a sua capacidade de produção e geração de empregos, oferecendo condições para que as empresas com viabilidade econômica encontrem os meios necessários para a sua recuperação, a partir da negociação com seus credores. Caso os credores entendam que a reabilitação da empresa não é possível, a Lei estimula a sua venda num rito expresso, de modo a permitir que, sob uma nova administração, a empresa continua a exercer a sua função social de gerar empregos e renda. Em última instância, se o negócio não for mais viável, a Lei cria condições factíveis para que haja uma liquidação eficiente dos ativos, permitindo assim que se maximizem os valores realizados e, consequentemente, se minimizem as perdas gerais."[114]

A partir dos esforços de sistematização dos regimes de reorganização e liquidação capitaneados pelo Senador Ramez Tebet na última fase da tramitação legislativa da LRE (no período entre 2003-2004), foram sintetizadas doze diretrizes normativas que deveriam ser promovidas com a entrada em vigor do novo sistema concursal brasileiro, especificamente: *(i)* preservação da empresa, *(ii)* separação dos conceitos jurídicos de "empresa" e "empresário", *(iii)* recuperação das empresas viáveis, *(iv)* retirada da empresa inviável do mercado, *(v)* proteção aos trabalhadores, *(vi)* redução do custo do crédito no Brasil, *(vii)* celeridade e eficiência dos processos de insolvência, *(viii)* segurança jurídica, *(ix)* participação ativa dos credores, *(x)* maximização do valor dos ativos do falido, *(xi)* desburocratização da recuperação de microempresas e empresas de pequeno porte, e *(xii)* rigor na punição de crimes relacionados às matérias de insolvência[115].

[114] LISBOA, Marcos de Barros; DAMASO, Otávio Ribeiro; SANTOS, Bruno Carazza do; COSTA, Ana Carla Abrão. A racionalidade econômica da nova Lei de Falências e de Recuperação de Empresas. *In*: PAIVA, Luiz Fernando Valente de (Coord.). **Direito falimentar e a nova Lei de falência e recuperação de empresas**. São Paulo: Quartier Latin, 2005, p. 29-60, p. 42.

[115] BRASIL. Senado Federal. Senador Ramez Tebet. Parecer n. 534/2004, 04 de maio de 2004, p. 19-21. Disponível em: <https://www25.senado.leg.br/web/atividade/materias/-/materia/63304>.

Com base no conteúdo das doze diretrizes contempladas na "carta de princípios" então formulada pelo Senador Ramez Tebet, verifica-se que nenhuma das doze diretrizes trata diretamente do tema do tratamento dos contratos bilaterais ou de questões correlatas. Todavia, é possível visualizar que, de maneira indireta, quatro diretrizes normativas abrangem questões pertinentes às relações obrigacionais entre a empresa devedora e seus credores.

Em específico, as diretrizes da *preservação da empresa* e da *maximização do valor dos ativos* indicavam a preocupação do legislador sobre os riscos decorrentes da extinção da empresa e da potencial perda do "agregado econômico representado pelos chamados intangíveis, como nome, ponto comercial, reputação, marcas, clientela, rede de fornecedores, know-how, treinamento, perspectiva de lucro futuro, entre outros"[116]. Em face de tais riscos, a LRE buscou estruturar regras e mecanismos para evitar a deterioração do conjunto patrimonial da empresa em crise e, para os casos extremos de falência, tentar priorizar a venda dos ativos em bloco. Considerando que o funcionamento da empresa se organiza invariavelmente por meio de relações obrigacionais, a tutela dos contratos acaba sendo um pressuposto para a própria sobrevivência das atividades empresariais – especialmente nos atuais modelos de negócio em que a descontinuidade de um contrato pode ser uma medida mais devastadora do que a retomada de um imóvel de posse da devedora.

Desse modo, avalia-se que o tema do tratamento dos contratos, ainda que indiretamente, estava dentro do raio de alcance das diretrizes da *preservação da empresa* e da *maximização do valor dos ativos*, uma vez que a rede de contratos pode representar um instrumento indispensável para viabilizar a continuidade das atividades produtivas ou, ao menos, para mitigar a perda do conjunto patrimonial da empresa em crise.

Ademais, entende-se que, com menor intensidade, as diretrizes da *participação ativa dos credores* e da *redução do custo de crédito* também se conectam indiretamente com o tema do tratamento dos contratos bilaterais. No âmbito da promoção de uma participação mais ativa dos credores, o tratamento dos contratos nos procedimentos de insolvência pode servir

[116] BRASIL. Senado Federal. Senador Ramez Tebet. Parecer n. 534/2004, 04 de maio de 2004, p. 19-21. Disponível em: <https://www25.senado.leg.br/web/atividade/materias/-/materia/63304>.

como um importante "guia de ordem prática", aclarando aos credores o modo de exercício de suas pretensões creditícias e demais direitos, a fim de que sejam respeitados os limites decorrentes do contexto excepcional e coletivo da insolvência. No que tange à política pública de redução do custo de crédito, nota-se que a qualidade do tratamento legislativo nesse tema pode influenciar decisivamente na capacidade de os agentes econômicos conseguirem visualizar, com a máxima previsibilidade possível, quais serão os efeitos jurídico-contratuais na hipótese de configuração de uma situação de crise econômico-financeira da contraparte.

No que diz respeito especificamente ao tratamento dos contratos bilaterais, a LRE disciplina a matéria tanto no capítulo referente à falência, quanto naquele referente à recuperação judicial. No regime falimentar, a LRE regula de maneira direta e detalhada as consequências da decretação da falência sobre as relações obrigacionais da empresa devedora. Após a decretação da falência, o exercício de toda e qualquer posição jurídico-contratual passa a se sujeitar às regrais legais cogentes do regime falimentar, em atenção aos limites impostos pela unidade e pela universalidade do concurso de credores.

Em linhas gerais, identifica-se que a estrutura normativa da LRE conservou largamente as fórmulas legais que até então vigoravam no regramento anterior do Decreto-lei 7.661/45, valendo salientar os seguintes pontos de convergência entre o novo e o antigo regime: *(i)* atribuição ao administrador judicial (outrora o síndico) da prerrogativa de decidir sobre executar, ou não, os contratos bilaterais pendentes de cumprimento ao tempo da decretação da falência (LRE, art. 117, *caput*); *(ii)* atribuição à contraparte do direito de interpelar o administrador judicial para que este declare o eventual interesse na continuidade do contrato, dentro de um prazo determinado (art. 117, § 1º); *(iii)* classificação como crédito quirografário da indenização por perdas e danos, em caso de o administrador judicial decidir pela inexecução do contrato bilateral (art. 117, § 2º); e *(iv)* fixação de um regulamento sobre as consequências específicas da falência sobre algumas hipóteses contratuais em *numerus clausus* (*e.g.*, compra e venda de coisa em trânsito ou de coisas compostas, locação, promessa de compra e venda de imóveis, contratos financeiros, entre outros previstos no art. 119). Desta forma, verifica-se que a LRE adotou postura conservadora quanto ao tema dos contratos na falência – disciplinado na Seção VII do Capítulo IV –, tendo sido claramente preservada e replicada uma grande parcela dos dispositivos normativos já constantes do regime anterior do Decreto-lei 7.661/45.

No regime da recuperação judicial, o tratamento dos contratos bilaterais é, paradoxalmente, regulado com menor detalhamento e menos ênfase do que na falência. Sobre essa desproporcionalidade, Francisco Satiro e Eduardo Wanderley bem sublinham que é absolutamente contra-intuitivo que a vasta maioria das regras disciplinando o tratamento dos contratos esteja localizada no regime liquidatório (cuja finalidade é voltada para a realização do ativo), em contraste com o *vácuo normativo* que hoje se verifica na regulação dos efeitos da recuperação judicial sobre os contratos em curso[117]. Vale dizer, revela-se curioso que seja justamente no regime recuperacional – cuja finalidade maior é a reorganização e a preservação das empresas economicamente viáveis – que se identifiquem as maiores lacunas quanto ao tratamento dos contratos.

Como características básicas do tratamento dos contratos na recuperação judicial, destacam-se as seguintes regras previstas na LRE. *A uma*, de acordo com o art. 49, § 2º, as obrigações contratuais anteriores à recuperação judicial devem observar as condições originalmente contratadas ou definidas em lei, salvo se modificadas pelo plano de recuperação. *A duas*, o art. 49, *caput*, fixa outra regra geral no sentido de que todos os créditos (vencidos ou vincendos) existentes na data do pedido estarão sujeitos ao procedimento recuperacional e, portanto, poderão ser objeto de novação pelo plano. *A três*, o art. 67, *caput*, estabelece a regra da extraconcursalidade para os créditos decorrentes das obrigações contraídas durante a recuperação judicial, buscando estimular o fluxo de bens, serviços e recursos em prol da regular manutenção das atividades da empresa em crise[118].

[117] Por meio de um relevante diagnóstico sobre a topografia das regras sobre tratamento dos contratos na LRE, vide: SOUZA JÚNIOR, Francisco Satiro de; WANDERLEY, Eduardo G. National Report for Brazil. *In:* CHUAH, Jason; VACCARI, Eugenio (Ed.). **Executory contracts in insolvency law**: a global guide. Cheltenham: Edward Elgar Publishing, 2019, p. 94-118, p. 107-108).

[118] Vale notar também que, na atual redação do art. 67, parágrafo único, dada pela Lei 14.112/20, houve a positivação da possibilidade de tratamento diferenciado no plano de recuperação aos "credores colaborativos", que consistem naqueles credores que continuam a fornecer normalmente bens ou serviços à devedora após o pedido de recuperação judicial.

Muito embora existam regras que regulem diretamente o tema, importa frisar que as insuficiências do tratamento dos contratos na recuperação judicial originam-se de dois fatores principais, quais sejam: os pontos de vagueza ou imprecisão de determinadas disposições normativas da LRE; e as *omissões legislativas* relativamente a temas de incontestável relevância para a regulação dos efeitos da insolvência sobre as relações jurídico-patrimoniais da empresa em crise (*e.g.*, tratamento da cláusula *ipso facto*, compensação na recuperação judicial).

Em vista desse panorama marcado – em matéria de tratamento dos contratos – pelo *conservadorismo* do regime falimentar e pelo *laconismo* do regime recuperacional, o principal objetivo deste **item 2.2** é analisar a história da tramitação legislativa da LRE, pautando-se o **subitem 2.2.1** a partir do seguinte questionamento: quais são as origens do vácuo normativo existente na LRE sobre o tratamento dos contratos bilaterais? Após serem exploradas, em retrospectiva histórica, as discussões legislativas que possam explicar as razões e condicionantes deste *vácuo normativo*, serão analisados os principais institutos pertinentes ao tratamento dos contratos que atualmente vigoram nos regimes de falência (**subitem 2.2.2**) e de recuperação judicial (**subitem 2.2.3**).

2.2.1. Tratamento dos contratos bilaterais na história legislativa da LRE

Em atenção à história do processo legislativo que culminou na promulgação da LRE, observa-se que, no início da década de 90, Poder Executivo e Poder Legislativo compartilhavam do entendimento de que o regramento do Decreto-lei 7.661/45 estava absolutamente defasado, havendo um consenso institucional sobre a necessidade de se promoverem substanciais alterações legislativas no regime concursal brasileiro. No entanto, muito embora fosse unânime o clamor em prol de uma nova legislação concursal, existiam nítidas divergências a respeito de qual seria o conteúdo das propostas normativas que deveriam estar refletidas no projeto de lei que iria substituir o Decreto-lei 7.661/45.

Em dezembro de 1993, por iniciativa do Poder Executivo, o então Presidente da República Itamar Franco encaminhou ao Congresso Nacional o texto do Projeto de Lei 4.376/93 dispondo sobre a regulação dos procedimentos de falência e concordata, anexando também a Exposição de Motivos elaborada à época pelo Ministro da Justiça Maurício

Corrêa[119]. Tão logo desembarcou na Câmara dos Deputados, a redação original do Projeto de Lei 4.376/93 foi objeto de duras críticas por determinados parlamentares, que – ao mesmo tempo em que ressaltavam suas imprecisões e inconsistências[120] – também aproveitavam para enaltecer a minuta de um "anteprojeto concorrente", elaborada e publicada ainda no Governo Collor (1990-1992) por uma comissão de juristas nomeada pelo então Ministro da Justiça Jarbas Passarinho ("*Anteprojeto Jarbas Passarinho*")[121].

Sendo da própria natureza de qualquer processo legislativo democrático, é interessante notar que essa lógica *da ação e reação* pôde ser identificada ainda no estágio embrionário dos trabalhos preparatórios da LRE, com base nas primeiras reações parlamentares ao Projeto de Lei 4.376/93. Isso confirma que a LRE não foi um produto normativo derivado de imposições unidirecionais ou da inércia de determinadas opções políticas. Pelo contrário: a longa gestação da LRE é reveladora de um amplo e saudável debate legislativo, que não apenas ocorreu ao longo de quatro diferentes legislaturas, mas que também testemunhou as relevantes transformações da realidade econômico-social ocorridas no Brasil

[119] Constituída por meio da Portaria 552/1993 do Ministério da Justiça, a Comissão era composta pelos seguintes membros: Dr. Alfredo Bumachar Filho (Presidente) e os Drs. Fran Martins, Leon Frejda Szklarowsky, Rubens Requião, Werter Rotunno Faria, José Fernando Mandel e João Raimundo Cysneiros Vianna.

[120] Conforme uma análise precisa do Dep. Luiz Roberto Ponte, a mais flagrante imprecisão conceitual contida no Projeto de Lei 4.376/93 era no tocante à recuperação de empresas, "que pela proposta do Poder Executivo só seria admitida numa fase muito posterior, quando a empresa já estivesse dentro da própria falência. Entendemos que na proposta original do Governo houve uma incongruência. (...) Isto porque não há como se pensar em recuperação de empresa que já esteja sob o regime de falência decretada, visto que seria algo extemporâneo e absurdo, algo do gênero de 'crônica de uma morte anunciada'" (BRASIL. Câmara dos Deputados: Diário da Câmara dos Deputados – Suplemento, 03 de dezembro de 1999, p. 391-392).

[121] Constituída por meio da Portaria 233/1991 do Ministério da Justiça, a Comissão nomeada pelo Ministro Jarbas Passarinho era composta pelos seguintes membros: Dr. Raul Bernardo Nelson de Senna (Presidente), os Drs. Leon Frejda Szklarowsky (Secretário), Geraldo de Camargo Vidigal, assessorado pelos Drs. Geraldo Facó Vidigal, Marcos da Costa e Fernando D' Almeida e Souza Júnior; Solange Nascimento Velloso, Carlos Alberto de São Tiago Hagstrom, Danilo José Loureiro, Maria Luíza Grossi Franco Neto e Marília Pinheiro de Abreu Miranda.

entre o início da década de 90 e meados dos anos 2000, possibilitando um diálogo com as preocupações de diferentes segmentos da economia nacional[122].

No que tange especificamente ao tratamento dos contratos bilaterais nos regimes de insolvência, verifica-se que – sob diferentes perspectivas – essa temática foi objeto de atenção e debate ao longo da tramitação legislativa do Projeto de Lei 4.376/93. A fim de serem contextualizados o ambiente e os fundamentos que originaram as regras que hoje estão postas na legislação vigente, é possível dividir o processo legislativo da LRE em três principais fases, quais sejam: *(i) fase inicial*, compreendendo o período entre a data de chegada do Projeto de Lei 4.376/93 na Câmara dos Deputados, em dezembro de 1993, e a data de aprovação unânime do referido projeto pela Comissão Especial, em dezembro de 1996, na forma do texto substitutivo apresentado pelo Deputado Relator Oswaldo Biolchi; *(ii) fase intermediária*, compreendendo o período no qual foram apresentadas emendas em plenário, entre os anos de 1997 e 2000; e *(iii) fase final*, compreendendo o período desde a data de reabertura de discussão do Projeto de Lei 4.376/93, em junho de 2003, até a data de sanção presidencial da LRE, em fevereiro de 2005.

No que diz respeito à aproximação da *fase inicial* do processo legislativo com as questões pertinentes aos contratos bilaterais, vale observar que à época o Ministro Maurício Corrêa ressaltou, com especial ênfase, dois importantes pontos envolvendo a regulação das relações obrigacionais no contexto de insolvência, elencando-os dentro do rol de objetivos prioritários do projeto de lei, conforme o seguinte trecho da própria Exposição de Motivos:

> "15. No que se refere aos efeitos da falência sobre as relações jurídicas existentes na data de sua decretação, as novas disposições procuram atender a evolução do direito em matéria obrigacional. Por outro lado, atribui-se ao juiz a tarefa de decidir, por analogia, os assuntos não regulados expressamente,

[122] Considerando que a primeira minuta de anteprojeto para a edição de uma nova legislação concursal foi publicada ainda no Governo Collor (no Diário Oficial de 27/03/1992) e que a sanção presidencial da LRE ocorreu no Governo Lula (no Diário Oficial de 09/02/2005), verifica-se que a história de todo o processo legislativo ocorreu ao longo dos Governos Collor, Itamar, FHC e Lula.

tendo em consideração os princípios da unidade e da universalidade do concurso e do tratamento paritário dos credores"[123].

Sobre o primeiro ponto, a Exposição de Motivos destacava expressamente que o regime concursal precisava estar em linha com as evoluções do direito das obrigações, a fim de serem adequadamente regulados os efeitos da falência sobre as relações contratuais em curso. Nas entrelinhas, tal advertência formulada pelo Ministro Maurício Corrêa também indicava a obsolescência do tratamento dos contratos no Decreto-lei 7.661/45.

Sobre o segundo ponto, a redação original do Projeto de Lei 4.376/93 previa, em seu art. 114, a fixação de uma cláusula geral explicitando que os princípios da unidade e universalidade do concurso e da igualdade entre os credores deveriam balizar a atuação interpretativa do juiz para decidir, por analogia, sobre todas e quaisquer relações obrigacionais não expressamente reguladas pela legislação[124]. A formulação dessa cláusula geral reforçava duas importantes premissas sobre o tratamento dos contratos na insolvência.

A primeira premissa indicava o reconhecimento da impossibilidade de a legislação concursal regular de maneira exaustiva os efeitos da insolvência sobre os contratos, uma vez que a autonomia privada admite que as partes criem uma infindável gama de modelos contratuais para instrumentalizar suas transações econômicas. Por consequência, é natural que haja relações patrimoniais que não estejam expressamente reguladas na legislação falimentar, cabendo ao juiz decidir tais casos por analogia.

A segunda premissa revelava a proposição de que tanto o princípio da igualdade de tratamento dos credores quanto os princípios da unidade e da universalidade do concurso deveriam ser cânones hermenêuticos

[123] A Exposição de Motivos n. 343 foi submetida pelo Ministério da Justiça ao escrutínio da Presidência da República em 27 de julho de 1993, tendo sido o projeto de lei encaminhado para o Congresso Nacional em 21 de dezembro de 1993 pelo Presidente Itamar Franco (vide: BRASIL. Câmara dos Deputados: Diário da Câmara dos Deputados – Suplemento, 03 de dezembro de 1999, p. 42-47).

[124] Redação Original do Projeto de Lei 4.376/93. Art. 114. Nas relações patrimoniais não reguladas expressamente nesta Lei, o juiz decidirá por analogia, atendendo à unidade e universalidade do concurso e à igualdade de tratamento dos credores.

para a interpretação de relações contratuais no contexto da insolvência. A insolvência traduz uma lógica de premente escassez de recursos, indicando que as consequências da execução contratual não mais se restringem às partes contratantes, podendo haver a modificação das características originais de certos direitos dos credores e da empresa devedora em atenção tanto ao interesse do concurso de credores quanto ao dos demais terceiros afetados pela situação de crise empresarial. Em síntese, o caráter excepcional e coletivo do concurso de credores deve necessariamente ser levado em consideração no ato de interpretação dos contratos pelo julgador.

Em acréscimo, o art. 96 da redação original do Projeto de Lei 4.376/93 regulava o tratamento dos "contratos ainda não integralmente cumpridos", nos seguintes termos:

> "Art. 96. Aplicam-se aos contratos ainda não integralmente cumpridos na data de decretação da falência as seguintes regras:
>
> I – se a prestação a cargo do falido estiver totalmente cumprida, o outro contratante é obrigado a satisfazer a sua;
>
> II – se a prestação a cargo do contratante não falido estiver integralmente cumprida, deverá declarar o crédito correspondente à prestação que o falido lhe dever;
>
> III – se existirem prestações recíprocas pendentes de cumprimento, o credor não falido tem o direito de pleitear a resolução do contrato com indenização.
>
> § 1ª Na hipótese prevista no inciso III, o contratante não falido deve promover a resolução do contrato, em trinta dias, contados da publicação da sentença que decreta a falência.
>
> § 2ª O síndico pode pleitear o cumprimento do contrato, ficando a cargo da massa o pagamento da prestação pela qual está obrigada. Nesse caso, requererá autorização do juiz, e comunicará sua intenção ao contratante não falido, no prazo de trinta dias contado do recebimento da notificação.
>
> § 3ª Deixando a parte não falida de optar pelo cumprimento do contrato, a opção passará para o síndico que, autorizado pelo juiz, poderá exercê-la nos quinze dias subsequentes ao vencimento do prazo estabelecido no §1º. A comunicação ao outro contratante será feita por carta registrada, com aviso de recepção".

Em comparação com o artigo 43 do Decreto-lei 7.661/45[125], nota-se que o art. 96 da proposta legislativa então coordenada pelo Ministro Maurício Corrêa apresentava três principais inovações no tratamento dos contratos na falência: *(i)* ao optar pela terminologia "*contratos ainda não integralmente cumpridos*" em vez da expressão tradicional "*contratos bilaterais*", indicava com clareza a necessidade de se dar especial atenção para as situações contratuais com obrigações pendentes de cumprimento ao tempo da decretação da falência; *(ii)* conferia primeiramente ao credor *in bonis* a prerrogativa de optar pela execução, ou não, dos contratos em que houvesse obrigações recíprocas pendentes de cumprimento; e *(iii)* suprimia a discricionariedade dos atos do síndico relativos à decisão sobre cumprir os contratos em curso, pois passava a exigir uma autorização prévia do juiz para a prática de tais atos pelo síndico.

Logo após o início da tramitação na Comissão do Trabalho, Administração e Serviço Público, o Deputado Amaral Netto tomou a posição de maior crítico ao Projeto de Lei 4.376/93, formulando ácidos comentários contra as opções normativas do referido projeto. Até o término da 49ª legislatura do Congresso Nacional em janeiro de 1995, do total de 26 emendas apresentadas para alterar a redação original do projeto, 23 emendas foram propostas pelo Deputado Amaral Netto, incluindo uma Emenda Substitutiva Global que tentava fazer prevalecer o Anteprojeto Jarbas Passarinho[126].

No que tange especificamente ao tratamento dos contratos na falência, o Deputado Amaral Netto apresentou a Emenda Substitutiva n. 10/94 propondo que – para fins de alteração da redação do art. 96 prevista no projeto elaborado pelo Ministério da Justiça – fosse adotada solução idêntica à do artigo 43 do então vigente Decreto-lei 7.661/45, cuja regra

[125] Decreto-lei 7.661/45. Art. 43. Os contratos bilaterais não se resolvem pela falência e podem ser executados pelo síndico, se achar de conveniência para a massa. Parágrafo único. O contraente pode interpelar o síndico, para que, dentro de cinco dias, declare se cumpre ou não o contrato. A declaração negativa ou o silêncio do síndico, findo esse prazo, dá ao contraente o direito à indenização, cujo valor, apurado em processo ordinário, constituirá crédito quirografário.

[126] Cumpre salientar que o Dep. Amaral Netto – um mês após o recebimento do Projeto de Lei 4.376/93 – apresentou Emenda com Proposta de Substitutivo Global, cuja redação baseava-se no anteprojeto da Comissão nomeada pelo Senador Jarbas Passarinho, quando ocupava o cargo de Ministro da Justiça.

dispunha que os contratos bilaterais não se resolvem pela falência e podem ser executados se forem do interesse da massa[127]. Além de evidenciar uma imediata resistência ao Projeto de Lei 4.376/93, a proposta da Emenda Substitutiva n. 10/94 buscava conservar exclusivamente no síndico a prerrogativa de optar, ou não, pelo cumprimento dos contratos bilaterais, desde que tal cumprimento fosse da conveniência da massa falida.

Com o início da 50ª legislatura do Congresso Nacional, em fevereiro de 1995, o Deputado José Luiz Clerot passou a figurar como o maior opositor[128] à redação original do Projeto de Lei 4.376/93, tendo apresentado Emenda Substitutiva Global em março de 1995, objetivando, assim como o Deputado Amaral Netto, fazer prevalecer o *concorrente* Anteprojeto Jarbas Passarinho. Em sua justificativa para a apresentação dessa emenda substitutiva, o Deputado José Luiz Clerot ressaltava que, para a modernização da legislação concursal brasileira, o Anteprojeto Jarbas Passarinho merecia o máximo respeito e atenção por conta do longo período de estudo e aprofundamentos dos trabalhos executados naquela comissão de abrangência nacional[129].

[127] Vide a Justificativa contida na Emenda 10/1994 de 28 de janeiro de 1994, *in verbis*: "a redação ora proposta adota a solução da atual lei de falências para os contratos bilaterais, possibilitando que os mesmos possam ser cumpridos, se forem do interesse da massa".

[128] Em dezembro de 1994, o Deputado Amaral Neto sofreu um grave acidente automobilístico no estado do Rio de Janeiro, que resultou em sérias sequelas de saúde e diversas internações hospitalares. Embora empossado em fevereiro de 1995 para a 50ª legislatura do Congresso Nacional, licenciou-se do novo mandato em abril de 1995, tendo falecido em outubro daquele ano. Vide o verbete biográfico disponível em: <http://www.fgv.br/cpdoc/acervo/dicionarios/verbete-biografico/fidelis-dos-santos-amaral-neto>.

[129] *In verbis*: "Esta Comissão [do Anteprojeto Jarbas Passarinho], criada pela Portaria *2331MJ* de 9 de maio de 1991, iniciou seus trabalhos recebendo ofícios e sugestões, com destaque para propostas de alteração da Lei vigente, de entidades como a Secretaria Federal de Assuntos Legislativos, a Procuradoria-Geral da Fazenda Nacional, o Banco do Brasil, a Confederação Nacional da Indústria, a Confederação Nacional das Instituições financeiras, a Secretaria de Direito Econômico, o Instituto dos Advogados de São Paulo, a Federação das Indústrias do Amapá, a Associação dos Empresários da Pequena e média Empresa do Brasil, o Sindicato do Comércio Varejista de Produtos Farmacêuticos do Rio Grande do Norte, a Federação das Indústrias de Santa Catarina, o Sindicato de Representantes Comerciais de Pernambuco, a Associação Brasileira de Empresas de Vigilância e Segurança, a Federação do Comércio do Estado Maranhão, a Federação do Comércio do Estado de Sergipe entre outras. O longo período de estudo e sua profundidade são motivos pelos quais achamos de extrema conveniência a confrontação do texto encaminhado pelo Governo com este substitutivo." (BRASIL. Câmara

No que tange ao tratamento dos contratos no regime da falência, a proposta de Emenda Substitutiva Global n. 01/95 do Deputado José Luiz Clerot reproduzia a quase-totalidade do regramento previsto no Decreto-lei 7.661/1945 (especificamente, na Seção Quarta, Título II). Em relação ao tratamento dos contratos no regime da concordata, tal proposta de emenda substitutiva também refletia, em seu art. 20, regra idêntica ao disposto no art. 165 do Decreto-lei 7.661/1945, estabelecendo que "o pedido de concordata não resolve os contratos bilaterais, que continuam sujeitos às normas do direito comum".

Durante os primórdios da tramitação legislativa, entende-se que a *lógica de ação e reação* em torno das propostas contidas no Projeto de Lei 4.376/93 acabou evidenciando dois interessantes indicativos pertinentes à temática do tratamento dos contratos. Conforme se verifica na Exposição de Motivos do referido projeto, a interrelação entre o direito das obrigações e a insolvência estava, sim, elencada entre os itens prioritários da pauta da comissão do Ministério da Justiça que redigiu a versão original Projeto de Lei 4.376/93. À época, o Ministro Maurício Correa expressamente salientava a necessidade de a legislação concursal estar aderente à evolução do direito obrigacional.

Diferentemente, no Anteprojeto Jarbas Passarinho, fica claro que não houve essa mesma preocupação com as evoluções jurídicas em matéria obrigacional. No que se refere especificamente ao tratamento dos contratos, sobressai a adoção de uma nítida *posição reacionária* na proposta de redação que fora apresentada tanto pelo Deputado Amaral Netto (em 1994) quanto pelo Deputado José Luiz Clerot (em 1995), uma vez que tal proposta optava pelo reestabelecimento do regramento previsto no Decreto-lei 7.661/1945, o que curiosamente contrastava com o incansável *slogan* parlamentar de modernização da legislação concursal.

Em 1996, a Comissão Especial[130] apreciou todas as emendas parlamentares apresentadas em 1994 e 1995, incluindo as Emendas Substitutivas

dos Deputados: Diário da Câmara dos Deputados – Suplemento, 03 de dezembro de 1999, p. 165).

[130] Vale ressaltar que a Comissão Especial foi instaurada em agosto de 1995 pelo então Presidente da Câmara dos Deputados, Deputado Luís Eduardo Magalhães, em razão da relevância da matéria. Conforme relatório do Deputado Oswaldo Biolchi, os trabalhos da Comissão Especial organizaram-se em três vertentes básicas: "(a) audiências públicas, nas quais foram colhidos os depoimentos dos juristas Drs. Nelson Abraão, Alfredo Bumachar e José

Globais apresentadas pelos Deputados Amaral Netto e José Luiz Clerot, cujos dispositivos foram parcialmente acolhidos na versão do texto Substitutivo apresentado e consolidado pelo Deputado Relator Oswaldo Biolchi (*"Projeto Biolchi/96"*).

Na versão final do Projeto Biolchi/96 enviada ao Plenário da Câmara dos Deputados, cabem ser destacados dois pontos sobre o tratamento dos contratos nos procedimentos de insolvência. Referente ao regime da recuperação judicial, o art. 64 optava por incorporar à recuperação judicial a regra tradicionalmente prevista para o regime da concordata, dispondo que "o pedido de recuperação judicial não resolve os contratos bilaterais, que continuam sujeitos às normas do direito comum".

Referente aos efeitos da falência sobre os contratos pendentes de cumprimento, o Projeto Biolchi/96 manteve, em seu art. 97, a essência da regra prevista na redação original do Projeto de Lei 4.376/93, com dois pontuais ajustes: *(i)* terminologicamente, substituiu a expressão "contratos ainda não integralmente cumpridos" por "contratos bilaterais", no *caput* do art. 97; e *(ii)* em resposta às situações de crise empresarial da ENCOL e de outras incorporadoras imobiliárias à época, foi incluída regra prevendo a possibilidade de destituição do incorporador e a assunção da gestão do empreendimento imobiliário, até a sua conclusão, por um representante dos credores, conjuntamente com o administrador judicial, conforme então previsto nos dois primeiros parágrafos do próprio art. 97 no Projeto Biolchi/96.

Após a aprovação do Projeto Biolchi/96 na Comissão Especial, a *fase intermediária* representou o período da tramitação legislativa no qual o projeto de lei ficou aberto para a apresentação de emendas parlamentares de plenário, saindo da incubadora da Comissão Especial para o turbilhão de ideias e interesses que orbitam o Plenário da Câmara dos Deputados. Nesse período entre 1997 e 2000, três parlamentares se destacaram na apresentação de emendas de plenário que endereçavam questões

Maria Trepat Cases; (b) obtenção de subsídios junto a órgãos de classe e grupos de trabalho que se constituíram em todo o País com o propósito específico de opinar a respeito do PL n. 4.376/93; (c) discussões desenvolvidas no âmbito da própria comissão, entre os seus membros, na avaliação do conjunto de informações colhidas, referidas nos itens anteriores" (BRASIL. Câmara dos Deputados: Diário da Câmara dos Deputados – Suplemento, 03 de dezembro de 1999, p. 179).

envolvendo o tratamento dos contratos, nomeadamente o Deputado Paes Landim, o Deputado Jovair Arantes (já referido acima) e o Deputado Luiz Roberto Ponte.

Por meio da análise das propostas de emendas apresentadas pelo Deputado Paes Landim para modificação do Projeto Biolchi/96, verifica-se que tais propostas convergiam em prol de um objetivo comum, qual seja: tutelar os mecanismos de proteção do crédito, visando a garantir, de diferentes modos, uma posição privilegiada às instituições financeiras no âmbito dos regimes legais de insolvência. De maneira muito ilustrativa, a Emenda 42 de autoria do Deputado Paes Landim buscava expressamente garantir a prevalência da posição dos credores privilegiados no âmbito do tratamento dos contratos. Para tanto, sustentava que houvesse uma restrição da força normativa dos princípios da unidade e universalidade do concurso e do princípio da igualdade do tratamento dos credores, a fim de que fossem respeitadas as categorias dos créditos privilegiados. Por meio de uma clara tentativa de restringir o alcance normativo dos cânones hermenêuticos previstos desde a versão original do Projeto de Lei 4.376/93, a justificativa do Deputado Paes Landim valia-se de uma argumentação *ad terrorem* para tentar esvaziar o conteúdo daquela cláusula geral:

> "**Emenda nº 42.**
>
> Dê-se ao artigo 108 a seguinte redação: *"Art. 108 – Nas relações patrimoniais não reguladas expressamente nesta Lei, o juiz decidirá por analogia, atendendo à unidade e universalidade do concurso e à igualdade de tratamento dos credores, respeitadas as categorias dos créditos privilegiados."*
>
> **Justificativa:** Tem essa emenda o objetivo de fazer prevalecer a intenção e o espírito do projeto de lei, sem o que se destruiria todo o ordenamento jurídico de crédito, e o direito das obrigações do Código Civil, no Brasil, desestabilizando toda a estrutura de concessão de créditos e, por conseguinte, toda a produção nacional"[131].

A partir da análise das 136 emendas de plenário apresentadas na *fase intermediária* da tramitação legislativa, também se verifica um grande

[131] BRASIL. Câmara dos Deputados: Diário da Câmara dos Deputados – Suplemento, 03 de dezembro de 1999, p. 318.

protagonismo do Deputado Jovair Arantes, autor de 48 emendas contemplando uma ampla gama dos tópicos previstos no projeto de lei[132]. No que se refere especificamente ao tratamento dos contratos, o Deputado Jovair Arantes dedicava especial atenção para os traumáticos desdobramentos do *Caso ENCOL*[133], tendo proposto a Emenda Aditiva n. 100 justamente para disciplinar os efeitos da decretação da falência sobre os contratos de compra e venda de unidades imobiliárias em empreendimentos da construção civil.

Em novembro de 1997, o Deputado Luiz Roberto Ponte apresentou Emenda Substitutiva Global ao Projeto Biolchi/96, a partir dos estudos desenvolvidos por um grupo de trabalho composto por advogados, juízes, representantes do Ministério Público e da Assessoria Legislativa da Câmara dos Deputados[134] ("Substitutivo Dep. Ponte/97"). Em atenção aos

[132] O Deputado Relator Oswaldo Biolchi destacou, em 1999, a permanente atuação e pleno envolvimento do Deputado Jovair Arantes para com os aprimoramentos do projeto de lei, *in verbis*: "Feitas todas essas considerações iniciais, passaremos à apreciação em bloco das 136 emendas de plenário, considerando que muitas delas foram apresentadas pelo Dep. Jovair Arantes, tomando como base o texto do Substitutivo aprovado pela Comissão Especial. Aliás, vale explicar que o Dep. Jovair Arantes é um dos companheiros que vem acompanhando nosso trabalho desde 1995, quando iniciamos as audiências públicas nesta Comissão Especial e tivemos a felicidade de receber o Professor Nelson Abrão, de saudosa memória, que nos alertou para a necessidade de um total redirecionamento de conceitos acerca dos institutos da falência e da concordata. Assim, por feliz influência do memorável falencista, acolhemos a mudança até hoje presente em nossa filosofia de trabalho, qual seja, a de inserir os novos conceitos da recuperação judicial da empresa em crise e a sua liquidação judicial, este último como processo de fase terminal da empresa que já se mostrou inviável econômica e financeiramente. Portanto, é certo afirmar que acolhemos grande parte das idéias apresentadas pelo Dep. Jovair Arantes, sendo que algumas terminologias e disposições mereceram nossa necessária reanálise, bem como por parte dos juristas acima citados. A luz da melhor técnica legislativa e da boa doutrina predominante, preferimos aprimorar algumas das sugestões do nobre Parlamentar sem, contudo, tirar-lhes a essência e mérito tão bem acolhidos no texto final da Subemenda Global".

[133] Vale notar que a base eleitoral do Deputado Jovair Arantes era o Estado de Goiás, epicentro do Caso ENCOL, pois a sede da empresa estava localizada na cidade de Goiânia.

[134] Conforme destacado pelo próprio Dep. Luiz Roberto Ponte em sua Justificativa à Emenda Substitutiva n. 82, tal iniciativa foi do próprio Deputado Oswaldo Biolchi, *in verbis*: "A iniciativa da formação deste grupo de trabalho partiu do próprio Dep. Oswaldo Biolchi, que num gesto de absoluto desprendimento, submeteu seu Substitutivo [Projeto Biolchi/1996] à análise crítica de especialistas da área jurídica, o que foi feito por intermédio destas pessoas" (BRASIL. Câmara dos Deputados: Diário da Câmara dos Deputados – Suplemento, 03 de dezembro de 1999, p. 391).

indicadores que à época demonstravam o flagrante insucesso do regime da concordata (*i.e.*, aproximadamente 80% das empresas que pediam concordata tinham a falência decretada num segundo momento), a premissa do Substitutivo do Dep. Ponte/97 foi sistematizar o regramento dos regimes de insolvência mantendo a estrutura geral do Projeto Biolchi/96. Para tanto, buscou-se valorizar o mecanismo de recuperação judicial para fins de superação da situação de crise econômica das empresas efetivamente viáveis, *in verbis*:

> "Aliás, há que se enfatizar em primeiro lugar que buscamos manter basicamente a linha-mestra do Substitutivo Biolchi [Projeto Biolchi/96] (...).
>
> A principal conquista que teríamos com este novo conceito de recuperação de empresa seria a verdadeira valorização da continuidade das atividades produtivas, pois só seria elegível à recuperação aquela empresa que se mostrasse viável. O jogo de "faz-de-conta" terminaria em definitivo, pois a empresa que não reunisse condições para a recuperação estaria fadada à imediata liquidação judicial, sem haver qualquer possibilidade de lesar os interesses dos trabalhadores e credores, além de se arrastar num processo moroso por anos e anos, emperrando a máquina judiciária"[135].

No que tange ao tratamento dos contratos no Substitutivo Dep. Ponte/97, há dois pontos que merecem ser destacados, para a compreensão das raízes que condicionaram a formatação dos dispositivos normativos atualmente presentes na LRE. *A um*, verifica-se que o art. 117 e o art. 118 do Substitutivo Dep. Ponte/97 – em linha com os regramentos do Decreto-lei 7.661/45 e do Anteprojeto Jarbas Passarinho – influenciaram diretamente os atuais arts. 117 e 119 da LRE, no âmbito do tratamento dos contratos na falência. Em específico, o art. 117 do Substitutivo Dep. Ponte/97 estipulou o prazo de 90 (noventa) dias contados da nomeação do administrador judicial para a contraparte interpelá-lo sobre o interesse, ou não, no cumprimento do contrato bilateral[136]; e o art. 118 reproduziu

[135] BRASIL. Câmara dos Deputados: Diário da Câmara dos Deputados – Suplemento, 03 de dezembro de 1999, p. 391-392.

[136] Substitutivo Dep. Ponte/97. Art. 117. Os contratos bilaterais não se resolvem pela liquidação judicial e poder ser executados pelo Administrador Judicial, se este achar conveniente para a massa liquidanda. § O contratante pode interpelar o Administrador Judicial, no prazo de até

praticamente *ipsis literis* a redação original do art. 44 do Decreto-lei 7.661/45 a respeito das consequências jurídicas da falência sobre sete tipos determinados de relações contratuais.

A dois, o Substitutivo Dep. Ponte/97 estipulou que apenas as *obrigações vencidas* estariam sujeitas ao procedimento de recuperação judicial[137], fixando que "as obrigações resultantes de atos jurídicos válidos praticados no âmbito da recuperação judicial" seriam consideradas despesas da massa, tendo, portanto, caráter extraconcursal[138]. De acordo com a estrutura normativa prevista no Substitutivo Dep. Ponte/97, não haveria dúvida de que as pretensões creditícias decorrentes de contratos celebrados após o pedido de recuperação não estariam sujeitas ao plano, sendo tais pretensões qualificadas como créditos extraconcursais.

Após a falta de quórum no Plenário da Câmara dos Deputados para a apreciação do Projeto Biolchi/96 em maio de 2000, a tramitação legislativa ficou suspensa por três anos. Somente em junho de 2003 houve a reabertura da discussão sobre o Projeto de Lei 4.376/93, em consonância com o plano do Poder Executivo de buscar fortalecer os mecanismos de expansão do crédito e modernizar a legislação em matéria concursal. Durante a retomada do projeto, o Deputado Relator Oswaldo Biolchi revigorou o debate apresentando uma nova e reformulada proposta legislativa, contendo substanciais alterações em comparação com o Projeto Biolchi/96 e com o Substitutivo Dep. Ponte/97.

Nesse contexto, entende-se que a *fase final* desse processo legislativo pode ser dividida em duas subfases, quais sejam: *(i)* a subfase de apreciação na Câmara dos Deputados do Projeto de Lei da Câmara n. 71/2003, apresentado pelo Deputado Oswaldo Biolchi ("*Projeto Biolchi/2003*"), entre os meses de junho e outubro de 2003; e *(ii)* a subfase de apreciação no Senado Federal do texto substitutivo ao PLC 71/2003, conforme proposta apresentada pelo Senador Ramez Tebet ("*Substitutivo ao PLC 71/2003*"), no período entre novembro de 2003 e julho de 2004, período

90 (noventa) dias contados da data de assinatura do seu termo de nomeação, para que, dentro de 5 (cinco) dias, declare se cumpre ou não o contrato. § 2º A falta de interpelação do contratante, a declaração negativa ou o silêncio do Administrador Judicial, dá ao contratante o direito à indenização, cujo valor, apurado em processo ordinário, constituirá crédito quirografário.

[137] Substitutivo Dep. Ponte/97. Artigo 31, inciso I.

[138] Substitutivo Dep. Ponte/97. Artigo 10, parágrafo único, inciso IV.

em que o debate estruturou-se a partir das audiências públicas realizadas na Comissão de Assuntos Econômicos do Senado Federal.

No que tange à primeira subfase, na Câmara dos Deputados, observa-se que o Projeto Biolchi/2003 regulou o tema do tratamento dos contratos separadamente para cada um dos três regimes de insolvência disciplinados no projeto (*i.e.*, falência, recuperação judicial e recuperação extrajudicial).

No âmbito do tratamento dos contratos na falência, o Projeto Biolchi/2003 optou por seguir a mesma estrutura normativa prevista na regra geral do art. 117 do Substitutivo Dep. Ponte/97, valendo destacar apenas uma alteração relevante. Na redação do art. 117, *caput*, do Substitutivo Dep. Ponte/97, estava estipulado o critério da conveniência da massa para balizar a decisão do administrador judicial de cumprir, ou não, os contratos bilaterais. Em substituição ao tradicional critério da conveniência da massa que estava previsto centenariamente desde a Lei 2.024/1908, o *caput* do art. 117 do Projeto Biolchi/2003 inovou ao estabelecer dois novos critérios para balizar a atuação do administrador judicial nas situações relativas aos contratos bilaterais, de acordo com a formulação da seguinte regra:

> Art. 117. Os contratos bilaterais não se resolvem pela falência e podem ser cumpridos pelo administrador judicial, se o cumprimento reduzir ou evitar o aumento do passivo da massa falida, ou for necessário à manutenção e preservação de seus ativos.

O primeiro critério está vinculado ao objetivo de que – sob a perspectiva do concurso de credores – o interesse no adimplemento contratual está subordinado à capacidade de o resultado útil da prestação conseguir reduzir ou mitigar o aumento do passivo da massa falida. O segundo critério vincula-se à finalidade de preservação da empresa na falência por meio da manutenção de seus ativos, incluindo os intangíveis e os contratos essenciais para a continuidade das atividades empresariais. É interessante notar que ambos os critérios buscavam refletir e concretizar dois dos princípios basilares do projeto da nova legislação concursal, quais sejam: *(i)* o princípio da preservação da empresa, reconhecendo-se que a extinção da empresa pode provocar a perda do aviamento empresarial, incluindo seus ativos intangíveis; e *(ii)* o princípio da maximização do valor do ativo, a fim de que a legislação estabeleça "normas e mecanismos que assegurem a obtenção do máximo valor possível pelos ativos do falido, evitando a deterioração provocada pela demora excessiva do processo e priorizando a venda da empresa em bloco, para evitar a perda dos intangíveis"[139].

Diante da supressão do critério da conveniência da massa, ficou evidente a intenção legislativa no sentido de pautar a decisão do administrador judicial em um cálculo econômico sobre as consequências do cumprimento de cada contrato bilateral, em atenção aos princípios da preservação da empresa e da maximização do valor do ativo. Nessa linha, cumpre ressaltar que tal entendimento prevaleceu na versão final do art. 117 da LRE, cujo conteúdo é idêntico à proposição ora analisada do Projeto Biolchi/2003.

Adicionalmente, no rol de tipos contratuais que estavam expressamente regulados no art. 118 do Substitutivo Dep. Ponte/97, o Projeto Biolchi/2003 fez duas inclusões. No inciso VIII do art. 118, foi incluída regra dispondo sobre o modo de compensação de obrigações no âmbito do sistema financeiro nacional, autorizando que o contratante *in bonis* pudesse declarar o vencimento antecipado do contrato e efetuar a compensação de eventual crédito apurado em favor da empresa falida com créditos detidos pelo próprio contratante. Já no inciso IX do art. 118 do Projeto Biolchi/2003, fixou-se a regra de incomunicabilidade dos bens, direitos e obrigações dos *patrimônios de afetação*, como clara resposta legislativa aos traumas decorrentes das fraudes e desvios ocorridos no Caso ENCOL, cuja confusão patrimonial resultara numa total ausência de segregação entre os ativos e passivos dos empreendimentos imobiliários. Ambos os acréscimos formulados nos incisos VIII e IX do art. 118 do Projeto Biolchi/2003 foram mantidos na estrutura vigente do art. 119 da LRE, demonstrando que as preocupações de determinados setores econômicos tiveram ressonância na formatação definitiva do texto legal da LRE – conforme já haviam sido externadas no plenário da Câmara dos Deputados no final da década de 90, especificamente pelo Dep. Paes Landim (sobre os pontos de atenção do sistema financeiro nacional) e pelo Dep. Jovair Arantes (sobre as demandas relacionadas à construção civil e a proteção dos promitentes compradores).

[139] Ambos os princípios estão previstos na Exposição de Motivos redigida pelo Senador Ramez Tebet.

No âmbito do tratamento dos contratos bilaterais na recuperação judicial, avalia-se que dois elementos do Projeto Biolchi/2003 influenciaram decisivamente a configuração do regramento que atualmente vigora na LRE. De maneira diametralmente oposta à redação contida no Substitutivo Dep. Ponte/97 (que qualificava como créditos extraconcursais as obrigações resultantes dos atos jurídicos praticados durante a recuperação judicial), o Projeto Biolchi/2003 optou por sujeitar as obrigações vincendas aos efeitos da recuperação judicial[140]. No regramento do Substitutivo Dep. Ponte/97, havia uma nítida diferenciação entre obrigações vincendas e aquelas que já estivessem vencidas à data do pedido de recuperação. Por outro lado, o Projeto Biolchi/2003 optou por superar esta diferenciação, tratando unificadamente as obrigações vencidas e vincendas ao tempo da recuperação judicial, estipulando – entre os meios de recuperação judicial – *a concessão de prazos e condições especiais para pagamento das obrigações vencidas ou vincendas.*

Ao mesmo tempo em que optava por tratar unificadamente as obrigações vencidas e vincendas, o Projeto Biolchi/2003 buscava enaltecer, com excessiva confiança, o incentivo criado por meio da regra que dispunha que – em caso de convolação em falência – as dívidas e as despesas contraídas durante a recuperação judicial seriam tratadas como créditos extraconcursais. No substrato dessa regra, está evidenciada a preocupação do legislador com a seguinte situação: a viabilidade da superação da crise empresarial depende necessariamente da capacidade da devedora de obter novos recursos financeiros e insumos durante a recuperação judicial. Em atenção ao conteúdo dos discursos parlamentares, é possível verificar que o Deputado Oswaldo Biolchi nutria enorme entusiasmo pela regra da extraconcursalidade para as obrigações contraídas após o início da recuperação judicial, acreditando que tal mecanismo seria um incentivo suficiente para possibilitar a injeção de novos recursos e o suprimento dos insumos essenciais para a manutenção das atividades da empresa em crise,

[140] Vide o conteúdo das redações propostas para o Art. 48, *caput*, e o Art. 50, I, no Projeto Biolchi/2003: Art. 48. Estão sujeitos aos efeitos da recuperação judicial todos os credores anteriores ao pedido. (...) Art. 50. Constituem meios de recuperação judicial da empresa, entre outros: I – concessão de prazos e condições especiais para pagamento das obrigações vencidas ou vincendas.

conforme o seguinte trecho do voto-relator proferido em 22 de julho de 2003:

> "As despesas com os procedimentos de recuperação judicial e falência serão consideradas extraconcursais, o que significa que terão prioridade no recebimento, não integrando a lista de credores. Nesse grupo, encontram-se os novos créditos que forem oferecidos ao devedor durante a fase de recuperação judicial. O objetivo é estimular que os credores continuem apostando na recuperação da empresa, possibilitando novos aportes de recursos ou mercadorias[141]".

No âmbito do tratamento dos contratos no regime da recuperação extrajudicial, o art. 74, § 1º, do Projeto Biolchi/2003 estabelecia que poderiam se sujeitar aos efeitos da recuperação extrajudicial quaisquer créditos existentes à data do requerimento, sejam vencidos ou vincendos. Paralelamente, é interessante notar que a regra do § 2º do art. 74 autorizava que fossem excluídas do plano de recuperação extrajudicial *as obrigações decorrentes de contratos cujo cumprimento fosse indispensável a regular continuação das atividades do devedor, tais como fornecimento de insumos e matérias-primas ou de mercadorias para revenda.* Adotando-se um critério de indispensabilidade de determinados contratos com a finalidade de

[141] Câmara dos Deputados. Sessão Plenária n. 019.1.52.E, datada de 22/07/2003 – Proposições da Câmara dos Deputados, p. 27-28. Vale salientar que esse mesmo entusiasmo com a regra da extraconcursalidade já estava refletido no parecer proferido pelo Deputado Oswaldo Biolchi em 1999, *in verbis:* "As obrigações resultantes de atos jurídicos válidos praticados durante a recuperação ou liquidação judiciais continuam merecendo a classificação de despesas extraconcursais, uma vez que isto se faz rigorosamente necessário à proteção e à segurança dos credores que, por sua vez, terão verdadeiro estímulo para firmar novos compromissos e refinanciar a empresa em crise, perseguindo, desta forma, os reais objetivos da recuperação judicial, quando a empresa terá uma autêntica oportunidade de escapar de uma indesejável liquidação de seus ativos. Desta forma, os novos créditos que forem oferecidos ao devedor durante a fase de recuperação judicial, na ocorrência de uma eventual convolação para uma liquidação judicial, não serão sequer submetidos ao rateio do concurso de credores. Com este procedimento esperamos, de fato, estimular que os credores continuem "apostando" na recuperação da empresa, possibilitando novos aportes de recursos e/ou mercadorias, que, por sua vez, irão proporcionar a efetiva continuidade do processo produtivo." (BRASIL. Câmara dos Deputados: Diário da Câmara dos Deputados – Suplemento, 03 de dezembro de 1999, p. 501).

manutenção da capacidade produtiva da empresa em crise, essa regra serviria como fundamento normativo de um tratamento diferenciado aos créditos decorrentes de contratos essenciais à preservação da empresa. Em síntese, a devedora teria uma justificativa legal para poder excluir do plano de recuperação extrajudicial os créditos decorrentes dos contratos essenciais à continuação de suas atividades, indicando que esse tratamento diferenciado visa a proteger não apenas os credores estratégicos de modo individual, mas globalmente toda a cadeia produtiva da empresa em crise.

Em outubro de 2003, iniciou-se a última etapa do processo legislativo, tendo o Projeto Biolchi/2003 atravessado os corredores da Câmara dos Deputados em direção ao Senado Federal, onde foi encaminhado para análise da Comissão de Assuntos Econômicos desta casa legislativa. Sob a dedicada coordenação do Senador Ramez Tebet (ocupando os cargos de presidente da referida comissão e de relator do Substitutivo ao PL 71/2003), avalia-se que, em linhas gerais, o Senado Federal foi o *locus* no qual foram desenvolvidas três funções da atividade legislativa, quais sejam: *(i)* a sistematização dos três regimes de insolvência (falência, recuperação judicial e recuperação extrajudicial), buscando-se organizar na LRE as regras e os princípios comuns, bem como as particularidades normativas de cada um dos três regimes, *(ii)* o aprimoramento da técnica legislativa, com ajustes redacionais necessários para se forjarem a coerência, a consistência e a clareza do texto legal, e *(iii)* o aprofundamento dos debates parlamentares sobre os temas que tinham maior repercussão nas audiências públicas então realizadas na Comissão de Assuntos Econômicos.

Para a compreensão do papel do Senado Federal na história legislativa da LRE, é importante notar que o período de tramitação nesta casa legislativa foi de aproximadamente sete meses (e em regime de urgência) – período exíguo em comparação com os longos sete anos de efetivos debates e algumas reviravoltas na Câmara dos Deputados, desde 1994[142]. Em decorrência dessa limitação de tempo, era absolutamente natural e

[142] Para o cômputo da tramitação legislativa de sete meses no Senado Federal, considera-se que o projeto de lei foi distribuído para a relatoria do Senador Ramez Tebet em novembro de 2003, tendo sido aprovado no plenário do Senado Federal no início de julho de 2004 (sendo também descontado o período de recesso parlamentar). Para o cômputo de sete anos de efetiva tramitação legislativa na Câmara dos Deputados, foram desconsiderados os três anos que o projeto de lei esteve suspenso (junho de 2000 a junho de 2003).

necessário que os Senadores elegessem alguns temas prioritários como foco da discussão legislativa. Nesse contexto, vale ressaltar que o tema do tratamento dos contratos não entrou na lista dos assuntos que foram definidos como prioritários na pauta do Senado Federal.

Por meio de uma análise das 142 emendas parlamentares apresentadas na Comissão de Assuntos Econômicos, verifica-se que o tratamento dos contratos não foi um *trending topic* nos debates legislativos. Nesta Casa Legislativa, fica nítido que – entre os assuntos relacionados (direta ou indiretamente) com a matéria obrigacional – a temática dos contratos bilaterais foi ofuscada pela predominância de duas outras questões, cuja relação com o problema dos contratos era apenas indireta. Trata-se, especificamente: *(i)* da questão relativa aos negócios fiduciários, que girava em torno dos prós e contras de se conceder uma posição privilegiada aos credores proprietários na recuperação judicial[143]; e *(ii)* da questão concernente à tutela dos ativos intangíveis, cuja discussão legislativa se desenvolveu em caráter mais teórico.

No contexto do debate a respeito dos negócios fiduciários, a principal questão – e que despertava antagonismos – era sobre a legitimidade de se conceder na recuperação judicial um tratamento privilegiado aos credores proprietários. Por conta desse caloroso debate, as exceções previstas nos §§ 3º e 4º do art. 49 acabaram sendo muito mais debatidas do que a regra

[143] No Parecer 534/2004 apresentado pelo Senador Ramez Tebet, a relevância da temática dos negócios fiduciários (incluindo a alienação fiduciária de imóveis e a cessão de direitos creditórios) está claramente evidenciada, nos seguintes termos: "Mas a mudança incessante, a turbulência e a incerteza não são características apenas da macroeconomia. Na esfera microeconômica – aquela que trata da constituição e interação das empresas e dos agentes individuais – a transformação no panorama é igualmente radical: *a)* os arranjos societários são cada vez mais complexos: empresas associam-se em crescente gigantismo, por meio de processos de concentração empresarial, com destaque para as fusões e aquisições; *b)* empresas importantes praticamente dispensam a propriedade de ativos físicos e tangíveis, tornando-se meramente centros de decisões mercadológicas, de desenvolvimento de produtos e de logística; *c)* relações contratuais mais fluidas que o direito de propriedade passam a reger as relações produtivas. Empresas abandonam, por exemplo, a propriedade do capital fixo, que é substituída por contratos de alienação fiduciária ou de arrendamento mercantil operacional (*leasing* operacional); *d)* formas tradicionais de garantia, como a hipoteca e o penhor, perdem gradualmente sua efetividade, à vista da proliferação de novas formas de contratos, como a securitização de recebíveis, a alienação fiduciária de imóveis, a cessão de direitos creditórios e os instrumentos financeiros chamados derivativos."

geral prevista no *caput* e no § 2º do referido artigo, no curso dos trabalhos preparatórios do Substitutivo ao PL 71/2003[144]. Formou-se uma verdadeira polarização entre, de um lado, os que combatiam tais exceções como um privilégio injustificado às instituições financeiras e, de outro, aqueles que sustentavam a utilidade do fortalecimento dos negócios fiduciários como instrumentos de garantia para se diminuir o risco de crédito no Brasil. Nesse cenário, coube ao Senador Ramez Tebet a dispendiosa tarefa de conciliação de interesses, buscando amenizar as candentes controvérsias em vista da formação de uma maioria parlamentar favorável ao projeto; para tanto, afirmou à época que "o regime falimentar não pode jamais se transformar em bunker das instituições financeiras. Pelo contrário, o novo regime falimentar deve ser capaz de permitir a eficiência econômica em ambiente de respeito ao direito dos mais fracos"[145].

[144] Art. 49. Estão sujeitos à recuperação judicial todos os créditos existentes na data do pedido, ainda que não vencidos.
§ 1º Os credores do devedor em recuperação judicial conservam seus direitos e privilégios contra os coobrigados, fiadores e obrigados de regresso.
§ 2º As obrigações anteriores à recuperação judicial observarão as condições originalmente contratadas ou definidas em lei, inclusive no que diz respeito aos encargos, salvo se de modo diverso ficar estabelecido no plano de recuperação judicial.
§ 3º Tratando-se de credor titular da posição de proprietário fiduciário de bens móveis ou imóveis, de arrendador mercantil, de proprietário ou promitente vendedor de imóvel cujos respectivos contratos contenham cláusula de irrevogabilidade ou irretratabilidade, inclusive em incorporações imobiliárias, ou de proprietário em contrato de venda com reserva de domínio, seu crédito não se submeterá aos efeitos da recuperação judicial e prevalecerão os direitos de propriedade sobre a coisa e as condições contratuais, observada a legislação respectiva, não se permitindo, contudo, durante o prazo de suspensão a que se refere o § 4º do art. 6º desta Lei, a venda ou a retirada do estabelecimento do devedor dos bens de capital essenciais a sua atividade empresarial.
§ 4º Não se sujeitará aos efeitos da recuperação judicial a importância a que se refere o inciso II do art. 86 desta Lei.
§ 5º Tratando-se de crédito garantido por penhor sobre títulos de crédito, direitos creditórios, aplicações financeiras ou valores mobiliários, poderão ser substituídas ou renovadas as garantias liquidadas ou vencidas durante a recuperação judicial e, enquanto não renovadas ou substituídas, o valor eventualmente recebido em pagamento das garantias permanecerá em conta vinculada durante o período de suspensão de que trata o § 4º do art. 6º desta Lei.

[145] BRASIL. Senado Federal. Senador Ramez Tebet. Parecer n. 534/2004, 04 de maio de 2004, p. 11. Disponível em: <https://www25.senado.leg.br/web/atividade/materias/-/materia/63304>.

Caso não houvesse tamanha controvérsia sobre o tratamento privilegiado aos credores proprietários; ou caso o debate sobre a tutela dos ativos intangíveis tivesse sido desenvolvido a partir de questões de ordem prática, é possível cogitar, em retrospectiva histórica, que o Senado Federal poderia ter canalizado maiores esforços para uma modernização mais ampla e detalhada do regramento dos efeitos substanciais dos procedimentos de insolvência sobre as obrigações sinalagmáticas pendentes de cumprimento. Ao focar mais atenção e energia para os dilemas concretos da regulação dos negócios fiduciários e para os discursos mais teórico-abstratos de tutela dos intangíveis, a tramitação legislativa no Senado Federal deixou em um limbo a problemática do tratamento dos contratos bilaterais, especialmente no âmbito do regime de recuperação judicial em que não havia uma regra equivalente ao art. 117 do regime falimentar.

No que se refere especificamente ao tratamento dos contratos na falência, o Substitutivo ao PL 71/2003 conservou a estrutura normativa do Projeto Biolchi/2003 (diretamente inspirado no Decreto-lei 7.661/45), salvo pontuais ajustes de redação. Por mais que o Senador Ramez Tebet afirmasse que "a realidade sobre a qual se debruçou Trajano de Miranda Valverde, para erigir esse verdadeiro monumento do direito pátrio, que é a Lei de Falências de 1945, não mais existe"[146], o Senado Federal, paradoxalmente, tolerou replicar muitos arcaísmos das fórmulas legais que vigoravam desde o Decreto-lei 7.661/45. Muito embora o Substitutivo ao PL 71/2003 tenha preservado, em seu art. 126, os princípios da unidade e universalidade do concurso e da igualdade de tratamento entre os credores como cânones hermenêuticos para a interpretação das relações obrigacionais em um contexto de insolvência (conforme a cláusula geral concebida desde a primeiríssima versão do projeto de lei), os trabalhos preparatórios no Senado Federal não atentaram plenamente para o importante alerta proferido pelo Ministro Maurício Corrêa em 1993, que poderia ser aplicável com ainda mais intensidade e atualidade ao final da tramitação legislativa da LRE: o regramento concernente aos efeitos da

[146] BRASIL. Senado Federal. Senador Ramez Tebet. Parecer n. 534/2004, 04 de maio de 2004, p. 11. Disponível em: <https://www25.senado.leg.br/web/atividade/materias/-/materia/63304>.

insolvência sobre os contratos ainda não integralmente cumpridos precisa "atender a evolução do direito em matéria obrigacional"[147].

No âmbito do tratamento dos contratos na recuperação judicial, o Substitutivo ao PL 71/2003 manteve as duas principais premissas do Projeto Biolchi/2003, especificamente: a sujeição das obrigações vincendas aos efeitos da recuperação judicial, e o caráter extraconcursal dos créditos contraídos durante a recuperação judicial[148]. No que se refere à sujeição das obrigações ainda que não vencidas na data do pedido, cabe destacar que a expressão "*crédito existente*" somente foi incorporada ao regime da recuperação judicial[149] nessa fase final de tramitação no Senado Federal, em substituição à terminologia de "*credores anteriores ao pedido*", prevista no art. 48, *caput*, do Projeto Biolchi/2003.

Em acréscimo, vale pontuar que – em um único momento de tramitação legislativa no Senado Federal – é possível visualizar mais concretamente qual era a linha de fundamentação do próprio Senador Ramez Tebet sobre o tratamento dos contratos na recuperação judicial. Quando da análise da Emenda n. 06, do Senador Demóstenes Torres, que propunha estabelecer a inexigibilidade de multas contratuais e penas pecuniárias (por infração a leis penais e administrativas) na recuperação judicial, o Senador Ramez Tebet posicionou-se contundentemente contra tal emenda, nos seguintes termos:

> "A emenda deve ser rejeitada, pois, na recuperação judicial, a empresa continua normalmente com sua atividade. Excluída a obrigação de pagar multas, o instituto poderia servir como instrumento para devedores livrarem-se

[147] BRASIL. Câmara dos Deputados: Diário da Câmara dos Deputados – Suplemento, 03 de dezembro de 1999, p. 44.

[148] No texto final do Substitutivo ao PL 71/2003, vale salientar que – como incentivo adicional para a continuidade do fornecimento de bens e serviços essenciais à preservação da empresa – foi inserido parágrafo único no art. 67, dispondo que "os créditos quirografários sujeitos à recuperação judicial pertencentes a fornecedores de bens ou serviços que continuarem a provê-los normalmente após o pedido de recuperação judicial terão privilégio geral de recebimento em caso de decretação de falência, no limite do valor dos bens ou serviços fornecidos durante o período da recuperação".

[149] Vale salientar que, no Projeto Biolchi/2003, a terminologia "crédito existente" já havia sido empregada no regime da recuperação extrajudicial, mas não no regramento da recuperação judicial.

da responsabilização pelo descumprimento de contratos ou pela violação da lei. A recuperação judicial é um mecanismo de soerguimento de empresas e não um expediente para inadimplir obrigações e prejudicar credores de boa-fé. Naturalmente o plano de recuperação poderá contemplar a exclusão de multas, conforme expressamente estabelece o § 2º do art. 49 do substitutivo, mas sua aprovação dependerá de negociação e deliberação da assembleia geral de credores"[150].

Diante da categórica afirmação de que a recuperação judicial não pode ser utilizada como um salvo-conduto para o inadimplemento de obrigações, observa-se que há uma nítida convergência do posicionamento do Senador Ramez Tebet com as preocupações existentes à época sobre o tratamento dos contratos no regime da concordata. Nesse sentido, a preocupação do Senador Ramez Tebet acabava ecoando e retransmitindo para o debate legislativo aquilo que já fora objeto de atenção da jurisprudência do Decreto-lei 7.661/45, conforme a síntese formulada pelo Ministro Menezes Direito no caso da Construtora ARGON (citado *supra*) afirmando que a concordata "não cuida de eventual benefício da concordatária no sentido de não cumprir fielmente os contratos já celebrados"[151].

No que tange ao tratamento dos contratos na recuperação extrajudicial, o Substitutivo ao PL 71/2003 suprimiu a regra que expressamente autorizava a devedora a não incluir no plano as obrigações decorrentes de contratos cujo cumprimento fosse indispensável para a preservação da empresa. Observa-se que tal supressão ocorreu dentro de um contexto maior relativo aos esforços do Substitutivo ao PL 71/2003 para ofertar um conjunto de medidas buscando simplificar a operacionalidade do regime da recuperação extrajudicial.

Diante do exposto até o momento e em atenção às condicionantes históricas da tramitação legislativa do Projeto de Lei 4.376/93, cabe refazer a pergunta central deste item do trabalho: qual é a origem do

[150] BRASIL. Senado Federal. Diário do Senado Federal. Complemento dos Pareceres nºs 559 e 560, de 2004 – Plenário – Senador Ramez Tebet e Senador Fernando Bezerra, publicado em 07 de julho de 2004, p. 90. Disponível em: <http://redir.stf.jus.br/paginadorpub/paginador.jsp?docTP=TP&docID=580930>.

[151] STJ. 3ª Turma. AgRg no Ag 252.689/SP. Relator Min. Carlos Alberto Menezes Direito. J. em 19/11/1999.

vácuo legislativo da LRE sobre o tratamento dos contratos na recuperação judicial? As idas e vindas das propostas legislativas sobre o tema permitem o alcance das seguintes conclusões parciais: *(i)* a omissão legislativa não foi produto da desatenção ou do esquecimento do legislador, uma vez que o tema dos tratamentos dos contratos foi, sim, objeto dos debates parlamentares (com maior ou menor intensidade) desde o desembarque do Projeto de Lei 4.376/93 no Congresso Nacional até a aprovação definitiva do Substitutivo ao PL 71/2003 pela Câmara do Deputados em 14 de dezembro de 2004, e *(ii)* o texto final do regramento em matéria obrigacional posto na LRE também não foi o resultado de um consenso institucional, nem de uma imposição unilateral (seja por parte dos sujeitos que idealizaram as múltiplas propostas de emendas parlamentares, seja por parte de determinados grupos de interesse que atuaram ativamente para a consolidação da pauta legislativa), sendo possível visualizar que o regramento ora vigente foi o resultado de uma construção histórica a revelar uma miríade de preocupações ligadas a variados fatores de ordem jurídica, econômica e social, ao longo de uma gestação legislativa que durou mais de uma década (1993-2005).

Em suma, avalia-se que – sob uma perspectiva da história legislativa da LRE – cinco principais causas contribuíram para a existência do atual vácuo normativo em matéria de contratos bilaterais na recuperação judicial, quais sejam:

a. Na *fase inicial* da tramitação legislativa, a *lógica de ação e reação* à primeira versão do Projeto de Lei 4.376/93 causou dois efeitos colaterais no que tange à regulação da matéria obrigacional nos regimes de insolvência. De um lado, as duras críticas ao conteúdo do referido projeto acabaram gerando, por tabela, um efeito de inibição na linha de pensamento sustentada à época pelo Ministro Maurício Corrêa, o qual defendia que a legislação concursal precisava necessariamente atender a evolução do direito em matéria obrigacional. De outro, a enorme simpatia de determinados parlamentares ao Anteprojeto Jarbas Passarinho permitiu o reestabelecimento do regramento do Decreto-lei 7.661/45 como um paradigma na discussão legislativa sobre o tratamento dos contratos bilaterais, o que provocou uma diminuição de forças da pauta favorável a uma ampla modernização da matéria obrigacional nos regimes de insolvência.

b. A segunda causa diz respeito à preocupação do legislador no sentido de impedir que a recuperação judicial fosse utilizada, disfuncionalmente, como "um expediente para inadimplir obrigações e prejudicar credores de boa-fé"[152]. Essa preocupação legislativa foi claramente herdada dos problemas testemunhados na aplicação do regime da concordata pela jurisprudência, pois a regra do art. 165 do revogado Decreto-lei 7.661/45 (*i.e.*, "o pedido de concordata não resolve os contratos bilaterais") era frequentemente invocada pelas devedoras concordatárias para, de maneira distorcida, tentarem se exonerar de sua responsabilidade pelo cumprimento de obrigações pendentes de cumprimento[153]. Diante disso, o texto final da LRE optou por uma solução binária, isto é, na recuperação judicial as obrigações conservam as condições originalmente contratadas, salvo se forem objeto de novação pelo plano.
c. Como terceiro elemento a contribuir para o referido vácuo normativo, é possível observar que, na tramitação legislativa, o legislador nutria uma excessiva confiança na regra que dispunha que os créditos decorrentes de obrigações contraídas durante a recuperação judicial seriam considerados extraconcursais em caso de decretação de falência da empresa devedora. De modo muito ilustrativo, os discursos parlamentares do Deputado Relator Oswaldo Biolchi revelam a crença do legislador de que tal incentivo poderia ser suficiente para estimular o ingresso de "dinheiro novo" para a recuperanda, com a continuidade do fluxo de recursos financeiros e insumos para a preservação da capacidade produtiva da empresa em crise.
d. Dentro do contexto particular da rápida tramitação no Senado Federal, a pauta da extraconcursalidade dos créditos decorrentes

[152] BRASIL. Senado Federal. Diário do Senado Federal. Complemento dos Pareceres nºs 559 e 560, de 2004 – Plenário – Senador Ramez Tebet e Senador Fernando Bezerra, publicado em 07 de julho de 2004, p. 90. Disponível em: <http://redir.stf.jus.br/paginadorpub/paginador.jsp?docTP=TP&docID=580930>.

[153] Sobre o ponto, é ilustrativo o caso da *Construtora Argon* (vide item 2.1.2, acima). A construtora – mesmo tendo descumprido a sua obrigação de entrega do imóvel no prazo determinado – invocava em sua defesa o art. 165 do Decreto-lei 7.661/45 para tentar impedir o promitente-vendedor de resolver a promessa de compra e venda por inadimplemento contratual da concordatária.

de negócios fiduciários consumiu a maior parte da atenção e das energias dos senadores integrantes da Comissão de Assuntos Econômicos, dentro do espectro de matérias pertinentes à interação dos institutos de Direito Civil com o Direito das Empresas em Crise. Por meio da exceção legal de que os credores proprietários não se submeteriam aos efeitos da recuperação com a consequente prevalência das condições contratuais originalmente pactuadas, atendiam-se tanto os objetivos do Poder Executivo em prol de uma política pública de fortalecimento da expansão do crédito quanto a demanda setorial apresentada organizadamente pelas instituições financeiras. Vale dizer, sob o prisma do credor proprietário, pouco importava a regra geral prevendo a sujeição ao plano das obrigações vincendas, pois a exceção legal do art. 49, § 3º, da LRE tornava certo que os créditos decorrentes dos negócios fiduciários não estariam sujeitos aos efeitos da recuperação judicial. Consequentemente, no curso dos sete meses de tramitação do Substitutivo ao PL 71/2003 no Senado Federal, as questões envolvendo os contratos bilaterais não foram analisadas em profundidade em razão da prevalência da discussão legislativa sobre os negócios fiduciários.

e. Por fim, nota-se que o tema do tratamento dos contratos tampouco foi incorporado de modo mais concreto na pauta relativa à tutela dos intangíveis da empresa em crise. A análise do debate parlamentar demonstra que as questões relacionadas aos ativos intangíveis ficaram limitadas a um plano mais abstrato. Naquele momento, não houve a oportunidade para que o legislador aprofundasse o debate para manusear aspectos mais concretos da correlação existente entre a proteção jurídica dos intangíveis e o tratamento dos contratos.

2.2.2. Tratamento dos contratos na falência (LRE)

A decretação da falência impõe que haja o afastamento do empresário da gestão das atividades da empresa em crise, em um contexto no qual a reabilitação econômica se mostra impossível ou inviável. Para a coletividade de credores, o processo falimentar consiste em uma modalidade de execução coletiva por meio da qual se busca viabilizar uma liquidação célere e eficiente dos ativos da devedora. Para tanto, logo após a arrecadação e avaliação do conjunto patrimonial da devedora, inicia-se a realização do ativo, a fim de que o produto da venda seja destinado ao pagamento dos credores, de acordo com a ordem de prioridade legalmente estipulada.

Em um contexto concursal, observa-se que a falência exerce simultaneamente duas importantes funções: *(i)* afastar do mercado agentes econômicos ineficientes ou perdulários e, ao mesmo tempo, *(ii)* mitigar os prejuízos financeiros dos credores, por meio da repartição dos recursos provenientes da realização do ativo da devedora[154]. Decretada a falência da devedora, os credores – conscientes de que dificilmente recuperarão a integralidade de seus créditos – devem perseguir a finalidade comum de minimizar seus prejuízos para receberem uma parcela de seus créditos no decorrer do processo falimentar[155].

Na estrutura da LRE, o art. 75, inciso I, representa a pedra de toque de todo o regime falimentar, dispondo que "a falência, ao promover o afastamento do devedor de suas atividades, visa a preservar e otimizar a utilização produtiva dos bens, ativos e recursos produtivos, inclusive os intangíveis, da empresa"[156]. Condensando três diretrizes da LRE em um único inciso (*i.e.*, preservação da empresa mesmo na falência; separação dos conceitos de "empresário" e "empresa"; e maximização do valor dos ativos da falida), o objetivo geral da falência é manter, quando possível, o estabelecimento empresarial em funcionamento para a venda da empresa em bloco. Para tanto, a preservação das "sinergias existentes entre os ativos tangíveis e intangíveis"[157] pode ser fundamental para aumentar o valor e a liquidez do patrimônio da massa falida, em prol do interesse concursal.

[154] SCALZILLI, João Pedro; SPINELLI, Luis Felipe; TELLECHEA, Rodrigo. **História do direito falimentar**: da execução pessoal à preservação da empresa. São Paulo: Almedina, 2018, p. 212.

[155] BUSCHINELLI, Gabriel Saad Kik. **Abuso do direito de voto na assembleia geral de credores**. 2013. 203 f. Dissertação (Mestrado em Direito) – Faculdade de Direito, Universidade de São Paulo, São Paulo, 2013, p. 24.

[156] A Lei 14.112/2020 explicitou, no art. 75 da LRE, duas finalidades adicionais do regime falimentar, quais sejam: "permitir a liquidação célere das empresas inviáveis, com vistas à realocação eficiente de recursos na economia" (art. 75, inciso II); e "fomentar o empreendedorismo, inclusive por meio da viabilização do retorno célere do empreendedor falido à atividade econômica" (art. 75, inciso III).

[157] LISBOA, Marcos de Barros; DAMASO, Otávio Ribeiro; SANTOS, Bruno Carazza do; COSTA, Ana Carla Abrão. A racionalidade econômica da nova Lei de Falências e de Recuperação de Empresas. *In*: PAIVA, Luiz Fernando Valente de (Coord.). **Direito falimentar e a nova Lei de falência e recuperação de empresas**. São Paulo: Quartier Latin, 2005, p. 29-60, p. 55.

Dentro do gênero dos *intangíveis*, a preservação de determinadas espécies de contratos bilaterais pode ser essencial para a continuação da atividade produtiva, para fins de otimização do valor de venda da empresa em bloco.

Por meio de uma análise das fases da falência, é interessante observar que a LRE – para além da regulação dos efeitos da decretação da falência sobre as obrigações da devedora – estabelece outros dois modos de interação das relações contratuais com o andamento do procedimento falimentar. Na fase de arrecadação e custódia do ativo, os contratos servem como um *meio* para geração de receita e melhor aproveitamento dos bens que compõem a massa falida (*e.g.*, locação de um imóvel da massa falida, aquisição de embalagens para o envasamento da produção de leite da massa falida[158]) ou para a preservação do valor dos ativos da massa falida (*e.g.*, atividade de um autoforno), nos termos do art. 114 da LRE. Na fase de realização do ativo, os contratos podem representar um elemento fundamental do estabelecimento empresarial a ser alienado "em bloco" (*e.g.*, venda de uma planta industrial cumulada com a transferência de um contrato de fornecimento de insumos essenciais para a operacionalidade do processo industrial[159]), nos termos do art. 140, § 3º, da LRE[160].

[158] O exemplo origina-se do *Caso Tetrapak* julgado ainda na vigência do Decreto-lei 7.661/45. No caso concreto, a empresa de embalagens *Tetrapak* recusou-se a continuar fornecendo embalagens de leite longa vida à massa falida da *Realmag* no interior do Estado de Minas Gerais. Frente a essa situação, o Juízo Falimentar determinou que a *Tetrapak* desse a continuidade do fornecimento de embalagens, mediante o pagamento à vista do preço pela massa falida. *In casu*, o entendimento foi de que a cessão do fornecimento causaria um prejuízo a vários produtores de leite da região que estavam incluídos no concurso de credores falimentar (TJMG. 4ª Câmara Cível. MS 1.0000.00.203140-9/000. Des. Hyparco Immesi, J. em 10/05/2001).

[159] Na construção dogmática da teoria do estabelecimento comercial, Oscar Barreto Filho o fundo de comércio como pressuposto material das relações jurídicas, *in verbis*: "É preciso ter bem nítida essa noção, porque, sendo as relações jurídicas do titular estranhas ao conceito de estabelecimento, infere-se que a transferência dos contratos bilaterais em curso de execução, dos créditos e dos débitos do alienante não é um efeito necessário, mas somente eventual do trespasse do estabelecimento. Deve-se, contudo, levar em conta a estreita conexão econômica que existe entre tais relações jurídicas e o fundo, porquanto este comumente constitui o pressuposto material daquelas (como sucede nos contratos de arrendamento de imóvel ou de fornecimento de mercadorias." (BARRETO FILHO, Oscar. **Teoria do estabelecimento comercial**. São Paulo: Max Limonad, 1969, p. 221).

[160] No âmbito da falência, Adriana Pugliesi classifica as relações jurídicas de interesse da massa sob os seguintes enfoques: "(i) os negócios jurídicos para os quais o administrador decide dar continuidade, mantendo o vínculo contratual celebrado pelo devedor antes da

No que tange especificamente ao tratamento dos contratos bilaterais, a regra geral do art. 117 da LRE absorveu as referências normativas que foram tradicionalmente herdadas do Decreto-lei 7.661/45 – conforme já analisado no **item 2.2.1** acima. Na LRE, foi repetida a regra de continuidade dos contratos bilaterais mesmo após a decretação da falência ("os contratos bilaterais não se resolvem na falência", art. 117).

Diante da realidade concursal de escassez deficitária de recursos, cabe ao administrador judicial prognosticar quais são os custos e benefícios vinculados à continuidade de um contrato bilateral. Após a decretação da falência, a continuidade da execução contratual somente se justifica quando o benefício da prestação devida pelo outro contratante é superior do que a contraprestação a ser adimplida pela massa falida. Em vista do interesse do concurso de credores de minimizar os prejuízos atrelados à falência da devedora, o administrador judicial tem a prerrogativa de optar pela continuidade das relações contratuais cujo cumprimento for capaz de, alternativamente, reduzir o "tamanho" do passivo ou preservar os ativos da massa falida, mediante autorização do Comitê de Credores.

Vale notar que – a depender da decisão do administrador judicial de cumprir, ou não, o contrato bilateral – as consequências jurídicas para os sujeitos envolvidos são drasticamente diferentes no que diz respeito à classificação do crédito da contraparte *in bonis*.

Na hipótese de o administrador judicial optar pela inexecução do contrato bilateral, a contraparte *in bonis* terá direito à indenização por perdas e danos, cujo crédito classifica-se como crédito quirografário. No *ranking* de classificação dos créditos da falência, os créditos quirografários estão na 13ª posição; consequentemente, o valor da indenização a ser efetivamente recebido pela contraparte *in bonis* será, de regra, uma fração muitíssimo reduzida da integralidade do crédito decorrente da extinção contratual. Exemplificativamente, se o índice de recuperação dos créditos quirografários naquela falência for de 20%, e o valor da indenização por perdas

falência; (ii) os negócios jurídicos celebrados no interesse da massa falida, como é o exemplo de arrendamento de bens; (iii) os vínculos contratuais que poderão ser transferidos ao eventual adquirente do estabelecimento, na realização do ativo, levada a efeito no processo falimentar." (PUGLIESI, Adriana Valéria. **A falência e a preservação da empresa**: compatibilidade? 2012. 326 f. Tese (Doutorado em Direito) – Faculdade de Direito, Universidade de São Paulo, São Paulo, 2012, p. 170).

e danos tiver sido arbitrado em $100, a contraparte *in bonis* receberá, ao fim e ao cabo de um longo processo falimentar, apenas $20 por conta da extinção do contrato decidida pelo administrador judicial. Em razão do baixo índice de recuperação de crédito nos processos falimentares, ficou célebre a máxima de que os "dólares da falência"[161] valem menos do que os dólares da vida real, indicando – para as situações específicas de contratos bilaterais – que a massa falida naturalmente não internaliza todos os custos decorrentes da opção pela "rejeição" dos contratos em curso[162].

Por outro lado, na hipótese de o administrador judicial decidir pelo cumprimento do contrato bilateral, o crédito da contraparte *in bonis* será classificado como crédito extraconcursal, sendo pago com precedência sobre os créditos concursais (art. 84, I-E). Qualificando-se como uma "obrigação resultante de ato jurídico válido praticado após a decretação da falência", o crédito da contraparte está na 5ª posição na ordem de prioridade dos créditos extraconcursais.

Em linha com a explicação de Satiro e Wanderley, cumpre ressaltar ainda que – conforme a essencialidade da prestação contratual a ser adimplida pela contraparte – esse crédito pode ser pago de maneira antecipada e imediata para a contraparte, desde que seja efetivamente demonstrada a indispensabilidade essa despesa para a administração da massa falida (LRE, art. 150). Neste caso de cumprimento contratual, a contraparte teria a perspectiva de receber integralmente a prestação devida pela massa falida (em oposição ao deságio da moeda falimentar), podendo inclusive

[161] Na literatura norte-americana, Westbrook utiliza muito argutamente a expressão "*bankruptcy dollars*", para designar a cifra correspondente ao percentual efetivamente recebido pelos credores concursais em comparação com o valor de face de suas pretensões creditícias originais (WESTBROOK, Jay Larence. A functional analysis of executory contracts. **Minnesota Law Review**, Minneapolis, v. 74, p. 227-338, 1989, p. 253). Na doutrina italiana, a expressão utilizada para tanto é "*moneta fallimentare*" (GABRIELLI, Enrico. Il contratto e i rimedi: la sospensione dell'esecuzione. **Rivista di Diritto Privato**, Bari, anno XIX, v. 2, p. 167-188, apr./giugno 2014, p. 188).

[162] Para uma análise didática do risco de "rejeição excessiva", vide o trabalho de DÁVALOS, Susana. The rejection of executory contracts: a comparative economic analysis. **Mexican Law Review**, Ciudad de México, v. 10, n. 1, p. 69-101, July/Dec. 2017, p. 96-97. A respeito do debate originalmente desenvolvido na doutrina concursal norte-americana sobre o risco da "rejeição excessiva", vide também: FRIED, Jesse M. Executory contracts and performance decisions in bankruptcy. **Duke Law Journal**, Durham, v. 46, n. 3, p. 517-574, Dec. 1996.

auferir o pagamento de maneira antecipada a depender da essencialidade da prestação para a regular administração da massa falida.

Em vista dessa variação de tratamento do crédito resultante da continuidade do contrato bilateral (*i.e.*, extraconcursal) em comparação com o crédito decorrente do incumprimento contratual (*i.e.*, quirografário), nota-se que a decisão do administrador judicial sobre o futuro dessa relação contratual é capaz de impactar profundamente a posição jurídica e a situação financeira da contraparte *in bonis*. Por causa da relevância dessa decisão, o regime da falência prevê expressamente o direito de a contraparte interpelar o administrador judicial para que declare se cumpre ou não o contrato (LRE, art. 117, § 2º). Ao estipular um prazo para a interpelação da contraparte (*i.e.*, 90 dias da nomeação do administrador judicial) e outro para a resposta deste (*i.e.*, 10 dias do recebimento da interpelação), entende-se que o legislador compreendeu e valorou objetivamente o *custo da incerteza*, buscando oferecer um remédio legal para que houvesse uma definição sobre o futuro do programa contratual a ambas as partes, ainda nos primeiros quatro meses do início do processo falimentar. Ademais, esse remédio da interpelação também é útil para a contraparte *in bonis*, pois está impossibilitada de exigir o cumprimento específico do contrato logo após a decretação da falência.

Para a massa falida (e, reflexamente, para toda a coletividade de credores), a decisão do administrador judicial também é de suma importância, pois – em caso de cumprimento do contrato bilateral – os recursos destinados ao pagamento integral do credor individual não estão sendo direcionados diretamente para o rateio entre os credores concursais. Em razão do custo da contraprestação consistir em um crédito extraconcursal, é fundamental que o benefício econômico advindo do cumprimento contratual seja superior ao ônus do seu inadimplemento, a fim de que seja evitado qualquer decréscimo do patrimônio da massa falida às custas dos demais credores. Citando novamente a sábia lição de Carvalho de Mendonça, o regime falimentar está vinculado a finalidade de "poupar prejuízos à massa".

Na gestão dos contratos bilaterais no interessa da massa falida, as decisões do administrador judicial têm caráter discricionário. Contudo, tal margem de discricionariedade não implica em uma exoneração de responsabilidade pelas escolhas tomadas, estando a decisão do administrador judicial sujeita à revisão pelo Juízo Falimentar. Além disso, o administrador judicial poderá ser responsabilizado pelos prejuízos causados à massa falida por atos praticados com culpa ou negligência. Na atual realidade de raríssima instauração de Comitê de Credores, Manoel Justino Bezerra Filho destaca que se redobra a importância do Juízo Falimentar para revisar, quando necessário, as decisões do administrador judicial em proteção aos interesses da massa falida: "se houver, no entendimento do juiz, óbice ou qualquer tipo de impedimento ao cumprimento do contrato, tal fato será fixado em regular determinação de natureza jurisdicional"[163].

Por fim, nota-se que o art. 126 da LRE – além de representar a principal inovação legislativa em matéria de regulação dos efeitos da falência sobre as relações obrigacionais[164] – tem a natureza de cláusula-geral, definindo quais são os princípios que devem nortear a interpretação do Juízo Falimentar a respeito das relações obrigacionais não expressamente reguladas na LRE:

> Art. 126. Nas relações patrimoniais não reguladas expressamente nesta Lei, o juiz decidirá o caso atendendo à unidade, à universalidade do concurso e à igualdade de tratamento dos credores, observado o disposto no art. 75 desta Lei.

Como primeiro cânone hermenêutico, o *princípio da unidade* incide para reforçar que, materialmente, as relações contratuais são parte integrante do conjunto patrimonial da massa falida, que deve receber um tratamento unificado para que se possa visualizar e preservar, ao máximo, o valor agregado dos ativos em bloco[165]. Como segundo cânone hermenêutico, o *princípio da universalidade* explicita que, processualmente, as relações contratuais passam a se sujeitar ao caráter coletivo e compulsório do concurso de credores. Como terceiro cânone hermenêutico, o *princípio da igualdade de tratamento* aplica-se para garantir que haja um tratamento efetivamente igualitário para credores que conservem o mesmo tipo de

[163] BEZERRA FILHO, Manoel Justino. **Lei de recuperação de empresas e falência – Lei 11.101/2005**: comentada artigo por artigo. 14. ed. São Paulo: Thomson Reuters Brasil, 2019, p. 350.

[164] Vide a análise histórica realizada no item 2.2.1 acima.

[165] SACRAMONE, Marcelo Barbosa. **Comentários à lei de recuperação de empresas e falência**. São Paulo: Saraiva, 2018, p. 437.

direitos e prerrogativas contratuais[166]. Somando-se a esses três cânones hermenêuticos, a referência expressa à observância do art. 75, na parte final do art. 126 da LRE, também exerce uma função de reiteração das diretrizes normativas de preservação da empresa e de maximização do valor dos ativos da massa falida (que estão igualmente subjacentes na regra geral do art. 117, acima analisado).

2.2.3. Tratamento dos contratos na recuperação judicial

O regime da recuperação judicial busca disciplinar regras e mecanismos que possibilitem à empresa em crise com viabilidade econômico-financeira a renegociação do seu passivo em um ambiente regulado e coletivo. Como "ferramenta de construção negociada entre o devedor e seus credores"[167], o procedimento de recuperação judicial visa a preservar as empresas que tenham maior valor em funcionamento do que em liquidação, visto que a manutenção do giro empresarial da empresa viável não apenas beneficia a devedora, mas também gera valor para seus empregados, seus credores e a comunidade em geral.

Em atenção ao caráter procedimental da recuperação judicial, o princípio da preservação da empresa, previsto no art. 47 da LRE, não pode ser interpretado paternalisticamente como um mero favor legal *pró-devedor*. Conforme destaca Sheila Cerezetti, o princípio da preservação congrega uma ampla gama de interesses envolvidos na reorganização da empresa em crise, "passando pelos interesses dos trabalhadores, dos credores financeiros, dos fornecedores, investidores, do mercado e da comunidade como um todo"[168].

[166] BEZERRA FILHO, Manoel Justino. **Lei de recuperação de empresas e falência – Lei 11.101/2005**: comentada artigo por artigo. 14. ed. São Paulo: Thomson Reuters Brasil, 2019, p. 364-365.

[167] SOUZA JÚNIOR, Francisco Satiro de. Autonomia dos credores na aprovação do plano de recuperação judicial. *In*: CASTRO, Rodrigo R. Monteiro; WARDE JÚNIOR, Walfrido Jorge; TAVARES GUERREIRO, Carolina Dias (Coords.). **Direito empresarial e outros estudos em homenagem ao Professor José Alexandre Tavares Guerreiro**. São Paulo: Quartier Latin, 2013, p. 101-114, p. 104).

[168] CEREZETTI, Sheila Neder. **A recuperação judicial de sociedades por ações**: o princípio da preservação da empresa na Lei de Recuperação e Falência. São Paulo: Malheiros Editores, 2012, p. 208-209.

Na mecânica do procedimento recuperacional, há dois pilares normativos na LRE que definem as balizas estruturantes do processo de reorganização do passivo da devedora. O primeiro é o regramento do *stay period*, que objetiva impedir que – enquanto perdurar a negociação coletiva sobre o plano de recuperação – sejam implementadas medidas constritivas que possam comprometer o conjunto de ativos essenciais para a manutenção do processo produtivo da devedora. Sob uma perspectiva da finalidade do procedimento de recuperação judicial, entende-se que o alcance normativo do *stay period* não está limitado unicamente *(i)* à suspensão das ações e execuções judiciais contra a devedora por 180 dias (art. 6º, inciso II e § 4º), *(ii)* à proibição do exercício de qualquer medida constritiva (judicial ou extrajudicial) que recaia sobre bens da devedora (art. 6º, inciso III), ou *(iii)* à restrição para que credores-proprietários não possam vender ou retirar do estabelecimento da devedora bens de capital essenciais a sua atividade empresarial (art. 6º, § 7º-A, e art. 49, § 3º). Dentro deste período delimitado de proteção patrimonial, o regime recuperacional deve tutelar todo o conjunto de ativos (tangíveis e intangíveis) necessários à manutenção do giro empresarial, incluindo a rede de contratos da devedora, a fim de que não ocorra um esfacelamento da sua capacidade operacional.

Desta forma, há de se reconhecer que a lógica coletiva das normas do *stay period* – concretizada por meio do postulado normativo da preservação da empresa – tem "força normativa e potencial jurisgênico"[169], atuando como um relevante instrumento para estruturar a regulação do comportamento das partes afetadas pela situação de crise empresarial. Em uma economia em que o *capital* circula e se multiplica por meio de intangíveis, cabe destacar que a suspensão do fornecimento de um serviço essencial à continuidade da atividade empresarial pode ser tão, ou mais, devastadora do que, por exemplo, a retirada de um maquinário do estabelecimento comercial.

O segundo pilar normativo diz respeito à divisão dos credores em classes com homogeneidade de interesses, a fim de que o exame de viabilidade do

[169] A expressão "força normativa e potencial jurisgênico" é de JUDITH MARTINS-COSTA em referência ao instituto jurídico da boa-fé objetiva, enquanto "estrutura normativa produtora de modelos jurídicos" (MARTINS-COSTA, Judith. **A boa-fé no direito privado**: critérios para sua aplicação. 2. ed. São Paulo: Saraiva, 2018, p. 283).

plano de recuperação esteja condicionado a uma deliberação majoritária em assembleia geral de credores (*i.e.*, sem que haja a necessidade de uma aprovação unânime dos credores para se viabilizar a reestruturação do endividamento da empresa em crise)[170]. Para que haja essa relativização da força obrigatória dos contratos, o regime recuperacional da LRE busca incentivar uma participação mais ativa dos credores, os quais terão a palavra final sobre o destino da empresa em crise. Diferentemente da solução *prêt-a-porter* da concordata, o plano de recuperação está vocacionado a oferecer uma solução sob medida para a repactuação dos débitos sujeitos à reorganização.

Para regular quais são os créditos que necessariamente se submetem ao plano de recuperação, o art. 49, *caput*, da LRE estabelece que "estão sujeitos à recuperação judicial todos os créditos existentes na data do pedido, ainda que não vencidos". Por meio de um critério temporal, o conceito de "crédito existente" utiliza uma data de corte para separar os créditos que estarão submetidos de modo direto ao procedimento de renegociação coletiva com a devedora – e cujos credores terão, em contrapartida, o proporcional direito de voto na assembleia de credores – daqueles créditos que serão considerados extraconcursais.

Sob uma perspectiva do "passado" da devedora, a regra geral do art. 49 serve como um fator de estabilização do passivo anterior ao pedido de recuperação. Com a fixação de um critério temporal para delimitar quais os credores que estão dentro do procedimento recuperacional, a devedora "sabe que tudo que constitui pendência até aquele momento e que não for expressamente excepcionado (como os créditos dos credores proprietários) estará vinculado pelo plano de recuperação"[171]. Neste sentido, o marco temporal da sujeição dos créditos é crucial para que a devedora consiga projetar o seu fluxo de caixa a partir da visualização do seu *passivo* em duas categorias (*i.e.*, os débitos sujeitos à recuperação judicial e os

[170] SOUZA JÚNIOR, Francisco Satiro de. Recuperação judicial e a excepcionalidade dos créditos garantidos por cessão fiduciária de créditos futuros. *In*: GARCIA, Ricardo Lupion (Org.). **10 anos da Lei de falências e recuperação judicial de empresas**: inovações, desafios e perspectivas. Porto Alegre: Editora Fi, 2016, p. 160-161.

[171] SOUZA JÚNIOR, Francisco Satiro de. **O "dinheiro novo" como elemento de interpretação do conceito de "crédito existente" na recuperação judicial**. Disponível em: <https://ssrn.com/abstract=3058053>. Acesso em: 17 jan. 2020.

débitos não-sujeitos), podendo melhor definir o pacote de alternativas para a reestruturação do seu endividamento[172].

Sob uma perspectiva do "futuro" da devedora, a regra do art. 49 disciplina que as obrigações constituídas após o pedido não se submeterão aos efeitos da recuperação judicial, assegurando a própria viabilidade da atividade empresarial[173]. Em interpretação do art. 49, o STJ foi enfático ao afirmar que "se, após o pedido de recuperação judicial, os débitos contraídos pela sociedade empresária se submetessem a seu regime, não haveria quem com ela quisesse negociar"[174]. Desta forma, a extraconcursalidade das obrigações posteriores ao pedido visa a fomentar a obtenção de "dinheiro novo" pela devedora, que necessita de recursos, bens e serviços para preservar o valor da empresa em atividade durante a fase de negociação coletiva do plano de recuperação[175].

No entanto, cumpre observar que o sintagma *crédito existente* não é um "divisor de águas"[176] absolutamente cristalino, sendo fonte de incertezas. No que tange especificamente ao tema do tratamento dos contratos bilaterais, o principal ponto de dúvida reside em saber se os créditos decorrentes de contratos de *execução diferida* pendentes de cumprimento à data do pedido estão, ou não, submetidos aos efeitos do plano de recuperação. Em termos práticos: na hipótese de ALFA pedir recuperação judicial em *1º de março*, tendo anteriormente celebrado, em *1º de fevereiro*, um contrato para comprar a crédito um caminhão personalizado que

[172] OLIVEIRA, Bruno Kurzweil de; COMODO, Ana Paula. A sujeição de créditos: a data de existência para fins de créditos decorrentes de indenização civil na recuperação judicial. **Revista Dialética de Processo Civil**, São Paulo, n. 119, p. 7-16, fev. 2013.

[173] MUNHOZ, Eduardo Secchi. Estão sujeitos à recuperação judicial os créditos existentes na data do pedido, não se submetendo aos seus efeitos os créditos posteriores ao pleito recuperacional. *In*: WARDE JÚNIOR, Walfrído Jorge (Coord.). **Teses jurídicas dos tribunais superiores**: direito comercial I. São Paulo: Revista dos Tribunais, 2017, p. 557-563, p. 559.

[174] STJ. 2ª Seção. EDcl nos EDcl nos EDcl no AgRg no CC 105.345/DF. Relator Min. Raul Araújo. J. em 09/11/2011.

[175] SOUZA JÚNIOR, Francisco Satiro de. **O "dinheiro novo" como elemento de interpretação do conceito de "crédito existente" na recuperação judicial**. Disponível em: <https://ssrn.com/abstract=3058053>. Acesso em: 17 jan. 2020.

[176] MUNHOZ, Eduardo Secchi. Estão sujeitos à recuperação judicial os créditos existentes na data do pedido, não se submetendo aos seus efeitos os créditos posteriores ao pleito recuperacional. *In*: WARDE JÚNIOR, Walfrído Jorge (Coord.). **Teses jurídicas dos tribunais superiores**: direito comercial I. São Paulo: Revista dos Tribunais, 2017, p. 557-563, p. 559.

será entregue até *1º de junho* por OMEGA, em contrapartida do preço de $1.000.000,00, cabe indagar: o preço devido a OMEGA é classificado como crédito concursal ou extraconcursal? Conforme será examinado a seguir, a solução normativa varia a depender do método de interpretação aplicado para a leitura do art. 49, *caput*, da LRE.

Em uma interpretação literal do art. 49 da LRE, parte da doutrina sustenta que o crédito decorrente de contratos celebrados antes do pedido de recuperação judicial está submetido ao plano de recuperação judicial, pois – à luz do plano da existência do negócio jurídico – não haveria dúvida de que o crédito já *existe* ao tempo do ajuizamento do pleito recuperacional[177]. Segundo Eduardo Secchi Munhoz, a expressão "existente" empregada no art. 49 refere-se ao plano da existência, sendo certo que o direito de crédito derivado de um determinado contrato nasce da vontade validamente declarada pelas partes no momento da celebração do negócio jurídico[178]. Nesta senda, o referido autor conclui com um argumento consequencialista: "se créditos nascidos de negócios jurídicos e de eventos ilícitos anteriores ao pedido não ficassem sujeitos à recuperação judicial, seria impossível reestruturar relações obrigacionais existentes antes do pedido, que podem ser determinantes para a crise da empresa"[179].

Neste mesmo sentido é o posicionamento de Fábio Ulhoa Coelho, ao afirmar que o art. 49, *caput*, da LRE sujeita aos efeitos da recuperação judicial "todo o negócio jurídico que *existe* na data da apresentação do

[177] MUNHOZ, Eduardo Secchi. Estão sujeitos à recuperação judicial os créditos existentes na data do pedido, não se submetendo aos seus efeitos os créditos posteriores ao pleito recuperacional. *In*: WARDE JÚNIOR, Walfrído Jorge (Coord.). **Teses jurídicas dos tribunais superiores**: direito comercial I. São Paulo: Revista dos Tribunais, 2017, p. 557-563; DIAS DE OLIVEIRA, Adriana Maria Cruz. **Créditos sujeitos à recuperação judicial**. São Paulo: Quartier Latin, 2019, p. 84.

[178] MUNHOZ, Eduardo Secchi. Estão sujeitos à recuperação judicial os créditos existentes na data do pedido, não se submetendo aos seus efeitos os créditos posteriores ao pleito recuperacional. *In*: WARDE JÚNIOR, Walfrído Jorge (Coord.). **Teses jurídicas dos tribunais superiores**: direito comercial I. São Paulo: Revista dos Tribunais, 2017, p. 557-563, p. 560-561.

[179] MUNHOZ, Eduardo Secchi. Estão sujeitos à recuperação judicial os créditos existentes na data do pedido, não se submetendo aos seus efeitos os créditos posteriores ao pleito recuperacional. *In*: WARDE JÚNIOR, Walfrído Jorge (Coord.). **Teses jurídicas dos tribunais superiores**: direito comercial I. São Paulo: Revista dos Tribunais, 2017, p. 557-563, p. 562-563.

pedido, independentemente de sua *eficácia* neste momento"[180]. Ao interpretar a locução final do art. 49, *caput* ("ainda que não vencidos"), o autor sustenta que "o objetivo do legislador foi apenas o de *esclarecer* que o essencial, na definição da sujeição dos efeitos da recuperação judicial, é o momento da constituição da obrigação, e não o da sua exigibilidade"[181]. É interessante notar que Fábio Ulhoa Coelho também cumula a interpretação literal do art. 49 com um argumento de natureza consequencialista, sustentando ser fundamental que a devedora seja visualizada como "duas empresas diferentes" (uma *anterior* ao pedido, e outra *posterior* ao pedido), a fim de que as obrigações contraídas pela "empresa anterior" fiquem para trás e não comprometam a capacidade de soerguimento empresarial da "empresa posterior" ao início do procedimento de recuperação judicial[182].

Nesta interpretação literal do art. 49, observa-se que o critério determinante para a verificação da sujeição do crédito é a data de celebração do negócio jurídico, isto é: se o contrato bilateral foi formalizado antes do pedido de recuperação judicial, o direito de crédito da contraparte *in bonis* nasceu concomitantemente com a formação do contrato, devendo ser, portanto, considerado um *crédito existente* à data do pedido[183]. Entre os autores que sustentam esse silogismo (*i.e.*, "se a obrigação foi contratada antes do pedido, então o crédito está submetido à recuperação judicial"), é possível identificar dois pontos de convergência: *(i)* interpreta-se o conceito de *crédito existente* com enfoque no plano da existência do negócio

[180] COELHO, Fábio Ulhoa. **Parecer Caso Recuperação Judicial OAS**. Parecer constante dos autos do processo TJSP, nº 2076320-96.2019.8.26.0000, fls. 424-444, 2016, p. 15-16.

[181] COELHO, Fábio Ulhoa. **Parecer Caso Recuperação Judicial OAS**. Parecer constante dos autos do processo TJSP, nº 2076320-96.2019.8.26.0000, fls. 424-444, 2016, p. 14.

[182] COELHO, Fábio Ulhoa. **Parecer Caso Recuperação Judicial OAS**. Parecer constante dos autos do processo TJSP, nº 2076320-96.2019.8.26.0000, fls. 424-444, 2016, p. 12-13.

[183] Ao defender a sujeição dos créditos decorrentes de contratos bilaterais de execução diferida, Adriana Maria Cruz Dias de Oliveira sintetiza seu posicionamento nos seguintes termos: "o momento relevante para o surgimento do crédito nos contratos de execução diferida é o momento da contratação – a partir desse momento o devedor *deve*. Portanto, o crédito decorrente de contrato de execução diferida estará sujeito à recuperação judicial do devedor sempre que previsto em contrato celebrado até a data do pedido" (DIAS DE OLIVEIRA, Adriana Maria Cruz. **Créditos sujeitos à recuperação judicial**. São Paulo: Quartier Latin, 2019, p. 84).

jurídico, partindo da diferenciação entre "crédito" e "pretensão"[184]; e *(ii)* não se examina o fato de a contraparte *in bonis* ter, ou não, efetuado o adimplemento de sua prestação contratual em momento anterior ao pedido de recuperação judicial, para fins de determinação do alcance normativo do art. 49, *caput*, da LRE.

Em contraste com uma interpretação literal do conceito de *crédito existente*, outra parte da doutrina interpreta funcionalmente a regra do art. 49, utilizando a *data de corte* do pedido de recuperação como critério para aferir o momento de realização da prestação contratual devida pela contraparte *in bonis*. Conforme destacam Marcelo Sacramone e Fernanda Piva, nos casos de contratos bilaterais em que a prestação devida pela contraparte não tiver sido cumprida antes do ajuizamento da recuperação, os créditos originados desses contratos (embora já existentes à data do pedido) não se sujeitarão aos efeitos da recuperação judicial. Tendo em vista o conceito de "sinalagma funcional"[185], os referidos autores sublinham que uma interpretação literal do art. 49 poderia impor uma excessiva onerosidade ao credor, o qual estaria obrigado "a adimplir integralmente sua prestação sem o recebimento, na forma estabelecida no contrato, da equivalente contraprestação pelo devedor em recuperação"[186].

[184] Na doutrina civilista, Pontes de Miranda distingue com precisão os conceitos de "crédito" e "pretensão", *in verbis*: "O crédito atribui ao credor o direito à prestação e faz o devedor 'devê-la'. A pretensão consiste em poder exigir a prestação. Se o devedor ainda não prestou, tem o credor a pretensão, pretensão que, de regra, pode ser exercida com a tutela jurídica estatal." (**Tratado de direito privado**. t. XXII. 3. ed. São Paulo: Revista dos Tribunais, 1984, § 2.680, 4, p. 18). Ao tratar das origens do conceito de "pretensão", Clóvis do Couto e Silva ressalta que essa contribuição para a ciência do direito deve-se a Windsheid: "Caracteriza-se a obrigação perfeita pela possibilidade que tem o credor de poder exigir (pretensão) o adimplemento ou perdas e danos. O conceito de pretensão, que se deve a Windscheid, constitui grande descoberta para a ciência do direito, possibilitando a sistematização em matéria que até então se manifestava de difícil entendimento. Permitiu-se que pudesse falar em graduação de deveres, abrindo espaço ao tratamento sistemático das 'obrigações naturais', cujo conceito permanecia ainda na sombra." (COUTO E SILVA, Clóvis Veríssimo do. **A obrigação como processo**. Rio de Janeiro: Editora FGV, 2006, p. 83-84).

[185] Sobre "sinalagma funcional", vide item 1.1 deste trabalho.

[186] SACRAMONE, Marcelo Barbosa; PIVA, Fernanda Neves. Créditos vencidos e vincendos na recuperação judicial: o negócio jurídico sob condição suspensiva e o contrato bilateral. *In*: WAISBERG, Ivo; RIBEIRO, Jose Horácio Halfeld Rezende (Org.). **Temas de direito da insolvência**: estudos em homenagem ao professor Manoel Justino Bezerra Filho. São Paulo: IASP, 2017, p. 589-607.

Com base na adoção do critério da data de adimplemento, vale ressaltar que, nos casos em que a prestação devida pela contraparte já tiver sido integralmente cumprida na data do pedido de recuperação, o crédito deverá ser considerado concursal[187]. No exemplo acima referido da compra e venda de um caminhão, caso a *traditio* do veículo automotor tivesse ocorrido antes de ALFA pedir recuperação judicial, o crédito de OMEGA deveria ser considerado concursal, estando submetido ao plano de recuperação. Ademais, entende-se que a locução "ainda que não vencidos" do art. 49 deve ser interpretada para alcançar justamente este específico grupo de casos relativos a contratos de execução diferida em que, à data do pedido de recuperação, o credor, de um lado, já tenha integralmente cumprido a sua prestação, e, de outro, a empresa recuperanda estiver devendo obrigações vencidas ou vincendas. No entanto, como no exemplo citado o caminhão ainda não fora entregue a ALFA na data do pedido de recuperação, o crédito deve ser considerado extraconcursal.

Seguindo este mesmo critério, Francisco Satiro propõe que o conceito de *crédito existente* seja interpretado a partir "da data em que o empresário auferiu a utilidade que deu base ao crédito pretendido, independentemente do momento e da estrutura da formalização da obrigação"[188]. Ao interpretar o art. 49, *caput*, da LRE em conformidade com a lógica de incentivo ao financiamento à empresa em crise (art. 67[189], LRE) e com o conceito de "sinalagma funcional", o referido autor pondera que – se a utilidade (entrega de valor em dinheiro, de bens, serviços, tecnologia, etc.) ocorreu após o pedido – a prestação da contraparte corresponde

[187] SACRAMONE, Marcelo Barbosa; PIVA, Fernanda Neves. Créditos vencidos e vincendos na recuperação judicial: o negócio jurídico sob condição suspensiva e o contrato bilateral. *In*: WAISBERG, Ivo; RIBEIRO, Jose Horácio Halfeld Rezende (Org.). **Temas de direito da insolvência**: estudos em homenagem ao professor Manoel Justino Bezerra Filho. São Paulo: IASP, 2017, p. 589-607.

[188] SOUZA JÚNIOR, Francisco Satiro de. **O "dinheiro novo" como elemento de interpretação do conceito de "crédito existente" na recuperação judicial**. Disponível em: <https://ssrn.com/abstract=3058053>. Acesso em: 17 jan. 2020.

[189] Em específico, a atual redação do art. 67 estabelece duas previsões a fim de estimular o financiamento às empresas em recuperação judicial, quais sejam: *(i)* tratamento extraconcursal aos créditos decorrentes de obrigações contraídas pela devedora durante a recuperação judicial; e *(ii)* possibilidade de tratamento diferenciado no plano de recuperação aos *credores colaborativos* (isto é, aqueles credores que continuarem a fornecer bens ou serviços para a devedora após o pedido de recuperação judicial).

a um "dinheiro novo" provido à devedora[190]. Consequentemente, o respectivo crédito da contraparte deve ser classificado como crédito não sujeito à recuperação judicial, visto que o credor efetivamente contribuiu para a solução da crise da empresa, em momento posterior ao início do procedimento recuperacional.

Analisando-se comparativamente as duas linhas interpretativas expostas *supra* (*i.e.*, interpretação literal e interpretação funcional), é possível notar que a interpretação literal do art. 49, *caput*, adota um "purismo interpretativo" refutável por duas razões.

A uma, nos contratos duradouros (*i.e.*, contratos de execução periódica e de execução continuada), identifica-se que o marco temporal para a definição da sujeição do crédito à recuperação judicial não é a data da celebração do contrato, mas, sim, o momento do adimplemento da obrigação de caráter periódico ou continuado pela contraparte *in bonis*.

Nos contratos de locação vigentes à época da recuperação judicial, é largamente reconhecido pela jurisprudência que – por mais que a devedora-locatária tenha celebrado o contrato antes do pedido de recuperação – os aluguéis vincendos devidos ao credor-locador não se submetem aos efeitos novatórios do plano[191]. Nos contratos de fornecimento de serviços essenciais (*e.g.*, energia elétrica, água, luz), o entendimento jurisprudencial também é de que os créditos decorrentes de fornecimentos posteriores ao pedido de recuperação são extraconcursais[192]. De igual modo, nos contratos de trabalho, a jurisprudência também define como extraconcursais os créditos decorrentes dos serviços prestados pelos trabalhadores da empresa em crise após o pedido de recuperação judicial[193].

[190] SOUZA JÚNIOR, Francisco Satiro de. **O "dinheiro novo" como elemento de interpretação do conceito de "crédito existente" na recuperação judicial**. Disponível em: <https://ssrn.com/abstract=3058053>. Acesso em: 17 jan. 2020.

[191] TJSP. 1ª Câmara Reservada de Direito Empresarial. AI 2112614-89.2015.8.26.0000. Relator Des. Pereira Calças. J. em 29/07/2015; TJSP. 25ª Câmara de Direito Privado. AI 2194058-71.2020.8.26.0000. Relator. Des. Marcondes D'Angelo. J. em 05/11/2020.

[192] TJSP. 2ª Câmara Reservada de Direito Empresarial. AI 2127203-18.2017.8.26.0000. Relator Des. Carlos Alberto Garbi. J. em 29/09/2017; TJSP. 1ª Câmara Reservada de Direito Empresarial. AI 2035308-68.2020.8.26.0000. Relator Des. Cesar Ciampolini. J. em 24/07/2020.

[193] STJ. 3ª Turma. REsp 1.634.046. Relator p/ Acórdão Ministro Marco Aurélio Belizze. J. em 25/04/2017.

Deste modo, o tratamento jurisprudencial dos contratos duradouros indica a utilização do critério da data do adimplemento (que nesses casos se renova sucessivamente no tempo) como *data de corte* para separar os créditos sujeitos dos créditos não-sujeitos. Entende-se que a *ratio* subjacente a este critério é justamente a tutela do sinalagma funcional, a fim de se evitar que o plano de recuperação venha a onerar o credor por fatos ainda não-existentes quando da data de início da recuperação judicial. Com base neste mesmo *critério da data do adimplemento* igualmente aplicável aos casos envolvendo contratos de execução diferida, há de ser reconhecida a extraconcursalidade do crédito vinculado a um dever de prestação de caráter unitário que esteja pendente de cumprimento pela contraparte à data do ajuizamento do pedido. Assim, busca-se a preservação do equilíbrio sinalagmático de um contrato bilateral que ainda não foi completamente executado por qualquer das partes.

A dois, a interpretação literal do art. 49 também pode ser contestada pelo próprio conceito de "contrato bilateral", que pressupõe uma interdependência entre prestação e contraprestação, dentro de uma relação obrigacional em que cada contratante é ao mesmo tempo "credor e devedor" do outro[194]. Vale dizer: enquanto a contraparte *in bonis* não adimplir integralmente a sua prestação, o que se tem não é apenas um "crédito isolado" da contraparte, mas um "crédito" ligado a um "débito". Retomando-se o exemplo acima, na data do pedido de recuperação de *ALFA*, *OMEGA* é igualmente "credor do preço" e "devedor do caminhão". Tendo em vista essa coexistência de "créditos" e "débitos" dentro de um mesmo contrato bilateral, entende-se que, de rigor, o conceito de *crédito existente* deve contemplar apenas os créditos puramente existentes à data do pedido, ou seja, não estariam incluídos na recuperação judicial os créditos que naquele momento ainda estivessem umbilicalmente ligados a um débito correspectivo – sob pena de se subverter a ordem sinalagmática

[194] Carvalho de Mendonça anotava a especificidade dos contratos bilaterais no contexto falimentar: "Os contratos bilaterais geram duas obrigações principais e correlativas: cada contratante é ao mesmo tempo credor e devedor. A execução deve ser simultânea: *donnant donnant* como dizem os franceses; *zug um zug*, como se exprimem os alemães. Nenhum dos contratantes, antes de cumprida a sua obrigação, pode exigir o implemento da do outro (Código Civil, Art. 1.092)." (CARVALHO DE MENDONÇA, José Xavier. **Tratado de direito comercial brasileiro**. v. VII. 7. ed. Rio de Janeiro: Livraria Freitas Bastos, 1964, p. 462).

ainda existente entre prestação e contraprestação ao tempo do início do procedimento recuperacional.

A corroborar o acerto da interpretação funcional dada à regra do art. 49, *caput*, uma análise sistemática da LRE também conduz à conclusão no sentido da não-sujeição dos créditos originados em contratos bilaterais. Na recuperação judicial, os créditos sujeitos ao plano são aqueles que seriam arrolados e pagos na ordem de preferência do art. 83 da LRE caso a situação de crise empresarial fosse irreversível e não houvesse outra solução senão a decretação da falência[195]. No regime falimentar, não há dúvidas sobre ser extraconcursal o crédito devido à contraparte *in bonis* na hipótese de o administrador judicial optar pela execução do contrato bilateral. Logo, no regime recuperacional, também se deve reconhecer a extraconcursalidade desse crédito, com o objetivo de se assegurar um tratamento simétrico[196] aos créditos decorrentes de contratos bilaterais tanto na falência quanto na recuperação judicial. Caso não fosse adotada essa interpretação sistemática, poderia se testemunhar uma situação teratológica em que, para o credor de um contrato bilateral, seria significativamente melhor a solução da falência do que a da recuperação judicial – o que não é admissível pelo corolário de que a quota de sacrifício de um credor não pode ser maior na recuperação judicial do que na falência[197].

[195] Sobre o tema, vide seguinte trecho de Francisco Satiro: "os créditos sujeitos ao plano são aqueles que seriam arrolados e pagos na ordem de preferência caso, na ausência de procedimento de reorganização, a solução, naquele momento, fosse a liquidação por meio da falência. Logo, é o valor que seria objeto de um procedimento de liquidação na data do pedido que se submete à solução negociada pelo devedor com seus credores." (SOUZA JÚNIOR, Francisco Satiro de. **O "dinheiro novo" como elemento de interpretação do conceito de "crédito existente" na recuperação judicial**. Disponível em: <https://ssrn.com/abstract=3058053>. Acesso em: 17 jan. 2020).

[196] Também é possível sustentar que o tratamento simétrico vale para o caso de a devedora recuperanda decidir extinguir o contrato bilateral imediatamente após o início da recuperação judicial, classificando-se como quirografária a indenização por perdas e danos devida à contraparte *in bonis*.

[197] Destacando a noção de "sacrifício dos credores" como um parâmetro objetivo para apreciação dos limites do plano de recuperação, Paulo Fernando Campos Salles de Toledo observa que "a Lei, evidentemente, não pode impor aos credores o mal maior – que seria o de sujeitá-los a uma recuperação que os prejudique mais do que a falência do devedor". Sob a perspectiva da história do direito concursal brasileiro, o referido autor também registra que a noção de "sacrifício dos credores" estava albergada nos seguintes diplomas normativos:

Como última razão a favor da não-sujeição dos créditos dos contratos bilaterais, pode-se cogitar que a regra do art. 49, § 3º, que classifica como extraconcursal o crédito do promitente vendedor de imóvel, está a tutelar não apenas o direito de propriedade, mas também o sinalagma de uma compra e venda de imóvel em que na data de início da recuperação judicial ainda não se quitou a integralidade do preço, nem se perfectibilizou a transferência definitiva do bem para a devedora-compradora. A extraconcursalidade do crédito do promitente-vendedor impede, por exemplo, o comportamento oportunista de uma promitente-compradora que, em *1º de fevereiro*, formaliza uma promessa de compra e venda de um terreno na Av. Faria Lima na cidade de São Paulo e, em *1º de março*, ajuíza pedido de recuperação para submeter o crédito dessa promessa de compra e venda ao plano de recuperação. Com base no critério da data do adimplemento, observa-se que – enquanto não houver a completa quitação do preço – o promitente-vendedor permanece nas posições de "credor do preço" e de "devedor da coisa", não estando o seu crédito sujeito à recuperação judicial. Por raciocínio analógico, observa-se que – sob o prisma de proteção do sinalagma contratual – a hipotética situação do promitente-vendedor de um imóvel na Av. Faria Lima não difere, em substância, da situação do produtor rural que é vendedor em um contrato de compra e venda de soja futura celebrado com uma empresa cerealista em recuperação judicial[198]. Visualizando-se ambos os casos, conclui-se que a relevância da tutela do sinalagma independe da natureza do bem (móvel ou imóvel, tangível ou intangível), devendo ser considerado extraconcursal o crédito da contraparte destes contratos bilaterais. Deste modo, objetiva-se que a recuperação judicial não "traga grave desigualdade entre os contratantes"[199], obrigando-se a contraparte a cumprir a sua prestação

Decreto-lei 7.661/1945, Decreto 5.746/1929 e Lei 2.024/1922 (TOLEDO, Paulo Fernando Campos Salles de. O Plano de Recuperação Judicial e o controle judicial da legalidade. **Revista de Direito Bancário e do Mercado de Capitais**, v. 60, abril de 2013, p. 319).

[198] TJSP. 29ª Câmara de Direito Privado. Ap. 0001576-67.2013.8.26.0553. Relator Des. Carlos Dias Motta. J. em 09/08/2017.

[199] A passagem adapta para a recuperação judicial o sábio ensinamento de Carvalho de Mendonça para justificar a extraconcursalidade do crédito dos contratos bilaterais no âmbito da falência, *in verbis:* "Assim determinou a lei para que na falência não se quebrasse a relação bilateral e, portanto, a falência não trouxesse grave desigualdade de tratamento entre os dois contratantes, obrigando-se o não-falido a cumprir a sua prestação integral relativamente à

integral relativamente à recuperanda, e a exigir desta a contraprestação só em parte, apenas nos limites do crédito novado pelo plano de recuperação.

Um julgado paradigmático sobre o tema do tratamento dos contratos bilaterais foi proferido pelo STJ no caso envolvendo a empresa de embalagens *Stampafare*. Em *09 agosto de 2005*, a *Stampafare* outorgou procuração a um prestigiado escritório de advocacia para que este pudesse iniciar a prestação de serviços pertinentes ao assessoramento jurídico de sua recuperação judicial. Em *16 de agosto de 2005*, foi ajuizado o pedido de recuperação judicial, tendo sido deferido o seu processamento em *18 de agosto de 2005*. Depois de dois anos, em *julho de 2007*, a recuperação judicial da *Stampafare* foi convolada em falência por descumprimento do plano de recuperação. Em sede de verificação dos créditos, o administrador judicial classificou o crédito do escritório de advocacia atuante na recuperação judicial como extraconcursal, tendo tal classificação sido impugnada por sócio da falida que sustentava ser o crédito quirografário, pois o contrato com o escritório de advocacia fora celebrado antes do ajuizamento do pedido de recuperação. O incidente de impugnação foi acolhido pelo juízo falimentar de 1º grau, que reclassificou o crédito como quirografário.

No âmbito do STJ, foi reconhecido o caráter extraconcursal do crédito do escritório de advocacia. O Ministro Luís Felipe Salomão, ao julgar o caso, afirmou que, "independentemente da data de celebração do contrato de duração, a extraconcursalidade deve ser atribuída aos créditos decorrentes do fornecimento de bens ou da prestação de serviços ocorridos após o deferimento do processamento da recuperação judicial"[200]. Ao qualificar o referido contrato como "de evidente execução continuada (estabelecendo prestação de serviços jurídicos até o encerramento da recuperação judicial)", a 4ª Turma do STJ proferiu entendimento de que "deve-se abstrair o fato de ter sido verbalmente pactuado antes do marco temporal reconhecido pela jurisprudência. É que grande parte da assessoria advocatícia contratada foi efetivamente prestada após o deferimento do processamento da recuperação".

massa, e a exigir desta a contraprestação só em parte, nos limites do dividendo" (CARVALHO DE MENDONÇA, José Xavier. **Tratado de direito comercial brasileiro**. v. VII. 7. ed. Rio de Janeiro: Livraria Freitas Bastos, 1964, p. 462-463).

[200] STJ. 4ª Turma. REsp 1.368.550/SP. Relator Min. Luis Felipe Salomão. J. em 04/10/2016.

Por mais que o STJ tenha qualificado o contrato de prestação de serviços jurídicos como de execução continuada, a *ratio decidendi* do *Caso Stampafare* tem grande relevância para os casos relativos a contratos de prestação única com execução diferida – especialmente os contratos que envolvam obrigações de *execução prolongada* pela contraparte *in bonis* (*e.g.*, obrigação do empreiteiro para com a recuperanda dona da obra, obrigação do auditor independente de entregar um parecer contábil à companhia em recuperação judicial). Nestes casos, por mais que o contrato possa ter sido celebrado antes do ajuizamento da recuperação judicial, entende-se que o *critério da data do adimplemento* deve necessariamente ser aplicado, uma vez que a utilidade da prestação que é devida pela contraparte somente será efetivamente prestada à devedora após o início da recuperação judicial. Por consequência, os créditos destes contratos bilaterais devem ser considerados extraconcursais, visando à proteção do equilíbrio sinalagmático do contrato executado no curso do procedimento recuperacional.

Tendo em conta o seu caráter extraconcursal, os créditos originados dos contratos bilaterais não estarão diretamente submetidos aos efeitos do plano de recuperação judicial. Por consequência, as obrigações destes contratos deverão observar "as condições originalmente contratadas ou definidas em lei", de acordo com a regra geral de continuidade dos contratos prevista no art. 49, § 2º, da LRE.

Contudo, deve ficar ressalvado que – embora as obrigações, os ônus e os encargos da devedora decorrentes de contratos bilaterais estejam, de regra, sujeitos às normas de direito comum – os direitos, as pretensões e as exceções da contraparte *in bonis* não estão alheios ao contexto excepcional e coletivo da recuperação judicial. Em palavras singelas, a regra da extraconcursalidade do crédito originado de contratos bilaterais não pode ser interpretada como sinônimo de "imunidade absoluta" ao concurso de credores ou de *vale-tudo* contra a devedora. Do mesmo modo que o credor-proprietário está impedido de exercer seu direito real de propriedade durante a vigência do *stay period* para não causar graves prejuízos ao interesse concursal, há de se reconhecer a força normativa da LRE para regular determinadas limitações substanciais ao exercício de posições jurídicas pelo credor de contratos bilaterais, conforme será examinado nos dois próximos capítulos deste trabalho.

CAPÍTULO 3
CONTRATOS BILATERAIS COM CLÁUSULA *IPSO FACTO* E O PEDIDO DE RECUPERAÇÃO JUDICIAL

3.1. Cláusula *ipso facto*: conceito e funções

A distribuição do pedido de recuperação judicial é fator de externalização da crise da empresa. Como instrumento de regulação *ex ante* do risco de insolvência, é bastante usual[201] que as partes contratantes estabeleçam reciprocamente que o início de um procedimento concursal de uma parte é causa para a extinção antecipada do contrato.

Em seu conteúdo padrão amplamente utilizado em diversas modalidades contratuais, a cláusula *ipso facto* tem a finalidade de pré-determinar uma hipótese de extinção contratual de maneira autônoma e

[201] Sobre o caráter usual da *ipso facto*, vide: KIRSCHBAUM, Deborah. Cláusula resolutiva expressa por insolvência nos contratos empresariais: uma análise jurídico-econômica. **Revista Direito GV**, São Paulo, v. 2, n. 1, p. 37-54, jan./jun. 2006, p. 37. No mesmo sentido: CAVALCANTE, Fábio Murta Rocha. A falência e a recuperação judicial como causas da extinção de contrato empresarial em cláusula resolutiva. **Revista dos Tribunais**, São Paulo, v. 983, p. 223-261, set. 2017, p. 225; SCALZILLI; João Pedro; SPINELLI, Luis Felipe; TELLECHEA, Rodrigo. **Recuperação de empresas e falência**: teoria e prática na Lei 11.101/2005. 3. ed. São Paulo: Almedina, 2018, p. 430; WILLCOX, Victor. A cláusula resolutiva expressa ipso facto e a crise da empresa: parâmetros para exame da legitimidade da resolução do contrato em caso de insolvência do contratante. **Revista Brasileira de Direito Civil**, Belo Horizonte, v. 13, p. 197-215, jul./set. 2017, p. 198.

acessória[202], estando seu suporte fático relacionado única e exclusivamente com a concretização de um risco de insolvência[203]. Vale dizer, mesmo que a empresa recuperanda estivesse adimplente e cumprindo regularmente com todas as obrigações do contrato, o simples fato de requerer o início da recuperação judicial preencheria o suporte fático da cláusula *ipso facto,* conferindo à contraparte *in bonis* o direito de terminar antecipadamente o programa contratual.

No que se refere à qualificação jurídica da cláusula *ipso facto,* identifica-se que a doutrina pátria a enquadra em duas possíveis molduras. De um lado, parte da doutrina qualifica a *ipso facto* como uma *condição resolutiva,* atraindo a incidência dos arts. 127 e 128 do Código Civil. Sendo a insolvência qualificada como um evento futuro e incerto, a simples propositura do pedido de recuperação judicial representaria a implementação de uma condição resolutiva. Por consequência, os efeitos da *ipso facto* ocorreriam automaticamente para fins de extinção do vínculo contratual[204]. Assim,

[202] A característica da acessoriedade carrega duas consequências jurídicas importantes, quais sejam: *(i)* sendo acessória, a cláusula *ipso facto* poderia ser pactuada no mesmo ato de celebração do negócio principal ou em momento posterior; *(ii)* todo e qualquer vício da cláusula *ipso facto* não contamina o negócio como um todo. Sobre o tema, vide: TERRA, Aline de Miranda Valverde. **Cláusula resolutiva expressa**. Belo Horizonte: Fórum, 2017, p. 59, 67-68.

[203] Como cláusula-padrão em diversos tipos de contrato, a cláusula *ipso facto* é usualmente redigida por meio da listagem de todas as hipóteses de insolvência que ensejariam o término antecipado do contrato, entre as quais o pedido (ou a decretação) da falência, o pedido (ou o processamento) da recuperação judicial e o pedido de homologação de recuperação extrajudicial. Ademais, nos contratos de financiamento, a incidência da cláusula *ipso facto* muito frequentemente não se restringe a situações de insolvência judicialmente declaradas, abrangendo também a quebra de *covenants* financeiros, exemplificativamente ausência de caixa mínimo e o indicador da dívida líquida sobre o EBITDA (Lucros antes de juros, impostos, depreciação e amortização).

[204] "A condição resolutiva, estando vinculada a evento futuro e incerto decorrente da vontade das partes, ao ser implementada opera de pleno direito, nada criando ou permitindo: *extingue, desde seu implemento,* os efeitos provenientes do contrato, salvo os expressamente resguardados pela lei (art. 128, segunda parte). Assim, enquanto na primeira, a extinção da relação jurídica poderá depender do exercício do direito de resolução por intermédio de declaração de vontade recepcionada pelo outro figurante, na segunda, não há essa possibilidade. A extinção da eficácia provém, automaticamente, do implemento da condição, operando inclusive independentemente de conhecimento dos figurantes (conferir em: PONTES DE MIRANDA, Francisco Cavalcanti. **Tratado de Direito Privado**. t. XXXVIII. 3. ed. São Paulo: Revista dos Tribunais, 1984, § 4.247, 2, p. 337, e, ainda, Tomo XXV, § 3.088, 1, p. 319; [...])". (MARTINS-COSTA,

tão logo publicizado o pedido de recuperação, não haveria sequer a necessidade de nova declaração de vontade pela contraparte *in bonis* para pôr término ao contrato[205]. Vale ressaltar, contudo, que, na prática comercial, a cláusula *ipso facto* tende a não ser formatada como uma *condição resolutiva*, pois é usual que se deixe ao critério da contraparte a decisão de extinguir, ou não, o contrato em curso.

Outra parte da doutrina enquadra a cláusula *ipso facto* no plano do inadimplemento contratual, qualificando-a como *cláusula resolutiva expressa*[206], nos termos do art. 474 do Código Civil. Por meio da pactuação de uma cláusula resolutiva expressa (também dita "resolução convencional"), os contratantes previamente demarcam os fatos que ensejam o nascimento de um direito formativo extintivo de resolução contratual, que poderá ser exercido por declaração de vontade do titular desse direito[207]. Com o objetivo de examinar a adequação da *ipso facto* ao conceito de cláusula resolutiva expressa, serão brevemente delineadas as características desta modalidade resolutiva.

A cláusula resolutiva expressa tem como fonte e fundamento a autonomia privada[208-209], sendo admitido que as partes elejam e regulem as

Judith. **A boa-fé no direito privado**: critérios para sua aplicação. 2. ed. São Paulo: Saraiva, 2018, p. 750, nota 371).

205 Desenvolvendo a distinção entre *condição resolutiva* e *cláusula resolutiva expressa* no âmbito da insolvência, vide: FERNANDES, Micaela Barros Barcelos. Distinção entre condição resolutiva e a cláusula resolutiva expressa: repercussões na falência e na recuperação judicial. **Revista Brasileira de Direito Civil**, Belo Horizonte, v. 20, p. 183-207, abr./jun. 2019.

206 Na definição de Aline de Miranda Valverde Terra, o conceito de *cláusula resolutiva expressa* contempla "eventos já alocados pela lei entre as partes e cujos efeitos se busca alterar, eventos inerentes ao contrato – inexecuções de obrigações que conduzem ao inadimplemento absoluto e vício redibitório – ou a ele internalizado pela autonomia privada dos contratantes – caso fortuito e força maior" (TERRA, Aline de Miranda Valverde. **Cláusula resolutiva expressa**. Belo Horizonte: Fórum, 2017, p. 70).

207 MARTINS-COSTA, Judith. **A boa-fé no direito privado**: critérios para sua aplicação. 2. ed. São Paulo: Saraiva, 2018, p. 750.

208 TERRA, Aline de Miranda Valverde. **Cláusula resolutiva expressa**. Belo Horizonte: Fórum, 2017, p. 49.

209 Antunes Varela afirma que a autonomia privada "atribui aos contraentes o poder de fixarem, em termos vinculativos, a disciplina que mais convém à sua relação jurídica" (ANTUNES VARELA, João de Matos. **Das obrigações em geral**. v. I. 10. ed. Coimbra: Almedina, 2000, p. 226). Judith Martins-Costa, por sua vez, observa que "a autonomia privada: (i) constitui o *fundamento* da ação jurídica-privada e (ii) traduz uma *fonte* de poder normativo, pelo qual

hipóteses de extinção antecipada do vínculo contratual. Como instrumento de previsibilidade jurídica, a cláusula resolutiva expressa desempenha uma dupla-função: *(i)* acelerar os trâmites para a resolução do contrato, uma vez que a invocação extrajudicial da cláusula é suficiente para operar de pleno direito seus efeitos desconstitutivos, sem que haja a necessidade de interpelação judicial; e *(ii)* predeterminar, com o máximo de certeza jurídica, quais os incumprimentos que justificam a extinção antecipada do programa contratual[210]. Assim, busca-se evitar zonas cinzentas – e naturalmente férteis em controvérsias – a respeito da execução contratual como, por exemplo, aquelas envolvendo a violação de "obrigação essencial" ou a caracterização de inadimplemento antecipado[211].

se formam e são criados os negócios jurídicos, atos pelos quais os particulares exercitam sua liberdade de decisão e de escolha na regulação dos próprios interesses" (MARTINS-COSTA, Judith. **A boa-fé no direito privado**: critérios para sua aplicação. 2. ed. São Paulo: Saraiva, 2018, p. 248-249).

210 A identificação da dupla-funcionalidade da "resolução convencional" baseia-se no trabalho de: OLIVEIRA, Ana Perestrelo de; OLIVEIRA, Madalena Perestrelo de. **Incumprimento resolutório**: uma introdução. Coimbra: Almedina, 2019, p. 113-114 ("As cláusulas de resolução visam, tipicamente, a dupla função de acelerar o procedimento de resolução do contrato e de predeterminar o incumprimento que justifica a cessação. São, no fundo, parâmetros para conferir aos operadores económicos a possibilidade de conhecerem *ex ante* com certo grau de segurança o incumprimento que pode ser considerado grave, tendo em conta a natureza elástica dos conceitos na matéria em análise, suscetível de deixar ampla margem de discricionariedade na apreciação concreta da inexatidão quantitativa, qualitativa ou temporal do incumprimento"). No mesmo sentido, afirmando que a cláusula resolutiva expressa proporciona ao titular do direito formativo extintivo a vantagem de uma "dupla economia, de tempo e de custos", vide: GARCIA, Rebeca. Cláusula resolutiva expressa: análise crítica de sua eficácia. **Revista de Direito Privado**, São Paulo, v. 14, p. 67-103, out./dez. 2013, p. 86.

211 Em perspectiva comparada, é interessante notar que, na tradição do *common law*, um dos argumentos favoráveis à validade da cláusula *ipso facto* é justamente para se evitar o alto custo de litigiosidade e complexidade jurídica decorrente de discussões sobre a "doutrina da violação antecipada do contrato" (*doctrine of anticipatory breach*). Sobre o ponto, vide: WANG, Bingdao. National report for Singapore. *In*: CHUAH, Jason; VACCARI, Eugenio (Ed.). **Executory contracts in insolvency law**: a global guide. Cheltenham: Edward Elgar Publishing, 2019, p. 561-583, p. 576-577 ("A further argument against restricting the enforcement of *ipso facto* clauses is that if the innocent parties do not have any corresponding right to terminate, the performing party could only rely on the doctrine of anticipatory breach to terminate the contract, which could lead to increase in litigation and legal complexity.

Por mais que existam similaridades, entende-se que há uma diferença fundamental que separa a cláusula *ipso facto* de uma cláusula resolutiva expressa. Na cláusula resolutiva expressa, o suporte fático vincula-se a um evento que afeta negativamente o interesse à prestação, tornando-a inútil ou impossível. Conforme aponta Aline de Miranda Valverde Terra, os riscos passíveis de servir de suporte fático à cláusula resolutiva expressa "são aqueles cuja verificação conduza à disfuncionalização da relação obrigacional, ou, dito de outro modo, à incapacidade de o vínculo jurídico promover a função econômico-individual para a qual foi concebido"[212]. Na cláusula *ipso facto*, o suporte fático está vinculado estritamente à materialização do risco de insolvência, isto é, a causa extintiva liga-se unicamente à abertura de um processo de insolvência decorrente da crise econômico-financeira de uma das partes contratantes. O único descumprimento imputável à empresa recuperanda seria o do "dever lateral de se manter solvente", uma vez que a hipótese de incidência da *ipso facto* toma como pressuposto que as obrigações do programa contratual estão sendo devidamente cumpridas.

Para a delimitação conceitual da cláusula *ipso facto*, é de suma importância a distinção entre "insolvência" e "inadimplemento"[213]. A insolvência não implica *per se* um rompimento automático e objetivo do sinalagma contratual, nem torna inútil ou impossível a prestação. Sob a perspectiva da empresa em crise, o interesse na continuidade de um contrato pode não apenas subsistir, mas também ser potencializado após o início da recuperação judicial. Isso porque, por conta do início da recuperação judicial, a devedora pode ter grandes dificuldades para encontrar novos parceiros

It has been recognised that establishing the claim of anticipatory breach can be far from straightforward").

[212] TERRA, Aline de Miranda Valverde. **Cláusula resolutiva expressa**. Belo Horizonte: Fórum, 2017, p. 86. No mesmo sentido, RAQUEL SALLES afirma que o principal fundamento da cláusula resolutiva expressa é "a frustração dos interesses que levaram à contratação, com a quebra do sinalagma funcional", ressaltando que "a função precípua da cláusula não é propriamente a de sancionar o contratante faltoso, mas, sim, a de viabilizar a rápida liberação do vínculo quando o resultado útil programado já não se revele viável". (SALLES, Raquel Bellini de Oliveira. **A autotutela pelo inadimplemento nas relações contratuais**. 2011. 258 f. Tese (Doutorado em Direito) – Faculdade de Direito, Universidade do Estado do Rio de Janeiro, Rio de Janeiro, 2011, p. 200).

[213] Conforme pontos trazidos na parte inicial do Capítulo 1, acima.

contratuais. Exemplificativamente, para uma empresa recuperanda do setor varejista, com lojas em diversos *shopping centers*, o interesse na continuidade das locações comerciais pode restar potencializado justamente por saber das dificuldades que encontraria para ocupar espaços em outros *shopping centers* caso fossem antecipadamente extintos os contratos ora vigentes. Em síntese, a empresa em recuperação judicial – embora esteja vivenciando uma situação manifesta de crise – pode ter pleno interesse em continuar adimplindo regularmente os contratos necessários para a manutenção do seu processo produtivo. Para os contratos bilaterais, a recuperação judicial não pode significar uma *capitis diminutio* capaz de restringir ou excluir a capacidade de a empresa em crise interagir economicamente.

Nessa investigação sobre o enquadramento jurídico da *ipso facto*, duas conclusões parciais emergem. *A uma*, a *ipso facto*, via de regra, não é formatada como *condição resolutiva*, pois as partes contratantes normalmente pactuam a *ipso facto* conferindo à contraparte *in bonis* o direito de optar, ou não, pela extinção antecipada do contrato após a constatação de um evento de insolvência. *A duas*, a *ipso facto* distingue-se de uma cláusula resolutiva expressa, uma vez que o suporte fático desta está vinculado a uma hipótese de inadimplemento de uma prestação contratual, enquanto a *fattispecie* daquela está subordinada à materialização do risco de insolvência (cujo evento consiste na abertura de um procedimento concursal).

Em atenção a essas distinções, é de utilidade conceituar a *ipso facto* como uma cláusula autônoma e acessória de *denúncia contratual*[214], a qual confere à contraparte *in bonis* um direito formativo extintivo para encerrar a relação jurídica obrigacional em virtude unicamente do início do procedimento de recuperação judicial pela devedora. Com base neste *tertium genus*, concebe-se que o tipo-ideal da *ipso facto* não tem efeito automático, nem pressupõe um evento de inadimplemento vinculado

[214] Para a distinção conceitual entre resilição e denúncia, vide: PONTES DE MIRANDA, Francisco Cavalcanti. **Tratado de Direito Privado**. t. XXV. 3. ed. São Paulo: Revista dos Tribunais, 1984, § 3.084, p. 301-302. No mesmo sentido: HAICAL, Gustavo. Apontamentos sobre o direito formativo extintivo de denúncia no contrato de agência. *In*: MARTINS-COSTA, Judith (Org.). **Modelos de Direito Privado**. São Paulo: Marcial Pons, 2014, p. 294-331, p. 309--313; MARTINS-COSTA, Judith. **A boa-fé no direito privado**: critérios para sua aplicação. 2. ed. São Paulo: Saraiva, 2018, p. 729.

aos deveres de prestação contratual. Configura, sim, um direito formativo extintivo que se encontra subordinado à efetiva constatação do início de um procedimento de insolvência de uma das partes. A fim de que sejam demarcadas as características próprias da *ipso facto*, neste trabalho será utilizada unicamente a expressão "cláusula *ipso facto*", para diferenciá-la em substância dos conceitos de *condição resolutiva* e de *cláusula resolutiva expressa*.

Sob uma perspectiva funcional, a cláusula *ipso facto* constitui para a contraparte *in bonis* um mecanismo de saída da relação contratual a preço-zero[215], na hipótese de se configurar um evento de insolvência da empresa devedora. A regulação do risco de insolvência por meio da *ipso facto* representa, em substância, uma declaração de vontade das contratantes no sentido de que a recuperação judicial é evento de consequências suficientemente negativas para justificar a possibilidade de cessação do contrato pela contraparte. Assim, no momento da formação do consentimento, a *ipso facto* configura uma promessa mútua de que o pedido de recuperação judicial (dentre outras hipóteses de externalização da crise econômico-financeira de qualquer das partes) autorizará o término antecipado do programa contratual.

Diante de uma situação indesejável de crise econômico-financeira da devedora (seja por falta de liquidez, seja por insuficiência patrimonial), a cláusula *ipso fato* busca introduzir previsibilidade e certeza jurídica sobre qual será o futuro do contrato[216]. Para tanto, tal cláusula oferece à contraparte um remédio emergencial que permite o desfazimento do vínculo contratual de maneira imediata e de pleno direito.

[215] CHE, Yeon-Koo; SCHWARTZ, Alan. Section 365, mandatory bankruptcy rules and inefficient continuance. **Journal of Law, Economics, and Organization**. v. 15, n. 2, p. 441-467, July 1999, p. 441. No mesmo sentido: KIRSCHBAUM, Deborah. Cláusula resolutiva expressa por insolvência nos contratos empresariais: uma análise jurídico-econômica. **Revista Direito GV**, São Paulo, v. 2, n. 1, p. 37-54, jan./jun. 2006, p. 41.

[216] Sobre a função de previsibilidade da cláusula *ipso facto* para as partes contratantes, vide a seguinte observação de Philip R. Wood: "[Ipso Facto clauses] introduce predictability as to whether a party may terminate without having to rely on vague notions of contract breach or anticipatory repudiation and to recognize the fact that an insolvent will be able to perform" (WOOD, Philip R. **Principles of international insolvency**. London: Sweet & Maxwell, 2007, p. 429).

Ao mesmo tempo em que oportuniza um mecanismo de saída expedito e sem a necessidade de intervenção do órgão julgador competente, a *ipso facto* confere à contraparte a prerrogativa de optar pela manutenção do contrato quando tiver indícios suficientes de que a devedora terá capacidade de adimplir com suas obrigações contratuais mesmo com o processamento da recuperação judicial. Vale dizer, poderá ser conveniente à contraparte *in bonis* não invocar a cláusula *ipso facto* quando for possível antecipar, com segurança, que não haverá risco de inadimplemento por parte da devedora. Relembrando a imagem construída por Pedro Souza Macedo, mesmo diante das inevitáveis intempéries enfrentadas em uma recuperação judicial, a contraparte pode estimar objetivamente que haveria uma baixa probabilidade de "relâmpagos" no contexto individual de sua relação contratual com a empresa recuperanda[217].

Em linguagem figurada, avalia-se que a cláusula *ipso facto* serve substancialmente como uma "saída de emergência" em benefício da contraparte[218]. Com a inserção da *ipso facto* no contrato, a contraparte sabe antecipadamente que – em caso de recuperação judicial da devedora – poderá utilizar essa porta de saída para desconstituir o vínculo contratual e, consequentemente, exonerar-se das prestações que estiverem pendentes de cumprimento ao tempo da recuperação judicial.

Em face do risco de extinção antecipada da relação contratual pela incidência da *ipso facto*, Che e Schwartz[219] afirmam que a inserção de tal

[217] MACEDO, Pedro Souza. **Manual de direito das falências**. v. I. Coimbra: Almedina, 1964, p. 218.

[218] Em trabalho pioneiro sobre a cláusula *ipso facto* na doutrina concursal brasileira, Deborah Kirschbaum utiliza a expressão "mecanismo de blindagem contra os efeitos da insolvência" ao tratar da cláusula *ipso facto* (KIRSCHBAUM, Deborah. Cláusula resolutiva expressa por insolvência nos contratos empresariais: uma análise jurídico-econômica. **Revista Direito GV**, São Paulo, v. 2, n. 1, p. 37-54, jan./jun. 2006, p. 48). Todavia, cumpre ressaltar que neste trabalho optou-se pela expressão "saída de emergência" no lugar de "blindagem", pois a invocação da cláusula *ipso facto* não significa que a contraparte esteja imunizada de potenciais danos que possam vir a ocorrer em decorrência da extinção antecipada do contrato.

[219] CHE, Yeon-Koo; SCHWARTZ, Alan. Section 365, mandatory bankruptcy rules and inefficient continuance. **Journal of Law, Economics, and Organization**. v. 15, n. 2, p. 441-467, July 1999.

cláusula também criaria incentivos concretos para que ambas as partes viessem a empregar os melhores esforços na condução de suas atividades empresariais para se manterem solventes ao longo da execução do contrato. Graficamente, a *ipso facto* teria a função de uma "espada de Dâmocles" a pender sobre as cabeças das partes durante a vigência do contrato. Por conter uma promessa implícita de melhores esforços, a formulação da *ipso facto* estimularia as partes a atuarem com os máximos cuidado e diligência, prevenindo, assim, a configuração de um evento de insolvência – e evitando, por via reflexa, o efeito resolutório da recuperação judicial sobre o contrato[220].

No entanto, ocorre que as duas funções acima analisadas da cláusula *ipso facto* (*i.e.*, mecanismo de saída a preço-zero e incentivo concreto para que as partes se mantenham solventes) não têm *efeito neutro* em um cenário de crise empresarial. Pelo contrário, verifica-se que ambas as funções podem trazer consequências devastadoras no âmbito da recuperação judicial.

[220] Em atenção às condicionantes do regime concursal no Brasil, avalia-se que o argumento da *ipso facto* como elemento indutor de um maior comprometimento da devedora para com seus negócios tem um poder explicativo reduzido, uma vez que qualquer agente econômico brasileiro tem incentivos mais contundentes do que a eficácia *ipso facto* para buscar a mitigação dos riscos atrelados a uma situação de crise econômico-financeira. Nesse contexto, podem ser elencadas duas categorias de incentivos que seriam suficientemente capazes de balizar uma conduta comprometida e diligente da devedora em favor do êxito dos seus investimentos, especificamente. Sobre a primeira categoria de incentivos, vale referir os custos reputacionais e processuais de uma situação de crise empresarial. Neste sentido, Deborah Kirschbaum faz interessante observação sobre a influência da dinâmica dos "mundos-pequenos" do capitalismo de laços brasileiro para o agravamento do estigma da insolvência: "os custos reputacionais suportados pelos gestores de empresas malsucedidas não são desprezíveis, particularmente em mercados como o brasileiro, em que as redes sociais das quais participam tais indivíduos são estreitas o bastante para que o insucesso não passa desapercebido, o que sugere que tais custos sejam computados pelo próprio agente no seu processo decisório" (KIRSCHBAUM, Deborah. Cláusula resolutiva expressa por insolvência nos contratos empresariais: uma análise jurídico-econômica. **Revista Direito GV**, São Paulo, v. 2, n. 1, p. 37-54, jan./jun. 2006, p. 47). Sobre a segunda categoria, devem ser considerados os riscos atinentes ao atingimento da esfera patrimonial dos sócios da devedora, quando do insucesso empresarial, pela possibilidade de flexibilização da regra de responsabilidade limitada nas decisões do Poder Judiciário (vide: SALAMA, Bruno M. **O Fim da Responsabilidade Limitada no Brasil**. São Paulo: Malheiros, 2014).

Em uma correlação negativa, a utilização da "saída de emergência" da cláusula *ipso facto* pode resultar no término antecipado de um contrato indispensável à preservação da empresa, provocando uma dilapidação intempestiva do conjunto patrimonial da devedora e prejudicando, por sua vez, o interesse coletivo do concurso de credores e das demais partes afetadas pela situação de crise empresarial. Exemplificativamente, em um cenário de recuperação judicial de uma empresa de vestuários esportivos em que 30% (trinta por cento) do faturamento advenha de vendas no *e-commerce*, a invocação da *ipso facto* pela contraparte (provedora do software do *e-commmerce*) pode inviabilizar a possibilidade de superação da crise empresarial – seja pela sensível diminuição da capacidade de geração de caixa, seja pela própria deterioração do *going concern value* da empresa recuperanda.

Como efeito reverso da função de "incentivo a se manter solvente", a perspectiva de uma invocação seriada da cláusula *ipso facto* por diversos parceiros contratuais pode repercutir negativamente no processo de tomada de decisão da devedora sobre a iniciativa de formular, ou não, o pedido de recuperação judicial. Em uma situação de fragilidade patrimonial e de escassez de recursos, a possibilidade de uma extinção em cadeia de contratos essenciais pode gerar um "efeito paralisante" na devedora, repercutindo na adoção de um comportamento negativo[221] de procrastinação do pedido de recuperação judicial. Em linha com as palavras de Eros Roberto Grau, admitir o ingresso da cláusula *ipso facto* no mundo jurídico seria equivalente "a conferir validade ao enunciado de regra em virtude da qual o paciente se obrigasse a não ingerir a droga apropriada para o combate a determinada moléstia, caso a contraísse"[222].

[221] Ainda na vigência do regime da concordata no Decreto-lei 7.661/45, Eros Roberto Grau, ao analisar a incompatibilidade da cláusula de vencimento antecipado com o regime da concordata, fez o seguinte apontamento sobre o risco de um *comportamento negativo* do devedor: "seria de todo absurdo concebermos se possa divisar na concordata um objeto em relação ao qual se imponha comportamento negativo ao devedor, no sentido de que este se obrigasse a não requerê-la." (GRAU, Eros Roberto. Concordata: garantia por fiança e vencimento antecipado das obrigações. **Revista dos Tribunais**, São Paulo, v. 622, p. 16-22, ago. 1987, p. 21).

[222] GRAU, Eros Roberto. Concordata: garantia por fiança e vencimento antecipado das obrigações. **Revista dos Tribunais**, São Paulo, v. 622, p. 16-22, ago. 1987, p. 21.

Nesse contexto, verifica-se que a ameaça de invocação da *ipso facto* pode ter efeitos deletérios sobre o *timing* da recuperação judicial[223], correndo-se o risco de haver um retardamento da distribuição do pedido até um momento em que a situação de crise empresarial seja irreversível[224].

Na jurisprudência, é interessante notar que o pedido de recuperação judicial do *Grupo OI* demonstra claramente que a "sombra" da cláusula *ipso facto* é um fator de enorme preocupação para a devedora no momento de início do procedimento recuperacional. O *Grupo OI* – ao explicitar a imperiosa necessidade de manutenção dos contratos vigentes para a regular continuidade de suas atividades durante a recuperação judicial – requereu, em tutela de urgência, "a suspensão da eficácia das cláusulas contratuais que preveem o ajuizamento de recuperação judicial como causa de rescisão do contrato". Frente a esse pedido, o Juízo Recuperacional determinou expressamente a "suspensão da eficácia da cláusula ipso facto, em consideração ao pedido de recuperação, inserida em todos os contratos firmados pelas devedoras [do *Grupo OI*]"[225].

223 Sobre o "*timing problem*", vide: JACKSON, Thomas H. **The logic and limits of bankruptcy law**. Cambridge: Harvard University Press, 1986, p. 193-208.

224 Em perspectiva comparada, é interessante notar que – nos debates sobre a nova legislação concursal de Cingapura – foi reconhecido que o "banimento da *ipso facto*" poderia representar um incentivo concreto para que a empresa em crise não deixasse para iniciar o procedimento de reorganização "aos 45 do segundo tempo", *in verbis*: "*It also has been suggested that one of the main reasons why many rescue proceedings fail in Singapore is the lack of incentives for company directors to attempt formal proceedings until the 11th hour. The ILRC therefore argued that, should ipso facto clauses be banned, key contracts could not be terminated by counterparties, 'ransom' negotiations would not take place and distressed companies would be more willing to initiate rescue proceedings at an early stage*" (WANG, Bingdao. National report for Singapore. *In*: CHUAH, Jason; VACCARI, Eugenio (Ed.). **Executory contracts in insolvency law**: a global guide. Cheltenham: Edward Elgar Publishing, 2019, p. 561-583, p. 574).

225 Na decisão de deferimento da Recuperação Judicial, o Juízo Recuperacional do *Grupo OI* utilizou os seguintes fundamentos para suspender a eficácia da *ipso facto*: *(i)* a função social do contrato, entendendo que a aplicabilidade da cláusula *ipso facto* causaria danos desproporcionais; e *(ii)* o princípio da preservação da atividade econômica produtiva, *in verbis*: "Interpretar a validade e eficácia da cláusula, apenas pela rigidez da ótica civilista, é seguir em sentido oposto, e violaria flagrantemente o espírito do legislador ao editar a lei de recuperação judicial, e colocaria em risco não só o sucesso da salvaguarda das empresas, como, em última análise, o interesse dos consumidores que sub-repticiamente ficariam alijados de serviços de natureza essencial e continua. Na frente da evolução do direito falimentar está a preservação da atividade econômica produtiva, e, sobretudo à tão decantada função social, de modo a

Além de evidenciar que o tema da *ipso facto* tem ressonância significativa nos atos de preparação do pedido de recuperação judicial, a concessão da tutela de urgência no Caso *Grupo OI* joga luz sobre duas importantes questões relativas ao tratamento dos contratos na recuperação judicial. Primeiramente, a referida decisão traz à tona o fato de que a manutenção da "rede de contratos" pode ser essencial para a regular continuidade das atividades empresárias da devedora. E, sendo a *ipso facto* cláusula amplamente difundida nos contratos comerciais, emerge também a questão de que a insegurança da devedora sobre um potencial "efeito dominó" na invocação da *ipso facto* pode contribuir para uma protelação da distribuição do pedido, colocando em xeque o próprio êxito do processo de reorganização.

Em vista do vácuo normativo existente na LRE em relação à *ipso facto*, observa-se que atualmente a devedora ingressa com o pedido de recuperação judicial sem saber quais serão as consequências deste pedido sobre os contratos em curso. A devedora tem fundado receio de que a distribuição do pedido possa resultar em um agravamento da situação de crise econômico-financeira, justamente por conta do risco de invocação seriada da *ipso facto*. Não por outro motivo, os mecanismos de tutela de urgência – seja para afastar a incidência da *ipso facto*, seja para garantir a continuidade das prestações contratuais durante a recuperação judicial – indicam que hoje cabe ao Poder Judiciário oferecer respostas às omissões e às incertezas normativas da LRE sobre o tema. Nota-se que o casuísmo jurisprudencial busca evitar que a recuperação judicial – ao invés de ser um instrumento de *respiro* para a reorganização do passivo da empresa em crise – venha a criar disfuncionalmente um *sufoco adicional* em razão da invocação da *ipso facto*.

acompanhar flexibilização da rigidez do antigo conceito pragmático civilista, quando da promulgação da CRFB/88, quando se inaugurou uma nova ordem jurídica no país, passando a proteger interesses para além da esfera individualista. Com efeito, a simples distribuição do pedido de recuperação judicial por si só não pode ser motivo ensejador a resolver o contrato, pois estaríamos a presumir a "exceptio non adimpleti contractus", conferindo autonomia privada poderes tais, ao ponto de se sobrepor ao bem coletivo. Conclui-se, portanto, a se manter a eficácia da cláusula resolutiva no âmbito falimentar/recuperacão, não se estará pondo em observância a função social dos contratos, princípio limitador da autonomia privada" (TJRJ. 7ª Vara Empresarial da Capital. Processo 0203711-65.2016.8.19.0001. Juiz Titular Fernando Cesar Ferreira Viana. J. em 29/06/2016).

Em atenção ao conceito e às repercussões da cláusula *ipso facto* na fase inicial do procedimento recuperacional, serão examinados os fundamentos para a (in)validade da cláusula *ipso facto*. Para tanto, objetiva-se analisar dialeticamente os "argumentos favoráveis" e os "argumentos desfavoráveis" à validade da cláusula *ipso facto*, em atenção ao conjunto de regras e princípios que incidem de modo cogente no contexto excepcional e coletivo da recuperação judicial.

3.2. Cláusula *ipso facto*: exame de validade

Em influente estudo do Fundo Monetário Internacional de 1999 que formulou recomendações para uma regulação eficiente dos procedimentos de insolvência, está contida a seguinte observação: "se um país não estabelecer a nulidade das cláusulas contratuais de extinção antecipada vinculadas ao início de um procedimento de reorganização, a reabilitação da empresa em crise ficará mais difícil caso esses contratos sejam essenciais"[226]-[227]. Muito embora este estudo do FMI tenha sido uma relevante fonte de referências na tramitação legislativa que concebeu o texto original da LRE, é possível verificar que essa específica recomendação não foi levada em consideração pelo legislador, ao se constatar que o regime da recuperação judicial não contempla regra expressa sobre o tratamento da *ipso facto*.

Sem regular diretamente a cláusula *ipso facto*, a LRE se limitou a afirmar genericamente que "as obrigações anteriores à recuperação judicial observarão as condições originalmente contratadas ou definidas em lei, inclusive no que diz respeito aos encargos, salvo se de modo diverso ficar estabelecido no plano de recuperação judicial" (art. 49, § 2º). Diferentemente do regime da falência na LRE e do antigo regime da concordata no Decreto-lei 7.661/45, o regime da recuperação judicial não

[226] LEGAL DEPARTMENT INTERNATIONAL MONETARY FUND. Orderly & Effective Insolvency Procedures: Key Issues, 1999.

[227] Em perspectiva histórica, vale notar que – nos trabalhos preparatórios do *Bankruptcy Code* em 1977 – o relatório da Câmara dos Representantes que resultou na positivação da *Section 365(e)(1)(A)* do Chapter 11 já ressaltava que a incidência da cláusula *ipso facto* frequentemente dificultava a capacidade de recuperação das empresas em crise: *"These clauses, protected under current law, permit the other contracting party to terminate the contract in the event of bankruptcy. This frequently hampers rehabilitation efforts. If the trustee may assume the contract, the contract may be utilized to assist in the debtor's rehabilitation or liquidation"* (UNITED STATES OF AMERICA. **House Report 95-595**. Committee House Judiciary. Representative Don Edwards, 07/11/1977).

contém uma regra similar ao art. 117 da LRE ou ao art. 165 do Decreto-lei 7.661/45 a estabelecer expressamente que "o pedido de recuperação judicial não resolve os contratos bilaterais"[228].

Em decorrência desse vácuo normativo no tratamento da cláusula *ipso facto*, a construção de soluções jurídicas está a cargo da doutrina e da jurisprudência[229], sendo identificável uma nítida polarização entre os que defendem a validade da *ipso facto* e aqueles que sustentam sua nulidade. Diante dessa divisão, o objetivo deste **item 3.2** é analisar criticamente as tipologias argumentativas sobre a cláusula *ipso facto*, a fim de se responder a seguinte pergunta: a cláusula *ipso facto* é compatível com a estrutura normativa do regime da recuperação judicial?

3.2.1. Fundamentos jurídicos pela validade da cláusula *ipso facto*

No que se refere ao posicionamento favorável à validade da cláusula *ipso facto*, são identificadas duas correntes doutrinárias: *(i)* parte da doutrina considera que a *ipso facto* é válida e eficaz, devendo ser tratada como um legítimo produto da autonomia privada; *(ii)* outro segmento da doutrina sustenta que a *ipso facto* deve ser considerada válida, porém sua eficácia pode ser suspensa a depender do caso concreto, com base em uma ponderação de princípios colidentes.

No âmbito da primeira corrente doutrinária favorável à validade da *ipso facto*, sustenta-se que a *ipso facto* preencheria todos os requisitos de validade de um negócio jurídico, devendo ser reconhecida como um produto da autonomia privada e da liberdade contratual. Na mesma medida em que o ordenamento jurídico confere às partes o poder para regularem seus interesses patrimoniais na fase de formação do contrato, defende-se que as partes teriam igualmente o poder jurídico de – no legítimo exercício

[228] Tratando da ausência na LRE de regra similar ao art. 165 do Decreto-lei 7.661/45, vide: SACRAMONE, Marcelo Barbosa; PIVA, Fernanda Neves. Créditos vencidos e vincendos na recuperação judicial: o negócio jurídico sob condição suspensiva e o contrato bilateral. *In*: WAISBERG, Ivo; RIBEIRO, Jose Horácio Halfeld Rezende (Org.). **Temas de direito da insolvência**: estudos em homenagem ao professor Manoel Justino Bezerra Filho. São Paulo: IASP, 2017, p. 589-607.

[229] Vide SOUZA JÚNIOR, Francisco Satiro de; WANDERLEY, Eduardo G. National Report for Brazil. *In*: CHUAH, Jason; VACCARI, Eugenio (Ed.). **Executory contracts in insolvency law**: a global guide. Cheltenham: Edward Elgar Publishing, 2019, p. 94-118.

de sua autonomia privada – elegerem quais são as hipóteses de extinção do vínculo contratual.

Não havendo qualquer vedação expressa à pactuação do início da recuperação judicial como causa extintiva de um contrato, a cláusula *ipso facto* refletiria uma resposta antecipatória (e mutuamente consentida) para a regulação dos riscos de insolvência.

Nessa linha, ao interpretar o art. 117 da LRE, Fábio Ulhoa Coelho considera que a cláusula *ipso facto* é válida e eficaz, argumentando que nos contratos interempresariais a autonomia privada incidiria em grau máximo, bem como que as regras falimentares teriam natureza dispositiva e supletiva ("o direito falimentar, como capítulo do direito comercial, tem normas contratuais de natureza supletiva da vontade dos contratantes")[230]. Sérgio Campinho também sustenta a validade da *ipso facto*, admitindo que haja a extinção antecipada de contratos bilaterais com base unicamente na sobrevinda da insolvência de um dos contratantes[231].

[230] Cita-se o trecho completo da argumentação de Fábio Ulhoa Coelho sobre a validade e eficácia da cláusula *ipso facto* em caso de falência: "Atenção particular deve-se ter, no exame desse assunto, para a cláusula expressa de resolução por falência. Nos contratos interempresariais, costuma constar do instrumento a expressa previsão de rescisão na hipótese de falência de um ou qualquer dos contratantes. Se as partes pactuaram cláusula de rescisão por falência, esta é válida e eficaz, não podendo os órgãos da falência desrespeitá-la. O direito falimentar, como capítulo do direito comercial, tem normas contratuais de natureza supletiva da vontade dos contratantes; seus preceitos sobre obrigações contratuais só se aplicam se as partes não convencionaram diferentemente. Assim, o contrato se rescinde não por força do decreto judicial, mas pela vontade das partes contratantes, que o elegeram como causa rescisória do vínculo contratual." (COELHO, Fábio Ulhoa. **Comentários à Lei de falências e de recuperação de empresas**. 9. ed. São Paulo: Saraiva, 2013. *E-book*, p. 355).

[231] CAMPINHO, Sérgio. **Curso de direito comercial**: falência e recuperação de empresa. 8. ed. São Paulo: Saraiva, 2017, p. 325. De igual modo, Ana Cláudia Redecker defende ser válida e eficaz a *ipso facto*, uma vez que não haveria qualquer dispositivo no ordenamento jurídico brasileiro a proibir a inserção dessa cláusula: "A inserção de cláusula resolutiva expressa nos contratos bilaterais é bastante usual. Dentre os motivos para a resolução expressa está a sobrevinda Recuperação Judicial de um dos contratantes. Não há nenhum dispositivo no nosso ordenamento jurídico que vede aos contratantes se premunirem contra certas consequências da Recuperação Judicial, como a incerteza, a demora ou a dificuldade que esta produzirá relativamente à execução dos contratos." (REDECKER, Ana Cláudia. Recuperação de empresas: efeitos sobre os negócios e ações em curso. *In*: GARCIA, Ricardo Lupion (Org.). **10 anos da Lei de falências e recuperação judicial de empresas**: inovações, desafios e perspectivas. Porto Alegre: Editora Fi, 2016, p. 20-58, p. 55).

É interessante notar que, para sustentar a validade da *ipso facto*, os dois autores referidos no parágrafo acima – além de ressaltarem o caráter amplamente usual[232] dessa cláusula nos contratos comerciais – evocam o seguinte entendimento de Carvalho de Mendonça, que, ainda sob a égide do Decreto n. 2.044/1908, defendia que a *ipso facto* não ofenderia a ordem pública:

> "Não vemos, porém, razões que vedem os contratantes a se premunirem contra certas consequências da falência, como a incerteza, a demora ou a dificuldade que esta produzirá relativamente à execução dos contratos, ou, ainda, certos contratos *intuitu personae*, onde se atende especialmente à pessoa do contratante e à inconveniência de sua substituição pela massa falida ou por terceiro. Não há proibição de os contratantes estipularem, para o caso da superveniência da falência, a rescisão do contrato, antes de cumprido inteiramente. Não se dá ofensa a princípio algum de ordem pública"[233].

[232] Entende-se que o fato de a cláusula *ipso facto* estar incorporada aos usos e costumes dos contratos comerciais não tem o condão de convalidá-la. Antes o oposto: avalia-se que a reiterada utilização da cláusula *ipso facto* em diversas modalidades contratuais revela uma necessidade ainda maior de que seja feito um escrutínio atento e rigoroso no plano da validade do negócio jurídico, uma vez que a disseminação de cláusulas-padrão tem efeitos sistêmicos para a ordem jurídica como um todo. Na doutrina portuguesa, vide a seguinte observação de Joaquim de Souza Ribeiro: "Em absoluta sintonia com essa opção [de proteção da autonomia privada], o ordenamento abstém-se, em princípio, de qualquer controlo sobre o conteúdo dos contratos. E uma eventual estipulação inequitativa, no caso concreto, é inteiramente suportável pelo sistema, pois não põe em causa, na globalidade, a eficácia ordenadora dos padrões legais, que continuam a vigorar como o regime-regra, como o conteúdo normalizado da generalidade dos contratos. O mesmo já não acontece com as cláusulas contratuais gerais. A sua extensão aplicativa (que, em certos sectores, abarca todo o universo negocial) permite-lhes atingir, na efectiva *praxis* da contratação, uma projeção normativa idêntica à de uma regulamentação legal. É essa eficácia geneticamente inscrita e programada no próprio acto de predisposição, que justifica, em último termo, as novas e mais apertadas exigências do conteúdo destas cláusulas. A difusão quantitativa determina transformações de ordem qualitativa." (RIBEIRO, Joaquim de Souza. **Cláusulas contratuais gerais e o paradigma do contrato**. Universidade de Coimbra, 1990. 251 f. Dissertação (Pós-graduação em Ciências Jurídico-Empresariais). Faculdade de Direito, Universidade de Coimbra, Coimbra, 1990, p. 219-220).

[233] CARVALHO DE MENDONÇA, José Xavier. **Tratado de direito comercial brasileiro**. v. VII. 7. ed. Rio de Janeiro: Livraria Freitas Bastos, 1964, p. 460.

Como produto da autonomia privada, a cláusula *ipso facto* teria força obrigatória, sendo "lei entre as partes". Na dicção do art. 49, § 2º, da LRE, a *ipso facto* representaria uma "condição originalmente contratada" que deveria ser observada quando do início da recuperação judicial. Considerando que a hipótese de incidência da *ipso facto* é o próprio pedido de recuperação, verifica-se que o preenchimento de seu suporte fático ocorre em momento bastante anterior à própria apresentação do plano de recuperação. Dessa forma, caso se entenda que a *ipso facto* possa surtir efeitos desde o pedido de recuperação judicial, a sua invocação pela contraparte ainda nos primeiros dias do procedimento excluiria qualquer possibilidade de novação dessa cláusula por meio da aprovação do plano de recuperação. Vale dizer, quando houvesse a apreciação do plano de recuperação em assembleia geral de credores, o contrato com cláusula *ipso facto* já teria há muito se extinguido.

Diante da materialização do risco de insolvência, a cláusula *ipso facto* seria fonte de controlabilidade, previsibilidade e segurança para regular o comportamento dos contratantes. Ao estipularem o início da recuperação judicial como hipótese de extinção do contrato, ambas as partes sabem, recíproca e antecipadamente, que a "saída de emergência" da *ipso facto* estará disponível em caso de início de um procedimento de insolvência. Assim, é inquestionável que a situação de crise econômico-financeira – erigida ao patamar de causa de extinção antecipada do contrato – fora, efetivamente, objeto de uma expressa valoração, ao tempo da formação da vontade negocial.

Nesse sentido, nota-se que a tutela da confiança poderia servir de fundamento para a validade da *ipso facto*, pois cada parte, de forma livre e vinculativa, outorgou à outra um direito formativo extintivo, com a finalidade de proteção contra as incertezas e as dificuldades de execução do contrato após o início de um procedimento recuperacional. Ao associar diretamente a tutela da confiança com a autonomia privada, Antunes Varela afirma que "ao interesse da livre ordenação dos interesses recíprocos das partes sucede a necessidade de proteção da confiança de cada uma delas na validade do pacto firmado"[234].

[234] ANTUNES VARELA, João de Matos. **Das obrigações em geral**. 10. ed. Coimbra: Almedina, 2000, p. 234.

De antemão, discorda-se da solução dada por esta primeira corrente doutrinária, uma vez que o tratamento dos contratos bilaterais na recuperação judicial é determinado por normas imperativas e de ordem pública[235-236]. O fato de o Direito das Empresas em Crise ser um ramo

[235] No que diz respeito à classificação das normas jurídicas, é comum encontrar-se na doutrina a divisão entre, de um lado, (i) normas imperativas e (ii) supletivas, e, de outro, normas (i) de ordem pública e (ii) de ordem privada. As disposições *imperativas* (ou *cogentes*) têm como característica fundamental o fato de se imporem à vontade dos particulares, não deixando liberdade à vontade individual para que a regulação dos interesses envolvidos ocorra de modo diverso. As disposições *supletivas* (ou *dispositivas*), por sua vez, são aquelas que deixam margem de liberdade à regulação dos particulares, aplicando-se em caso de omissão na manifestação de vontade dos interessados. Já as disposições de *ordem pública* (ou de *interesse público*) são aquelas que dizem respeito a princípios fundamentais da organização social, e as disposições de *ordem privada* (ou de *interesse privado*), aquelas que se referem principalmente aos interesses particulares de indivíduos. Não há, contudo, unanimidade quanto as referidas classificações. Carlos Maximiliano, por exemplo, afirma que as disposições legais só se impõem indeclinavelmente aos particulares quando sejam, a um só tempo, imperativas e de ordem pública. Sabe-se, igualmente, que, tanto no direito público quanto no direito privado, há normas cogentes e normas não cogentes, em que pese seja no campo do direito privado que se encontrem normas dispositivas em maior abundância. Vitor Nunes Leal, por seu turno, vislumbra a questão de forma diversa. Afirma o autor que "não há utilidade prática na distinção entre normas de ordem pública e normas de ordem privada, pois a única distinção fértil para aplicação do direito, no terreno em que nos encontramos, é entre normas imperativas ou *cogentes* e normas supletivas. A noção de norma de ordem pública tem interesse apenas teórico, para a justificação da eficácia diversa que o legislador atribui à vontade dos particulares, negando-lhe efeito em matérias reputadas fundamentais para a organização social. E neste sentido teórico parece que a verdade jurídica está em identificar as normas imperativas com as de ordem pública, sem identificar estas últimas com o direito público". Por vezes, o próprio legislador manifesta-se expressamente acerca da imperatividade da norma. Contudo, nos casos em que não há pré-valoração legislativa sobre a imperatividade da norma, tal incumbência recairá, inevitavelmente, sobre a doutrina e a jurisprudência, que, mediante os adequados recursos hermenêuticos, reconhecerão, ou não, o caráter imperativo de determinada norma. (Vide: LEAL, Vitor Nunes. Classificação das normas jurídicas. **Revista de Direito Administrativo**, v. 2, n. 2, p. 931-948, 1945, p. 935-940; MAXIMILIANO, Carlos. **Hemenêutica e Aplicação do Direito**. 20. ed. Rio de Janeiro: Forense, 2011, p. 176-182).

[236] RIBEIRO, Marcia Carla Pereira; GALESKI JUNIOR, Irineu. **Teoria geral dos contratos**: contratos empresariais e análise econômica do direito. 2. ed. São Paulo: Revista dos Tribunais, 2015, p. 166-167 ("A natureza cogente das normas da Lei de Recuperação e de Falências, o regime processual imposto pela aplicação destas normas, a atuação do administrador judicial, do Ministério Público e do juiz nas relações negociais de uma empresa em dificuldade financeira, desvelam o caráter público da Lei."). Na mesma linha, Eduardo Secchi Munhoz, ao

do Direito Comercial não pode amparar o seguinte silogismo formulado por Fábio Ulhoa Coeho: "*se* for aplicável o direito comercial, *então* prevalece *tout court* a natureza supletiva da vontade dos contratantes". Nos regimes de insolvência, a autonomia privada não tem um *alcance desenfreado*. Pelo contrário, observa-se que, em um procedimento concursal, a autonomia privada deve ser necessariamente limitada, em atenção ao interesse público que congrega as partes que são, coletiva e diretamente, afetadas pela crise empresarial da devedora. Conforme ensina Antônio Junqueira de Azevedo, toda e qualquer declaração de vontade a que serão atribuídos efeitos jurídicos deve respeitar não apenas o interesse das partes contratantes, mas também o interesse de terceiros e de toda a ordem jurídica[237]. Na recuperação judicial, as relações jurídicas da devedora são descortinadas, ficando sujeitas ao escrutínio da coletividade de credores, do administrador judicial, do Ministério Público e do Juízo Recuperacional.

Em razão do caráter excepcional, cogente e coletivo do procedimento de recuperação judicial, também vale ressaltar que o princípio da obrigatoriedade do contrato é excepcionável. Na recuperação judicial, o *pacta sunt servanda* é substituído impositivamente pelo *princípio majoritário*,

tratar da preservação da empresa e dos diversos interesses com que lida o direito concursal, afirma que "a primeira diretriz a ser seguida, portanto, é que, além dos interesses do devedor, o direito da empresa em crise deve buscar uma organização eficiente de todos os demais interesses, centrando-se na busca da concretização do interesse público (...)" (MUNHOZ, Eduardo Secchi. Pressupostos da recuperação judicial. *In:* COELHO, Fábio Ulhoa (Coord.). **Tratado de Direito Comercial**: falência e recuperação de empresa e direito marítimo. v. 7. São Paulo: Saraiva, 2015, p. 163-180, p. 165).

[237] Sobre os *requisitos* para o ingresso de uma declaração de vontade no mundo jurídico, transcreve-se a magistral construção de ANTÔNIO JUNQUEIRA DE AZEVEDO ao explicar o plano da validade do negócio jurídico: "Entende-se perfeitamente que o ordenamento jurídico, uma vez que autoriza a parte, ou as partes, a emitir declaração de vontade, *à qual serão atribuídos efeitos jurídicos de acordo com o que foi manifestado como querido,* procure cercar a formação desse especialíssimo fato jurídico de certas garantias, tanto no interesse das próprias partes, quanto no interesse de terceiros e no de toda a ordem jurídica. (...) essa verdadeira fonte jurídica [do negócio jurídico] não pode entrar a funcionar, dentro do ordenamento como um todo, sem qualquer regulamentação, sob pena de ser total a anarquia; há de proibir a declaração contrária às normas superiores, há de se cercar de segurança certas declarações que interessam a todos" (AZEVEDO, Antônio Junqueira de. **Negócio jurídico**: existência, validade e eficácia. São Paulo: Saraiva, 2002, p. 41-42).

segundo o qual "a decisão da maioria dos integrantes de determinado grupo obrigará todos os demais, inclusive os dissidentes"[238].

Em que pese o fato de a *ipso facto* ser fruto da convergência volitiva das partes, deve-se observar também que a contratação de tal cláusula ocorre em momento em que a devedora opera em "condições normais de temperatura e pressão". Entretanto, as consequências negativas da *ipso facto* somente se propagam durante a recuperação judicial, momento em que as relações patrimoniais da devedora passam a ser supervisionadas pelo administrador judicial, cuja atuação tem como baliza a proteção do interesse coletivo do concurso de credores.

Em perspectiva comparada, cabe destacar que a eficácia da cláusula *ipso facto* pode ser suspensa em determinados casos – o que se verifica até mesmo no direito inglês, ordenamento em que os princípios da liberdade contratual e da força obrigatória dos contratos são notoriamente tratados com a máxima deferência. Com a finalidade de se evitar um esvaziamento patrimonial da empresa em crise, a jurisprudência inglesa do final do século XIX desenvolveu a *anti-deprivation rule* (regra anti-elisiva) aplicável com base na seguinte premissa: o início de um procedimento de insolvência não pode ser a única causa para a remoção de um ativo que, até aquele momento, pertencia à devedora e que por ela era usufruído, o que causaria uma injustificada subtração patrimonial da devedora em detrimento de seus credores. Nesse sentido, a *anti-deprivation rule* visa a proteger a integridade patrimonial da devedora e o interesse da coletividade de credores, para que a contraparte *in bonis* não exerça abusivamente direitos constituídos em momento anterior à abertura do procedimento de insolvência[239]. Por consequência, vale perceber que – inclusive em regimes de insolvência pró-credor como o direito inglês – a autonomia privada não é tratada de maneira absoluta.

Assim, resta demonstrado que os princípios do Direito das Empresas em Crise têm um alcance normativo capaz de restringir a eficácia da *ipso*

[238] SOUZA JÚNIOR, Francisco Satiro de. Recuperação judicial e a excepcionalidade dos créditos garantidos por cessão fiduciária de créditos futuros. *In*: GARCIA, Ricardo Lupion (Org.). **10 anos da Lei de falências e recuperação judicial de empresas**: inovações, desafios e perspectivas. Porto Alegre: Editora Fi, 2016, p. 159-181, p. 160-161.

[239] VACCARI, Eugenio. National report for England and Wales. *In*: CHUAH, Jason; VACCARI, Eugenio (Ed.). **Executory contracts in insolvency law**: a global guide. Cheltenham: Edward Elgar Publishing, 2019, p. 519-545, p. 538.

facto quando se verificar, à luz do caso concreto, um deslocamento patrimonial injustificado cujo gatilho esteja vinculado simplesmente ao início de um procedimento de insolvência.

No que se refere à segunda corrente doutrinária, o entendimento é de que a cláusula *ipso facto* (embora válida) pode ter sua eficácia jurídica suspensa, com base na ponderação de princípios colidentes. No espectro dessa corrente doutrinária, é possível visualizar na doutrina pátria dois distintos fatores de ineficácia para o afastamento da *ipso facto*, quais sejam: *(i)* a essencialidade do contrato para a devedora como fator de ineficácia (critério da essencialidade); e *(ii)* a apreciação do plano de recuperação judicial como fator de ineficácia da *ipso facto* (critério da temporalidade).

Sobre o primeiro fator de ineficácia (critério da essencialidade), Scalzilli, Spinelli e Tellechea defendem que seja realizado um juízo de ponderação entre, de um lado, os princípios da autonomia privada e da liberdade contratual e, de outro, o princípio da preservação da empresa, "não sendo adequado apontar, *ex ante* e para todas as hipóteses, qual deles deve prevalecer"[240]. Nos casos em que a manutenção do contrato seja essencial para a capacidade de soerguimento da devedora e desde que não haja fundados riscos de prejuízos à contraparte, o princípio da preservação da empresa teria preponderância sobre o princípio da autonomia privada[241]. Ao mesmo tempo em que admitem o afastamento da eficácia da *ipso facto* em determinados casos, Scalzilli, Spinelli e Tellechea fazem importante ressalva no sentido de que a manutenção do contrato, após o início da recuperação judicial, não significa um salvo-conduto para posteriores incumprimentos da devedora. Ou seja, a continuidade do contrato – a despeito da vontade da contraparte – não deverá acarretar prejuízos à saúde econômico-financeira desta[242]. Em suma, a ineficácia da

[240] SCALZILLI; João Pedro; SPINELLI, Luis Felipe; TELLECHEA, Rodrigo. **Recuperação de empresas e falência**: teoria e prática na Lei 11.101/2005. 3. ed. São Paulo: Almedina, 2018, p. 431.

[241] SCALZILLI; João Pedro; SPINELLI, Luis Felipe; TELLECHEA, Rodrigo. **Recuperação de empresas e falência**: teoria e prática na Lei 11.101/2005. 3. ed. São Paulo: Almedina, 2018, p. 431.

[242] SCALZILLI; João Pedro; SPINELLI, Luis Felipe; TELLECHEA, Rodrigo. **Recuperação de empresas e falência**: teoria e prática na Lei 11.101/2005. 3. ed. São Paulo: Almedina, 2018, p. 431.

ipso facto não exonera a devedora de adimplir regularmente as obrigações ainda pendentes de cumprimento ao tempo da recuperação judicial.

Em monografia sobre o tema, Victor Willcox segue a mesma linha de entendimento de Scalzilli, Spinelli e Tellechea no que tange ao critério da essencialidade como fator de ineficácia da *ipso facto*. Diante da tensão entre o princípio da autonomia privada e o da função social da empresa, Willcox defende que a análise da eficácia da *ipso facto* seja sempre feita casuisticamente, em atenção às particularidades de cada relação contratual. Para tanto, o autor propõe a adoção dos seguintes critérios cumulativos: "exame da *essencialidade*, para a parte insolvente, do contrato em que consta referida cláusula, bem como o *grau de lesão ao interesse do outro contratante*, caso o contrato prossiga em vigor"[243].

Sobre o segundo fator de ineficácia da *ipso facto* (critério da temporalidade), Fábio Murta Rocha Cavalcante sustenta que a problemática dessa cláusula reflete um conflito entre duas políticas legislativas, especificamente: a tutela do crédito e a preservação da empresa. Buscando compatibilizar essas duas políticas legislativas, o autor desenvolve uma solução à luz das fases do procedimento de recuperação judicial, defendendo que a eficácia da *ipso facto* seja sempre suspensa no período entre o pedido de recuperação judicial e a apreciação do plano em assembleia geral de credores. Em síntese, Fábio Murta Rocha Cavalcante defende que o futuro da cláusula *ipso facto* esteja subordinado ao que vier a ser proposto e aprovado no plano de recuperação[244].

[243] WILLCOX, Victor. A cláusula resolutiva expressa ipso facto e a crise da empresa: parâmetros para exame da legitimidade da resolução do contrato em caso de insolvência do contratante. **Revista Brasileira de Direito Civil**, Belo Horizonte, v. 13, p. 197-215, jul./set. 2017, p. 214.

[244] Em sua monografia sobre o tema, Fábio Murta Rocha Cavalcante também analisa a eficácia da *ipso facto* no regime de falência, defendendo a ineficácia dessa cláusula até a decisão do administrador judicial sobre continuar, ou não, o contrato bilateral em curso. Sintetizando seu entendimento sobre o tratamento da *ipso facto* na recuperação judicial e na falência, vide o seguinte trecho da conclusão de Fábio Murta Rocha Cavalcante: "Assim, chegou-se à conclusão de que a cláusula resolutiva acordada pelas partes no sentido de estabelecer a falência e a recuperação judicial como causas de extinção do contrato é válida, mas sua eficácia depende de certos fatores. No caso de recuperação judicial, a eficácia da cláusula resolutiva dependerá do que estiver disposto no plano de recuperação judicial apresentado pelo devedor e aprovado pela assembleia-geral de credores. Por outro lado, na falência, a eficácia de tal cláusula dependerá de decisão fundamentada do administrador acerca da manutenção ou não de certo contrato" (CAVALCANTE, Fábio Murta Rocha. A falência e a recuperação judicial como

Em relação a essa segunda corrente, avalia-se que ambos os posicionamentos doutrinários (critério da essencialidade e critério da temporalidade) trazem relevantes contribuições para a análise da problemática da *ipso facto*. Contudo, diverge-se desses dois posicionamentos pelas seguintes razões.

No que tange ao critério da essencialidade dos contratos, entende-se que esse fator de ineficácia pode suscitar mais incertezas e dificuldades às partes envolvidas na recuperação judicial – seja porque impõe à devedora o ônus de demonstrar casuisticamente quais são os contratos vitais para a preservação de suas atividades, seja porque incentiva os credores individuais a alegarem, em contestação, o caráter não-essencial dos respectivos contratos. Vale observar que – após a abertura do procedimento recuperacional – a essencialidade de um contrato é naturalmente relativa e variável de acordo com as particularidades da situação de crise econômico-financeira da devedora. Metaforicamente, na crise empresarial, a "pílula de aspirina" pode ser tão essencial quanto o "tubo de oxigênio" para assegurar a continuidade do fluxo produtivo da devedora.

Ademais, a explicitação, pela devedora, da essencialidade[245] de um contrato pode aumentar sobremaneira o poder de barganha da contraparte, que poderá visualizar com mais clareza o grau de dependência econômica da devedora em relação àquele contrato. Desse modo, avalia-se que a imposição à devedora do ônus de especificar os contratos essenciais pode motivar a ampliação de entraves e litígios no curso do procedimento recuperacional, em prejuízo da renegociação entre a devedora e a coletividade de seus credores[246].

causas da extinção de contrato empresarial em cláusula resolutiva. **Revista dos Tribunais**, São Paulo, v. 983, p. 223-261, set. 2017, p. 257).

[245] Neste caso, aplica-se uma lógica inversamente proporcional, isto é, quanto mais essencial o contrato, menor o poder de barganha da devedora para renegociar os termos e condições contratuais.

[246] Vale salientar para o fato de que, num cenário de fragilidade econômico-financeira, a devedora encontra-se sob significativa pressão de tempo e de caixa no âmbito de condução de um processo coletivo de reorganização, o que reduz seu poder de barganha perante credores individuais e pode motivar um comportamento oportunista desses credores a explorarem essa fragilidade no contexto de uma renegociação contratual *ex post*. Sobre o ponto, vide o seguinte apontamento de Fabrice Robert Tissot: "*In my view, the continuation of certain (executory) contracts (e.g., supply contracts, leases, employment contracts) is extremely important to the insolvent*

No que diz respeito ao critério da suspensão da eficácia da *ipso facto* até a apreciação do plano de recuperação, entende-se que essa proposição engloba uma relevante preocupação destinada a tutelar o *stay period*, pois a devedora tem a previsibilidade de que os contratos em curso permanecerão vigentes no período entre o pedido de recuperação e a apreciação do plano. Em contrapartida dessa garantia de estabilidade no *stay period*, a devedora tem o ônus de discriminar no plano quais os contratos com cláusula *ipso facto* que devem continuar vigentes e são necessários para a viabilização da superação da crise empresarial. No entanto, cabe destacar que o ponto de discordância é com o pressuposto da tese de Fábio Murta Rocha Cavalcante (a sustentar que a *ipso facto* preencheria todos os requisitos de validade do negócio jurídico), considerando que a *ipso facto* viola, sim, normas cogentes e de ordem pública da LRE, conforme será analisado a seguir.

3.2.2. Fundamentos jurídicos pela invalidade da cláusula *ipso facto*

Apesar de parte da doutrina considerar que a cláusula *ipso facto* preencha os requisitos para que permaneça validamente no mundo jurídico, entende-se que – para o exame dessa cláusula no plano da validade – a sistemática normativa da LRE contém normas jurídicas cogentes e de ordem pública que não são derrogáveis pela vontade dos particulares. O fato de haver um *vácuo normativo* no tratamento dos contratos na LRE não significa que esta é uma "terra sem lei" dentro da legislação concursal. Pelo contrário, é tarefa da doutrina e da jurisprudência preencher essas lacunas normativas de modo articulado e sistemático, com o objetivo de se verificar se a cláusula *ipso facto* preenche os requisitos para entrar validamente no campo próprio do Direito das Empresas em Crise.

Por meio de uma análise sistemática do regime da recuperação judicial na LRE, serão delimitadas três razões que fundamentam a nulidade da cláusula *ipso facto*, quais sejam: *(i)* a *ipso facto* representa uma violação do núcleo normativo da recuperação judicial, uma vez que o tratamento

debtor to continue running its business as a going concern. The debtor is under time and cash pressure and potential contractors might exploit this situation during the negotiation of new deals and behave opportunistically" (TISSOT, Fabrice Robert. The Effects of a Reorganization on (Executory) Contracts: A Comparative Law and Policy Study [United States, France, Germany and Switzerland]. ***IILR***, v. 234, jun. 2012, p. 20).

dos contratos tem natureza cogente nos regimes de insolvência da LRE; *(ii)* a *ipso facto* representa uma violação ao *stay period*, pois reflete uma possibilidade concreta e imediata de agravamento da crise empresarial da devedora em um período crítico do procedimento recuperacional, por conta do risco de haver uma subtração patrimonial justamente no momento em que a devedora se prepara para apresentar o seu plano de recuperação; e *(iii)* a *ipso facto* traz efeitos perante terceiros, não se restringindo às partes contratantes, uma vez que a descontinuidade de contratos da devedora pode repercutir negativamente sobre os interesses dos demais sujeitos afetados pela situação de crise empresarial.

A respeito do primeiro fundamento para a nulidade da cláusula *ipso facto*, Deborah Kirschbaum afirma que a *ipso facto* é incompatível com os objetivos centrais do regime de insolvência. Em específico, a autora considera que a *ipso facto* não apenas representa uma violação ao princípio da preservação da empresa (LRE, art. 47), mas também prejudica a concretização do objetivo legal de maximização do valor dos ativos da empresa em crise no âmbito do concurso de credores[247]. Logo, a não-entrada da *ipso facto* no mundo jurídico visaria a proteger os objetivos superiores e de natureza imperativa da LRE, a fim de que não haja uma dissipação do valor do conjunto patrimonial da devedora em decorrência da invocação da *ipso facto* por credores atuando individualmente[248].

Vale notar que – ainda sob a égide do Decreto-lei 7.661/45 – Pontes de Miranda submete a *ipso facto* ao exame de validade, sustentando a nulidade da referida cláusula, "porque, com ela, se iria contra regras jurídicas cogentes, que se conceberam a favor dos credores do falido ou do insolvente"[249]. Em outro tomo de sua obra magna, reafirma a nulidade de

[247] KIRSCHBAUM, Deborah. Cláusula resolutiva expressa por insolvência nos contratos empresariais: uma análise jurídico-econômica. **Revista Direito GV**, São Paulo, v. 2, n. 1, p. 37-54, jan./jun. 2006, p. 49.

[248] KIRSCHBAUM, Deborah. Cláusula resolutiva expressa por insolvência nos contratos empresariais: uma análise jurídico-econômica. **Revista Direito GV**, São Paulo, v. 2, n. 1, p. 37-54, jan./jun. 2006, p. 47.

[249] Transcreve-se a passagem completa da construção desenvolvida por PONTES DE MIRANDA: "A cláusula de resolução ou de resilição, por fato que não seja a falência, ou insolvência civil, vale; não, porém, a cláusula de se resolver o contrato em caso de falência, ou de concurso de credores, porque, com ela, se iria contra regras jurídicas cogentes, que se conceberam a favor dos credores do falido ou do insolvente. Só a lei pode, aí, criar trato

tal cláusula ao tratar especificamente da *ipso facto* nos contratos de locação de imóveis vigentes ao tempo da concordata preventiva. Neste ponto, é interessante notar que Pontes de Miranda faz expressa observação de que o fundamento da nulidade da *ipso facto* não é apenas a regra específica da Lei de Locações então vigente[250], mas encontra suporte jurídico na natureza cogente da regra geral visando à proteção do interesse da coletividade de credores e da própria empresa concordatária[251].

Em atenção à natureza cogente da disciplina do tratamento dos contratos nos regimes de insolvência, Manoel Justino Bezerra Filho também qualifica a cláusula *ipso facto* como nula quando da interpretação do art. 117 da LRE, ressaltando o interesse público que permeia o direito falimentar, *in verbis*:

> "O adágio segundo o qual *jus publicum privatorum pactis mutare non potest* aplica-se aqui para impedir que o pacto entre os particulares, feito quando ainda não havia falência, venha a prejudicar o interesse público a ser resguardado no processo falimentar. Não se perde de vista que o direito falimentar, como parte do direito comercial ou empresarial, está dentro do campo do

excepcional, que seria privilégio. Aliás, quanto à *ratio legis* do art. 43, alínea 1.ª, do Decreto-lei n. 7.661, pode-se apontar a) o fato de ser o inadimplemento, em caso de falência ou de concurso de credores, de eficácia *geral*, e não só *relativa ao credor*, b) o ser voluntário o inadimplemento e ser o estado – voluntário ou não – de insolvência o que determina a falência ou o concurso de credores. Mas, em verdade, à falência ou ao concurso de credores devem ir todos os credores, e não só os credores figurantes de contratos bilaterais, razão bastante para se submeterem ao regime comum os créditos que derivam de contratos bilaterais." (PONTES DE MIRANDA, Francisco Cavalcanti. **Tratado de direito privado**. 3. ed. t. XXV. São Paulo: Revista dos Tribunais, 1984, § 3.091, 13, p. 360).

[250] Decreto n. 24.150/1934. Art. 29. São nulas de pleno direito as cláusulas do contrato de locação que, a partir da data da presente lei, estabelecerem o pagamento antecipado de aluguéis, por qualquer forma que seja, benefícios e especiais ou extraordinários, e nomeadamente "luvas" e imposto sôbre a renda, bem como a rescisão dos contratos pelo só fato de fazer o locatário concordata preventiva ou ter decretada a sua falência.

[251] Nesse sentido, vide a remissão ao Tomo XXV feita por PONTES DE MIRANDA ao tratar da nulidade da *ipso facto* no Tomo XXX, *in verbis*: "É nula a cláusula de resolução dos contratos de locação de imóveis pelo fato de pedir o contraente concordata preventiva (Decreto n. 24.150, de 20 de abril de 1934, art. 29), mas a regra jurídica é geral (Tomo XXV, § 3.091, 12)." (PONTES DE MIRANDA, Francisco Cavalcanti. **Tratado de direito privado**. 3. ed. t. XXX. São Paulo: Revista dos Tribunais, 1983, § 3.492, 10, p. 190).

direito privado. No entanto, o caráter público do direito de vários aspectos do direito falimentar não pode ser negado."[252-253]

Em síntese, observa-se que a cláusula *ipso facto* revela-se um obstáculo à realização dos objetivos centrais da recuperação judicial, uma vez que a incidência de tal cláusula resultaria em dificuldades adicionais para a reorganização do passivo da devedora, em violação ao princípio da preservação da empresa viável e ao objetivo de maximização do valor do conjunto patrimonial da devedora em proteção à coletividade de credores. Justamente para proteger esses objetivos da LRE, entende-se que o tratamento dos contratos bilaterais nos regimes de insolvência tem natureza imperativa e de ordem pública, sendo, portanto, nula a *ipso facto* na recuperação judicial (assim como na falência[254]).

[252] BEZERRA FILHO, Manoel Justino. **Lei de recuperação de empresas e falência - Lei 11.101/2005**: comentada artigo por artigo. 14. ed. São Paulo: Thomson Reuters Brasil, 2019, p. 351.

[253] Em diálogo com a obra de Manoel Justino Bezerra Filho, Ricardo Tepedino comunga do mesmo entendimento sobre a nulidade da cláusula *ipso facto* ao destacar o caráter imperativo da regra sobre a continuidade dos contratos bilaterais na falência: "as normas de uma lei falimentar não são, por natureza, dispositivas, porque visam à proteção de interesses coletivos, inclusive de natureza social. Assim, a regra do Art. 117 me parece imperativa, do que deflui a nulidade da cláusula examinada" (TEPEDINO, Ricardo. Seção VIII – Dos efeitos da declaração de falência sobre as obrigações do devedor. *In*: ABRÃO, Carlos Henrique; TOLEDO, Paulo F. C. Salles de (Coord.). **Comentários à Lei de recuperação de empresas e falência**. 6. ed. São Paulo: Saraiva, 2016, p. 445-481, p. 450-451).

[254] Considerando que a manutenção de contratos estratégicos pode ser crucial para o sucesso da recuperação judicial, a lógica da regra imperativa do art. 117 da LRE – aplicável ao regime falimentar – deve incidir com tanto mais força no regime recuperacional. Com base em uma interpretação sistemática da LRE, vide o seguinte apontamento de Ayoub e Cavalli sobre o tema: "Cabe, aliás, comparar-se aqui a disciplina emprestada a essas relações na recuperação com o regime que lhes empresta na falência. A falência, de regra, não resolve os contratos bilaterais do falido (art. 117 da LRE), de modo a possibilitar-se a maximização dos ativos da empresa falida. Vale dizer, conserva-se, na maior medida possível, inclusive na falência, o going-concern, para atender-se, também na máxima medida possível, o interesse dos credores e dos stakeholders. Por esse motivo, no caso Varig, já após a decretação da falência, manteve-se a obrigatoriedade de concessionária de serviços de telefonia manter o fornecimento de serviços de transmissão de dados à massa falida. Se assim é na falência, maior razão há para proibir-se o corte de fornecimento de serviços essenciais a empresas em recuperação, por créditos anteriores à postulação da recuperação judicial" (AYOUB; Luiz Roberto; CAVALLI, Cássio.

A respeito do segundo fundamento jurídico para a nulidade da *ipso facto*, cumpre delinear as razões pelas quais a *ipso facto* desrespeita o conteúdo normativo do *stay period*. Em atenção ao regramento previsto no art. 6º da LRE, o *stay period*[255] consiste em relevante instrumento de proteção temporária da integridade patrimonial da empresa em crise – seja por meio da suspensão de todas as ações e execuções contra a devedora pelo prazo de 180 dias contados do deferimento da recuperação judicial[256] (inciso II do art. 6º), seja pela proibição do exercício de direitos ou medidas constritivas contra bens da devedora que estejam vinculados a obrigações sujeitas à recuperação judicial (inciso III do art. 6º). Nesse sentido, a racionalidade do *stay period* é proteger o patrimônio da devedora para possibilitar um ambiente suficientemente estável e organizado para a estruturação e negociação de um plano de recuperação viável. Em outras palavras, o *stay period* tem a finalidade de evitar a deterioração econômico-financeira da devedora no período-crítico em que está sendo preparado o plano de recuperação[257].

Como "saída de emergência" acionável individualmente pela contraparte após o início da recuperação judicial, a invocação da cláusula *ipso facto* pode ser um fator de dissipação patrimonial da devedora ao

A construção jurisprudencial da recuperação judicial de empresas. 3. ed. Rio de Janeiro: Forense, 2017, p. 41-42).

[255] No que tange à suspensão das ações e execuções, Ayoub e Cavalli caracterizam a regra contida na LRE como uma *conditional stay*, pois a suspensão está condicionada a uma decisão judicial – diferentemente do regime concursal norte-americano onde a suspensão ocorre imediatamente após a distribuição do pedido de recuperação judicial (AYOUB; Luiz Roberto; CAVALLI, Cássio. **A construção jurisprudencial da recuperação judicial de empresas**. 3. ed. Rio de Janeiro: Forense, 2017, p. 127-137).

[256] Com efeito, a finalidade do *stay period* constante da LRE é, em síntese, a preservação da 'unidade produtiva, o que beneficia o devedor e os credores como um todo' (SCALZILLI, João Pedro; SPINELLI, Luis Felipe; TELLECHEA, Rodrigo. **Recuperação de empresas e falência**: teoria e prática na lei 11.101/2005. 1. ed. São Paulo: Almedina, 2016, p. 277).

[257] Na cronologia do procedimento de recuperação judicial, nota-se que, não por acaso, os 180 (cento e oitenta) dias do *stay period* previstos no § 4º do art. 6º da LRE coincidem com o prazo legal para que a devedora obtenha a homologação judicial do plano de recuperação. Vale destacar que – na atual redação do § 4º do art. 6º dada pela Lei nº 14.112/20 – foi estabelecida a possibilidade de prorrogação do *stay period* por igual período de 180 (cento e oitenta) dias, uma única vez, em caráter excepcional, e desde que a devedora não tenha concorrido com o atraso no procedimento.

subtrair a continuidade de prestações contratuais que sejam cruciais para a manutenção da fonte produtora da devedora. Sob uma perspectiva procedimental, a cláusula *ipso facto* também pode representar uma disrupção negativa capaz de desestabilizar o andamento da negociação coletiva entre a devedora e seus credores, no ambiente regulado da recuperação judicial.

Atento a esse problema ainda sob a vigência do regime da concordata, Waldírio Bulgarelli – ao reconhecer que o início do procedimento de concordata não seria causa suficiente para o término antecipado de um contrato de concessão comercial para a venda de veículos automotores – estabelece uma conexão direta da nulidade da cláusula *ipso facto* com a lógica do "respiro" decorrente da suspensão das ações e execuções contra a devedora:

> "o instituto da concordata foi concebido para permitir aos comerciantes em momentâneas dificuldades um 'respiro', como dizem os franceses, ajustando com os credores, através do Poder Judiciário, as condições de pagamento das dívidas vincendas, sem contudo perder a administração dos seus negócios, fiscalizados que passam a ser pelo comissário nomeado pelo juiz."[258]

Na LRE, a lógica do "respiro" decorrente do *stay period* está explicitada na regulação do exercício dos direitos dos credores proprietários, por meio da proibição de *venda ou retirada do estabelecimento da devedora dos bens de capital essenciais a sua atividade empresarial* durante os 180 (cento e oitenta) dias do *stay period* (art. 49, § 3º, parte final; e art. 6º, § 7º-A). Como mecanismo de proteção da integridade patrimonial da empresa em crise, essa regra busca evitar que os credores proprietários venham a canibalizar os bens componentes do estabelecimento empresarial da devedora, uma vez que a apresentação de um plano de recuperação pressupõe a preservação do processo produtivo.

Na atual economia, em que os processos produtivos são organizados por meio de ativos intangíveis e de relações contratuais, o risco de canibalização da empresa passa a estar diretamente associado à cláusula

[258] BULGARELLI, Waldírio. **Problemas de direito empresarial**. São Paulo: Revista dos Tribunais, 1989, p. 30.

ipso facto[259]. Com base em uma interpretação teleológica do *stay period*, observa-se que a mesma lógica que impede um credor proprietário de retirar uma máquina do estabelecimento empresarial deve ser aplicada para proibir a invocação da *ipso facto* como causa de extinção de contratos da devedora, para fins de preservação da empresa enquanto fonte produtora[260]. A título exemplificativo, no caso de uma empresa calçadista em recuperação judicial, de nada adiantaria conservar o maquinário de sua linha de produção se houvesse a descontinuidade dos contratos de fornecimento de matéria-prima, inviabilizando a manutenção orgânica da atividade empresarial.

Portanto, entende-se que o conteúdo normativo do *stay period* exerce a função de um "véu de proteção" capaz de justificar a nulidade da cláusula *ipso facto*. Sob um aspecto procedimental, a incidência da *ipso facto* pode interferir negativamente na capacidade da devedora de reorganizar seus débitos por meio da negociação coletiva de um plano de recuperação, durante o prazo legal do *stay period*. Sob um aspecto material, o banimento da *ipso facto* visa a tutelar a continuidade do processo produtivo da empresa viável, a fim de se evitar uma perda abrupta e intempestiva do *going concern value* da devedora.

Sob uma perspectiva de direito comparado, é interessante notar que, na legislação concursal chilena, a regra que proíbe a contraparte *in bonis* de invocar a cláusula *ipso facto* está localizada dentro da disciplina normativa do *stay period*. Sobre o tema, Juan Luis Goldenberg aponta que a regra imperativa de continuação dos contratos no período denominado de "*Protección Financiera Concursal*" constitui um mecanismo de proteção da negociação coletiva entre a devedora e seus credores no âmbito do procedimento de reorganização. Ao interpretar o art. 57(1), "c" da lei concursal chilena, Goldenberg observa que a intenção do legislador foi de

[259] STRETEN, Elizabeth. National report for Australia. *In*: CHUAH, Jason; VACCARI, Eugenio (Ed.). **Executory contracts in insolvency law**: a global guide. Cheltenham: Edward Elgar Publishing, 2019, p. 476-498, p. 494.

[260] Ao traçarem o alcance normativo do *stay period* na recuperação judicial, Ayoub e Cavalli defendem que o fornecimento de insumos e a prestação de serviços "devem ser alcançados por essa proibição de retirada, vale dizer, por essa proibição de corte de fornecimento, sob pena de perder a empresa recuperanda substancial parcela do seu *going concern*" (AYOUB; Luiz Roberto; CAVALLI, Cássio. **A construção jurisprudencial da recuperação judicial de empresas**. 3. ed. Rio de Janeiro: Forense, 2017, p. 41-42).

conservar a vigência dos contratos, a fim de se evitar "uma deterioração das expectativas de reestruturação", permitindo-se que haja um "equilibrado desenvolvimento da negociação" entre devedora e credores no processo de reorganização[261].

Por fim, o terceiro fundamento para a nulidade da *ipso facto* diz respeito aos efeitos da cláusula *ipso facto* perante terceiros. Como sintetizava Pontes de Miranda, em um concurso de credores, a extinção de um contrato tem "eficácia *geral*, e não só *relativa ao credor*"[262]. Na medida em que o término antecipado de um contrato pode causar um sério agravamento da crise empresarial, fica claro que os efeitos da *ipso facto* não se restringem às partes contraentes, repercutindo na esfera jurídica de terceiros que não participaram da pactuação da *ipso facto*.

Sobre o ponto, Deborah Kirschbaum assinala que a cláusula *ipso facto*, ao retirar do patrimônio da empresa recuperanda o valor positivo de um determinado direito contratual, cria uma privação que acaba sendo indevidamente suportada pelos demais credores quando do início do procedimento concursal[263]. Ao fim e ao cabo, a extinção do contrato ocorre às custas da coletividade de credores, que deixa de contar com o valor positivo de uma prestação contratual cujo benefício econômico à devedora poderia ser proporcionalmente rateado no concurso de credores. Dentro da lógica coletiva da recuperação judicial, é interessante notar que o entendimento da Autora está em consonância com a premissa da *anti-deprivation rule*, segundo a qual o início de um procedimento concursal não pode causar *per se* uma subtração injustificada do patrimônio da devedora.

Em atenção aos diversos interesses envolvidos em uma situação de crise empresarial, Marcelo Sacramone destaca que a cláusula *ipso facto* fere a função social da recuperação judicial, "pois não poderia prever, para agravar a situação do empresário devedor, justamente um evento

[261] GOLDENBERG SERRANO, Juan Luis. Los créditos legalmente pospuestos en la Ley 20.720. **Revista de Derecho (Valdivia)**, Valdivia, v. 28, n. 2, p. 91-116, dic. 2015.

[262] PONTES DE MIRANDA, Francisco Cavalcanti. **Tratado de direito privado**. 3. ed. t. XXV. São Paulo: Revista dos Tribunais, 1984, § 3.091, 13, p. 360.

[263] KIRSCHBAUM, Deborah. Cláusula resolutiva expressa por insolvência nos contratos empresariais: uma análise jurídico-econômica. **Revista Direito GV**, São Paulo, v. 2, n. 1, p. 37-54, jan./jun. 2006, p. 47-48.

conferido pela lei para beneficiá-lo"[264]. Ao violar o art. 421 do Código Civil, a incidência serial da *ipso facto* poderia ser um agente catalisador de inadimplementos e, no limite, acarretar a própria falência da empresa devedora.

Nessa linha, a disfuncionalidade da *ipso facto* fica evidenciada com base no seguinte exemplo numérico: se o passivo da devedora no "D+0" da recuperação judicial é $100, é inconcebível que o volume desse passivo seja aumentado para $300 no "D+1" unicamente em razão do acionamento das cláusulas *ipso facto* pelos credores após o início do procedimento recuperacional.

Em síntese, a recuperação judicial, como instrumento jurídico voltado à reorganização do passivo em vista da continuidade da atividade empresarial da devedora, não pode ser a própria causa do agravamento da crise econômico-financeira. Dessa forma, entende-se que a cláusula *ipso facto* deve ser considerada nula de maneira triplamente qualificada: *(i)* por violar as regras e princípios que disciplinam (direta e indiretamente) o regime do tratamento dos contratos na LRE, *(ii)* por desrespeitar o *stay period* e *(iii)* por repercutir negativa e disfuncionalmente sobre a esfera jurídica das demais partes interessadas na recuperação judicial.

[264] SACRAMONE, Marcelo Barbosa. Cláusula de vencimento antecipado na recuperação judicial. **Revista do Advogado**, São Paulo, n. 131, p. 133-139, out. 2016, p. 138.

CAPÍTULO 4
EXCEÇÃO DE INSEGURIDADE NO *STAY PERIOD* DA RECUPERAÇÃO JUDICIAL

Ao atestar publicamente a situação de crise empresarial da devedora, o processamento da recuperação judicial tende a impactar substancialmente as relações contratuais das quais a empresa recuperanda é parte. Tão logo a notícia do início da recuperação judicial se espalhe pelo mercado, é natural que os parceiros contratuais da devedora comecem a se questionar sobre qual será o futuro de seus contratos após o início da recuperação judicial, podendo haver uma potencialização de dúvidas e incertezas a respeito da real capacidade da devedora para cumprir com suas obrigações contratuais dali para frente.

Na realidade brasileira – em que os procedimentos concursais sofrem um grande estigma cultural, e os termos "recuperação judicial" e "falência" são muito frequentemente percebidos como sinônimos pelos leigos –, observa-se que o processamento da recuperação judicial pode ocasionar uma brusca mudança de comportamento dos fornecedores operacionais da empresa recuperanda. Em pesquisa realizada pelo TMA-Brasil, os seguintes padrões de comportamento foram relatados por 64 fornecedores de diferentes segmentos de mercado então entrevistados: metade cessou o fornecimento de bens e serviços após o pedido de recuperação judicial da devedora, e a outra metade passou a exigir condições mais favoráveis para a manutenção do fornecimento (*e.g.*, pagamento à vista ou redução do prazo, exigência de garantias adicionais)[265]. Nesse contexto, fica claro que a recuperação judicial é literalmente um *fator de descrédito* para a empresa em crise, constatando-se uma redução significativa de suas operações de crédito[266] logo após o início do procedimento.

No rol de casos de mudança de comportamento de fornecedores após o processamento da recuperação judicial, é possível visualizar, por exemplo, a situação de um fornecedor de combustível ALFA que concedia à empresa BETA o prazo de até 60 (sessenta) dias para o pagamento do volume de combustível consumido mensalmente por BETA e que, após o início da recuperação judicial, passa a exigir o pagamento à vista como condição para a continuidade da relação de fornecimento.

No caso de um contrato bilateral de execução diferida, também é possível projetar a situação em que GAMA e DELTA celebram, em *novembro de 2019*, um contrato de compra e venda, por meio do qual GAMA obriga-se a entregar, em *junho de 2020*, um determinado equipamento industrial, cujo preço será pago em uma única parcela, em *dezembro de 2020*. Sobrevindo a recuperação judicial de DELTA, em *janeiro de 2020*, GAMA passa a exigir a antecipação do pagamento do preço ou oferecimento de uma caução suficiente, sob pena de interromper a própria fabricação do equipamento.

Essa mudança de comportamento dos credores revela que, nos contratos bilaterais, a contraparte *in bonis* tende a adotar uma postura defensiva, uma vez que a situação patrimonial da empresa em crise é fonte de insegurança sobre o futuro da execução contratual[267]. Conforme já

[265] WAISBERG, Ivo; *et alii*. **Financiamento de empresas em recuperação judicial:** importância, dificuldades e estímulos, mar. 2010. TMA-Brasil, p. 06 ("De acordo com os resultados da pesquisa realizada, metade das empresas não voltou a fornecer para os clientes que entraram em recuperação judicial, sendo que a outra metade somente forneceu mediante pagamento à vista ou redução de limite/prazo ou por meio de carta de fiança, ou pior ainda, por meio de liquidação parcial da dívida antiga num percentual previamente acordado a cada compra realizada, o que fere um dos principais princípios da recuperação judicial, de liquidação igualitária entre as classes de credores, e a consequente proteção dos minoritários.").

[266] Na definição de Carvalho de Mendonça, *crédito* é a "operação mediante a qual alguém efetua uma prestação presente, contra a promessa de prestação futura" (CARVALHO DE MENDONÇA, José Xavier. **Tratado de direito comercial brasileiro**. v. III. t. II. Campinas: Russell, 2003, p. 58).

[267] ZANETTI, Cristiano de Souza. Exceção de contrato não cumprido. *In*: MORRIS, Amanda Zoe; BARROSO, Lucas Abreu (Coord.). **Direito dos contratos**. São Paulo: Revista dos Tribunais, 2008, p. 228-234, p. 222.

assinalava Carvalho de Mendonça, a "posição defensiva" dos credores com direitos oriundos de contratos bilaterais "constitui garantia eficaz para evitar os efeitos do dividendo e, com as armas ao seu dispor, podem ocupar vantajosa colocação"[268]. Nesse sentido, a alteração de comportamento dos credores visa a tutelar o crédito e, mediatamente, proteger a própria saúde financeira da contraparte em face do risco de incumprimento pela devedora.

Sob a perspectiva da devedora, cabe ressaltar que o exercício de "posições defensivas" pode ser um fator de agravamento da crise empresarial. As exigências impostas pelos fornecedores operacionais para antecipação dos prazos de pagamento ou para alteração das obrigações contratuais podem deteriorar ainda mais a situação financeira já fragilizada da empresa recuperanda[269], drenando-se rápida e intempestivamente o caixa da devedora com a subtração de recursos necessários para a preservação de suas atividades empresariais.

Sob a perspectiva da coletividade de credores, a "posição defensiva" exercível por contratantes individuais pode, ao fim e ao cabo, consubstanciar um tratamento injustificadamente desigual entre os credores. Isso porque, em um contexto de escassez de recursos, a opção pelo pagamento antecipado ou pela constituição de garantias em benefício de determinados contratantes individuais representa a transferência de ativos da devedora que, de outro modo, poderiam ser destinados ao pagamento dos credores em concurso.

No âmbito do tratamento dos contratos bilaterais na recuperação judicial, a LRE não contém um regramento que discipline diretamente o modo de exercício de posições contratuais no *stay period*[270]. Em alusão à terminologia de Carvalho de Mendonça, é importante observar que a LRE

[268] CARVALHO DE MENDONÇA, José Xavier. **Tratado de direito comercial brasileiro**. v. VII. 7. ed. Rio de Janeiro: Livraria Freitas Bastos, 1964, p. 464.

[269] WAISBERG, Ivo; *et alii*. **Financiamento de empresas em recuperação judicial:** importância, dificuldades e estímulos, mar. 2010. TMA-Brasil, p. 06.

[270] A Lei nº 14.112/2020 incluiu, no art. 6º da LRE, a vedação ao exercício do direito de retenção, bem como a proibição de adoção de medidas constritivas (judiciais ou extrajudiciais) contra bens do patrimônio da devedora no que tange a créditos e obrigações sujeitos à recuperação judicial. Contudo, não há um tratamento legal específico para o exercício de posições jurídicas no âmbito dos contratos bilaterais em curso, cujos respectivos créditos, vale também notar, têm caráter extraconcursal.

não define quais são as "armas" à disposição da contraparte, nem prescreve os limites e as formas de utilização desses instrumentos de defesa pelos credores de contratos bilaterais.

Ao positivar a regra geral de continuidade dos contratos na recuperação judicial, o art. 49, § 2º, da LRE apenas estabelece que "as obrigações anteriores à recuperação judicial observarão as condições originalmente contratadas ou definidas em lei, inclusive no que diz respeito aos encargos, salvo se de modo diverso ficar estabelecido no plano de recuperação judicial". Com base na referência normativa no sentido da observância das "condições definidas em lei", interpreta-se que as obrigações contratuais continuam sujeitas às normas do direito comum[271], salvo se houver uma reestruturação dessas obrigações pelo plano de recuperação aprovado em assembleia de credores.

Dentre as normas do direito comum à disposição da contraparte nos contratos bilaterais, a doutrina pátria – desde os tempos do Código Comercial de 1850[272] do Código Civil de 1916[273] – sempre reconheceu a *exceção de inseguridade* como relevante mecanismo de autotutela[274] contra o risco de incumprimento das obrigações contratuais pela devedora,

[271] PENALVA SANTOS, Paulo. Os contratos na recuperação judicial e na falência. *In*: PAIVA, Luiz Fernando Valente de (Coord.). **Direito falimentar e a nova Lei de falências e recuperação de empresas**. São Paulo: Quartier Latin, 2005, p. 413-439, p. 432.

[272] Código Comercial 1850. Art. 198. Não procede, porém, a obrigação da entrega da coisa vendida antes de efetuado o pagamento do preço, se, entre o ato da venda e o da entrega, e comprador mudar notoriamente de estado, e não prestar fiança idônea aos pagamentos nos prazos convencionados.

[273] Código Civil/1916. Art. 1.092. Nos contratos bilaterais, nenhum dos contraentes, antes de cumprida a sua obrigação, pode exigir o implemento da do outro. Se, depois de concluído o contrato, sobreviver a uma das partes contratantes diminuição em seu patrimônio, capaz de comprometer ou tornar duvidosa a prestação pela qual se obrigou, pode a parte, a quem incumbe fazer prestação em primeiro lugar, recusar-se a esta, até que a outra satisfaça a que lhe compete ou de garantia bastante de satisfaze-la. Parágrafo único. A parte lesada pelo inadimplemento pode requerer a rescisão do contrato com perdas e danos.

[274] Ao tratar da autotutela, EMILIO BETTI a descreve como "*una tutela del proprio interesse operata direttamente dallo stesso interessato*", afirmando que "*è permesso al privato interessato, in varie circostanze previste e tassativamente determinate, di provvedere a conservare e ad attuare quello stato di fatto che sia conforme al suo diritto insoddisfatto o minacciato*". (BETTI, Emilio. Autotutela. *In*: **Enciclopedia del Diritto**. v. IV. Milano: Giuffrè Editore, p. 529-537, p. 529).

seja na concordata[275], seja na falência[276]. Quando da vigência do regime falimentar anterior, Trajano de Miranda Valverde defendia que a regra geral de *exceção de inseguridade* funcionava em "toda a sua plenitude", nos casos em que competisse ao contratante *in bonis* executar em primeiro lugar, assistindo-lhe o direito de suspender a execução do contrato até que houvesse a antecipação do cumprimento da contraprestação pela massa falida ou, ao menos, o oferecimento de uma garantia suficiente pelo síndico[277].

Em atenção à relevância da *exceção de inseguridade* como remédio de autotutela contratual à disposição dos credores de contratos bilaterais em um contexto de crise empresarial da devedora, o objetivo deste capítulo é examinar "*se*" e "*em que medida*" a oposição dessa exceção de direito material é compatível com o regime da recuperação judicial, especialmente no período em que a devedora e os seus credores estão desenvolvendo as negociações do plano de reestruturação (*stay period*). Para tanto, serão inicialmente analisados os requisitos e funções da exceção de inseguridade

[275] Jorge Lobo – ao interpretar conjugadamente o art. 165 do Decreto Lei 7.661 com o art. 1.092 do Código Civil de 1916 – sintetizava do seguinte modo os efeitos da concordata preventiva sobre os contratos bilaterais do concordatário: "1º) os contratos bilaterais do concordatário não se resolvem com a impetração do pedido inicial (art. 165 da LF); 2º) os contratos do concordatário continuam sujeitos às normas do direito comum (art. 165 da LF); 3º) o co-contratante pode compelir o concordatário a: (a) prestar fiança idônea antes de cumprir sua obrigação (art. 198 do CCom) ou (b) oferecer garantia real de pagar no tempo ajustado (art. 1.131 do CC), devendo, para esse fim, o concordatário, *ex vi* dos arts. 149 c/c 163 da LF, provada a utilidade da manutenção do contrato (art. 167 da LF), obter, após ouvidos o órgão do MP e o comissário, a autorização judicial; 4º) se o concordatário não garantir o cumprimento da obrigação por fiança ou caução real, o co-contratante pode: (a) recusar-se a honrar a sua parte na avença (art. 1.092, segunda parte, do CC) ou postular a rescisão do contrato com perdas e danos (par. único do art. 1092 do CC), de vez que o concordatário deixou de cumprir a norma dos arts. 198 do CCom e 1.092 e 1.131 do CC; 5º) havendo norma contratual resolutória expressa (art. 119 e seu par. único do CC), o co-contratante pode, unilateralmente, rescindir, pelo simples fato da impetração da concordata preventiva, o contrato celebrado com o concordatário." (LOBO, Jorge. Efeitos da concordata e da falência em relação aos contratos bilaterais do concordatário e do falido. **Revista de Direito Mercantil**, São Paulo, v. 110, p. 32-42, abr./jun. 1998, p. 41).

[276] VALVERDE, Trajano de Miranda. **Comentários à Lei de falências**. v. I. 4. ed. Rio de Janeiro: Forense, 1999, p. 301-302.

[277] VALVERDE, Trajano de Miranda. **Comentários à Lei de falências**. v. I. 4. ed. Rio de Janeiro: Forense, 1999, p. 301-302.

como técnica de defesa em benefício da contraparte solvente (**item 4.1**). Posteriormente, buscar-se-á delimitar os particulares contornos e os necessários limites atinentes ao exercício da oposição da exceção de inseguridade no contexto excepcional e coletivo da recuperação judicial (**item 4.2**).

4.1. Exceção de inseguridade: requisitos e funções

As operações a crédito – operacionalizadas mediante a fixação de uma ordem sucessiva para o cumprimento das prestações contratuais – são cruciais para a viabilização e impulsionamento das trocas econômicas. Nos contratos bilaterais, pode ser extremamente útil – ou até mesmo necessário – que seja estipulado um distanciamento temporal entre a prestação e a contraprestação, afastando-se da opção pelo cumprimento simultâneo das obrigações "toma-lá-dá-cá"[278]. Por outro lado, a ausência de simultaneidade entre as prestações contratuais carrega um "risco congênito"[279], qual seja: a parte obrigada a executar primeiro ("devedor-credor") acaba assumindo maior risco no contrato, pois deverá satisfazer integralmente o interesse alheio antes que possa exigir o cumprimento da prestação pela qual contratou[280]. Assim, todo e qualquer contrato com sucessividade de prestações envolve em si um natural risco de inadimplemento[281], uma vez que a execução do programa contratual estará sujeita às incertezas e às intempéries dos eventos futuros[282].

[278] A expressão "toma-lá-dá-cá" é frequentemente utilizada por Pontes de Miranda para assinalar o caráter sinalagmático dos contratos bilaterais. Vide: PONTES DE MIRANDA, Francisco Cavalcanti. **Tratado de direito privado**. t. XXVI. 3. ed. São Paulo: Revista dos Tribunais, 1984, § 3.122, 1, p. 89 e § 3.129, 3, p. 111.

[279] ZANETTI, Cristiano de Souza. Seção III – Da exceção de contrato não cumprido. *In*: NANNI, Giovanni Ettore (Coord.). **Comentários ao Código Civil**: direito privado contemporâneo. São Paulo: Saraiva, 2019, p. 771-775, p. 774.

[280] ZANETTI, Cristiano de Souza. Exceção de contrato não cumprido. *In*: MORRIS, Amanda Zoe; BARROSO, Lucas Abreu (Coord.). **Direito dos contratos**. São Paulo: Revista dos Tribunais, 2008, p. 228-234, p. 231-232.

[281] ZANETTI, Cristiano de Souza. Exceção de contrato não cumprido. *In*: MORRIS, Amanda Zoe; BARROSO, Lucas Abreu (Coord.). **Direito dos contratos**. São Paulo: Revista dos Tribunais, 2008, p. 228-234, p. 231-232.

[282] Sobre a concepção do contrato como uma "tentativa de domesticação dos eventos futuros", vide seguinte trecho de: FERREIRA DA SILVA, Luis Renato. O tempo no Direito e o tempo do Direito: provocação para uma relação entre direito e literatura a partir de um tema

Na avenida temporal entre a celebração do contrato e a exigência da primeira prestação, observa-se que pode ocorrer uma substancial diminuição patrimonial do contratante devedor da última prestação ("credor-devedor") a causar na outra parte uma dúvida fundada sobre a capacidade de aquele vir a cumprir a sua obrigação no momento em que se tornar exigível. O risco – que até então era ordinário e congênito ao contrato – transmuda-se em um risco concreto e substancialmente agravado pela alteração do status patrimonial do devedor da última prestação[283].

Nesses casos em que sobrevém uma diminuição patrimonial do credor--devedor capaz de comprometer ou tornar duvidoso o adimplemento da contraprestação futura, a exceção de inseguridade surge como mecanismo de autodefesa para que o devedor-credor recubra a confiança a respeito de qual será o destino da relação contratual[284], buscando assim proteger o

borgiano. *In*: MARTINS-COSTA, Judith (coord.). **Narração e normatividade**: ensaios de direito e literatura. Rio de Janeiro: GZ Editora, 2013, p. 95-100, p. 96 ("Toda criação de regra, fundamentalmente nas relações contratuais, é em alguma medida, um exercício de previsão, principalmente nas relações duradouras. Quer-se a segurança de estabilizar o futuro pela ótica do presente. A partir de manifestações volitivas as partes fixam o modo como vão agir no tempo futuro e acabam definindo, hoje, como será o amanhã. O programa contratual é uma domesticação (ou uma tentativa de domesticação) dos eventos futuros.").

[283] Sobre a correlação entre a noção de incompletude contratual e a extrapolação do risco de inadimplemento no âmbito de aplicação da exceção de inseguridade, vide a monografia de Alan Santos Hay, *in verbis*: "É impossível ter absoluta certeza, ao tempo da celebração, de que a execução do contrato seguirá à risca as coordenadas definidas pelas partes, risco contratual que assume particular relevância nos contratos que se protraem no tempo, como os de execução diferida, continuada ou periódica. Assim, para a aplicação da exceção de inseguridade, é necessário que seja extrapolado o patamar do risco ordinário, presente nas contratações em geral. O risco gerado pela mudança nas circunstâncias do devedor deve deixar de ser um risco genérico, tornando-se risco específico e agravado pela nova condição do devedor" (HAY, Alan Santos. **A exceção de inseguridade no direito brasileiro**. 2019. 69 f. Trabalho de Conclusão de Curso (Bacharelado em Ciências Jurídicas e Sociais). Faculdade de Direito, Universidade Federal do Rio Grande do Sul, Porto Alegre, 2019, p. 33-34).

[284] Araken de Assis traça importante correlação entre a tutela da confiança e a exceção de inseguridade, *in verbis*: "E, de fato, o figurante que concedeu ao parceiro um termo para o adimplemento de sua prestação, concedendo o crédito mencionado no art. 491, nele depositou considerável confiança, não parecendo justo que, alteradas as circunstâncias primitivas obrigue-se a prestar sem razoável segurança de que receberá a contraprestação. (...). A exceção do art. 477 impede que se troque a fidúcia pela descrença nos negócios bilaterais." (ASSIS, Araken de. Seção III – Da exceção de contrato não-cumprido. *In*: ASSIS, Araken de; ANDRADE, Ronaldo Alves de; ALVES, Francisco Glauber Pessoa Alves. **Comentários**

sinalagma contra o perigo de uma lesão futura. Positivada na regra do art. 477 do Código Civil, a exceção de inseguridade autoriza que o devedor-credor se recuse a executar sua prestação até que a outra parte satisfaça a obrigação que lhe compete ou, pelo menos, dê garantia suficiente de que tal obrigação será satisfeita[285].

Conforme assinalava Clóvis Beviláqua ao tempo do Código Civil de 1916, a previsão legal da exceção de inseguridade vai em auxílio daquele que deve executar a sua prestação em primeiro lugar, pois "faculta-lhe os meios de afastar o prejuízo, que o ameaça; dá-lhe o direito de reter a sua prestação ou de exigir garantia da prestação da outra parte"[286].

Como remédio de autotutela para a proteção do sinalagma contratual, a aplicação da exceção de inseguridade está subordinada ao preenchimento dos seguintes requisitos: *(i)* a existência de um contrato sinalagmático no qual as prestações estejam fixadas em uma ordem sucessiva de adimplemento (*e.g.*, primeiro se entrega a coisa vendida, para em um segundo momento se receber o preço devido); *(ii)* a superveniência de uma diminuição do patrimônio do credor-devedor; e *(iii)* a constatação objetiva de uma elevação acentuada do risco de inadimplemento futuro por causa dessa diminuição patrimonial superveniente do credor-devedor, colocando o devedor-credor em perigo de não receber a contraprestação que lhe fora prometida.

Sobre o primeiro requisito, a exceção de inseguridade pressupõe a existência de um contrato bilateral, cujo fundamento é o vínculo de interdependência funcional entre as obrigações sinalagmáticas. Conforme já foi objeto de análise neste trabalho[287], nos contratos bilaterais com prestações sucessivas, o *quid pro quo* não ocorre de maneira simultânea, mas, sim, de modo diferido no tempo. A título exemplificativo, é possível visualizar a interdependência sinalagmática em um contrato de compra e venda de

ao Código Civil brasileiro: do direito das obrigações. v. 5. Rio de Janeiro: Forense, 2007, p. 652-702, p. 697-698).

[285] Código Civil. Art. 477. Se, depois de concluído o contrato, sobrevier a uma das partes contratantes diminuição em seu patrimônio capaz de comprometer ou tornar duvidosa a prestação pela qual se obrigou, pode a outra recusar-se à prestação que lhe incumbe, até que aquela satisfaça a que lhe compete ou dê garantia bastante de satisfazê-la.

[286] BEVILÁQUA, Clóvis. **Código Civil dos Estados Unidos do Brasil comentado**. 2. ed. Rio de Janeiro: Livraria Francisco Alves, 1924, p. 260.

[287] Vide item 1.1, *supra*.

fertilizantes agrícolas, no qual venha a ser fixada a seguinte ordem nas prestações: a obrigação de entrega dos fertilizantes por SIGMA ocorre no prazo de 120 dias contados da celebração do contrato, enquanto que a obrigação de pagamento deve ser efetuada, pela empresa rural OMEGA, no prazo de 180 dias contados da entrega dos fertilizantes. Em um círculo virtuoso de obrigações sinalagmáticas interdependentes, o insumo entregue por SIGMA faz florescer a safra de OMEGA, cujo resultado econômico é fonte do pagamento do insumo primeiramente fornecido por SIGMA, concretizando-se sucessivamente uma recomposição de utilidades.

Sobre o segundo requisito, a exceção de inseguridade está atrelada a uma diminuição objetiva do patrimônio do credor-devedor que somente foi capaz de ser visualizada após o momento de celebração do contrato. Atento à dicção do art. 477 do Código Civil, Araken de Assis destaca que o uso do verbo "sobrevir" indica claramente a necessidade de que "a diminuição das forças patrimoniais seja superveniente à formação do contrato"[288].

No que toca a essa superveniência indesejada, não se exige que o patrimônio já exista no momento da celebração do contrato, pois as partes podem pactuar nutrindo expectativas de que, até a data de cumprimento da primeira prestação, venham a ser obtidos financiamentos suficientes para viabilizar a execução do contrato[289]. Caso nesse entretempo as possibilidades de financiamento se reduzam substancialmente, observa-se que há, sim, uma diminuição patrimonial superveniente, como é o caso de um prestador de serviço que contrata com uma *joint venture* ainda em fase de constituição. Dessa forma, a data-base que deve servir de critério para se averiguar a diminuição patrimonial superveniente é a data programada para o cumprimento da primeira prestação (e não a data de celebração do contrato), considerando que o "credor-devedor" pode assumir obrigações contratuais mesmo que o seu patrimônio ainda não tenha se constituído ao tempo de celebração do negócio.

[288] ASSIS, Araken de. Seção III – Da exceção de contrato não-cumprido. *In*: ASSIS, Araken de; ANDRADE, Ronaldo Alves de; ALVES, Francisco Glauber Pessoa Alves. **Comentários ao Código Civil brasileiro**: do direito das obrigações. v. 5. Rio de Janeiro: Forense, 2007, p. 652-702, p. 699.

[289] Sobre a inexigência de que o patrimônio da devedora já exista ao tempo de celebração do contrato, vide: AGUIAR JÚNIOR, Ruy Rosado de. **Comentários ao novo Código Civil**: da extinção do contrato. v. VI. t. II. Rio de Janeiro: Forense, 2011, p. 835-836.

Além do caráter superveniente, entende-se que a mutação das condições patrimoniais da devedora deve ser drástica e substancial. A alteração do status patrimonial deve representar um *salto negativo* (e efetivamente tormentoso) na vida econômica da devedora – seja sob um aspecto estritamente financeiro, seja sob um aspecto operacional[290]. Por exemplo, para empresas com reconhecida sazonalidade de vendas (*e.g.*, uma rede de sorveteria, uma cerealista de grãos), é natural que haja uma flutuação negativa dos índices de endividamento a depender da época do ano; consequentemente, a eficácia da exceção de inseguridade pode ser afastada caso a devedora consiga demonstrar que a perda substancial da receita decorre unicamente de uma questão de sazonalidade.

Vale notar que a questão da superveniente diminuição do patrimônio da devedora pode ganhar contornos mais complexos quando se verificar que essa deterioração patrimonial não ocorreu abruptamente, mas, sim, de maneira gradual. Sem um grande salto negativo, a curva de retração patrimonial da devedora decresce graficamente em uma constante. Retomando o exemplo do fornecimento de insumos agrícolas, questiona-se se SIGMA poderia invocar o art. 477 do Código Civil se as partes tivessem celebrado contrato de compra e venda de insumos em um momento em que as demonstrações financeiras de OMEGA já indicavam um grau de endividamento elevado. Em termos numéricos, SIGMA poderia opor a exceção de inseguridade caso o grau de endividamento de OMEGA estivesse 15% maior à época do cumprimento da obrigação de entrega dos fertilizantes?

Para o enfrentamento desse problema, vale mencionar o posicionamento de Carvalho Santos, ao interpretar a parte final do art. 1.092 do

[290] Com base na doutrina italiana, RUY ROSADO DE AGUIAR JÚNIOR faz a distinção entre as mutações patrimoniais de natureza quantitativa e as de natureza qualitativa, ambas incidências para a caracterização da *fattispecie* da exceção de inseguridade: "A diminuição patrimonial pode ser de natureza quantitativa (perda substancial de receita ou redução de bens) ou qualitativa (perda das condições técnicas de cumprir sua prestação). Assim, o contratante que perdeu uma substancial fonte de renda; ou o fornecedor que teve destruída a máquina com a qual cumpriria a sua obrigação, ou demitiu o empregado habilitado à prestação do serviço." (AGUIAR JÚNIOR, Ruy Rosado de. **Comentários ao novo Código Civil**: da extinção do contrato. v. VI. t. II. Rio de Janeiro: Forense, 2011, p. 836). Na doutrina italiana, vide: ROPPO, Vincenzo. **Il contratto**. 2. ed. Milano: Giuffrè Editore, 2011, p. 925; GABRIELLI, Enrico. Il contratto e i rimedi: la sospensione dell'esecuzione. **Rivista di Diritto Privato**. Bari, anno XIX, v. 2, p. 167-188, apr./giugno 2014, p. 177.

Código Civil de 1916[291]. O referido autor apontava que – se, no momento da conclusão do contrato, um dos contratantes já não estivesse apto a oferecer uma garantia absoluta para o adimplemento – a regra da exceção de inseguridade poderia, ainda assim, ser aplicada caso uma nova onda de diminuição patrimonial viesse a se configurar, acentuando ainda mais o risco de incumprimento da prestação devida[292]. Desse modo, o agravamento da situação patrimonial da devedora potencializaria a dúvida sobre a capacidade de adimplemento da prestação devida, o que fundamentaria a oposição da exceção de inseguridade com base na deterioração econômico-financeira da devedora[293]. Figurativamente, o fato de o contrato ter sido celebrado "com céu encoberto" não representaria um impeditivo para a invocação da exceção de inseguridade, caso fossem posteriormente constatados os "primeiros raios" decorrentes de outras inadimplências e impontualidades da devedora[294].

A *contrario sensu*, o entendimento de Carvalho Santos também deixa claro que o manejo da exceção de inseguridade não requer que a conclusão do contrato tenha ocorrido com ambos os contratantes em plena saúde econômico-financeira, uma vez que o aumento do passivo de uma empresa já endividada poderia fundamentar, à luz do caso concreto, a oposição de tal exceção por quem tenha que prestar primeiro.

De qualquer forma, é certo que o problema relativo a uma deterioração gradual do status patrimonial da devedora não comporta uma solução monolítica. Em atenção a uma realidade que já se mostrava claramente deficitária ao tempo da conclusão do contrato, cabe examinar *in concreto* se o aumento superveniente do déficit patrimonial da devedora poderia, ou não, ensejar a invocação da exceção de inseguridade. Neste exame casuístico e necessariamente retrospectivo sobre qual era o risco genético do negócio, entende-se que devem ser analisadas as peculiaridades do caso concreto, dentre as quais a distância temporal entre a celebração do contrato e a execução da primeira prestação, a acessibilidade das

[291] Dispositivo normativo equivalente ao art. 477 do Código Civil.

[292] CARVALHO SANTOS, João Manuel de. **Código Civil brasileiro interpretado.** v. XV. 11. ed. Rio de Janeiro: Livraria Freitas Bastos, 1986, p. 242.

[293] CARVALHO SANTOS, João Manuel de. **Código Civil brasileiro interpretado.** v. XV. 11. ed. Rio de Janeiro: Livraria Freitas Bastos, 1986, p. 242.

[294] Em alusão à imagem de MACEDO, Pedro Souza. **Manual de direito das falências.** v. I. Coimbra: Almedina, 1964, p. 218, referida na nota 29, *supra*.

informações financeiras disponíveis aos contratantes, o comportamento das partes, o tempo de duração da relação contratual e o grau de notoriedade da situação de crise financeira ao tempo da celebração do contrato (*e.g.*, cadastro nos órgãos de proteção do crédito, volume de execuções e protestos).

Nessa análise caso a caso, o princípio da boa-fé objetiva, em sua função corretora[295], pode atuar para coibir o exercício abusivo e disfuncional da exceção de inseguridade. Quando for possível se demonstrar comparativamente que não há uma diferença substancial entre o risco genético (no momento da formação do negócio) e o risco atual (no momento próximo ao cumprimento da primeira prestação), não haveria bases fáticas para se buscar excepcionar a ordem de pagamento originalmente estipulada no contrato. Por meio da utilização de um raciocínio tópico, cabe ao julgador verificar se o patamar do risco genético daquele contrato, em específico, foi seriamente extrapolado ao ponto de justificar a aplicação da exceção de inseguridade. Em síntese, quem confiantemente aceitou navegar sobre águas turbulentas não poderia invocar a *exceptio timoris* ao som dos primeiros trovões, uma vez que o manejo da exceção de inseguridade deve ser modulado às particularidades do caso concreto e ao apetite de risco assumido por cada uma das partes ao tempo da celebração do contrato, sempre em atenção aos limites impostos pela boa-fé objetiva para fins de direcionamento normativo das condutas no tráfego social.

[295] MARTINS-COSTA, Judith. **A boa-fé no direito privado**: critérios para sua aplicação. 2. ed. São Paulo: Saraiva, 2018, p. 625 ("A função corretora se abre em duas distintas vertentes: a boa-fé auxilia a corrigir o exercício jurídico, direcionando-o e ajustando-o aos padrões de licitude (Código Civil, art. 187, *a contrario*); e pauta a correção do próprio conteúdo contratual, nas hipóteses de abusividade e de desequilíbrio contratual, neste último caso atuando por meio de institutos especificamente previstos pela lei. A mais vasta e relevante, consequente à qualificação geral da boa-fé como instituto jurídico, é a *função corretora do exercício jurídico* para impedir o exercício manifestamente desleal, incoerente, imoderado ou irregular de direitos subjetivos, formativos, faculdade e posições jurídicas. Trata-se da sua incidência no momento dinâmico, abrangendo todas as fases da relação obrigacional. Trata-se, igualmente, de uma atuação multifacetada, pois, como já se aludiu, como instituto jurídico que é, a boa-fé se articula com outras regras e princípios que denotam os vetores valorativos incidentes à relação contratual: a liberdade, a coerência, o equilíbrio, a justiça comutativa e a utilidade, nascendo, dessa articulação, as configurações ou facetas da boa-fé no momento do exercício dos direitos.").

Sobre o terceiro requisito (*i.e.*, evidente perigo do inadimplemento), reconhece-se que a exceção de inseguridade é uma medida excepcional que reage contra o perigo de uma lesão futura[296], diretamente vinculada com uma alta probabilidade de inadimplemento[297]. Em atenção a esse requisito, o excipiente tem o ônus de demonstrar a existência de perigo de dano concreto, o que revela a função cautelar da exceção de inseguridade[298]. Como remédio acautelatório, a exceção de inseguridade sempre operará sua eficácia em momento anterior à consumação do inadimplemento[299], uma vez que seu pressuposto fático é justamente o perigo de não se receber a contraprestação futura por causa da diminuição patrimonial da devedora[300].

Preenchidos os pressupostos fáticos da exceção de inseguridade, o devedor-credor está autorizado a recusar o cumprimento de sua prestação até que o outro contratante cumpra a contraprestação antecipadamente ou, de modo alternativo, ofereça garantia que assegure a satisfação dessa contraprestação. Essa recusa do excipiente tem função dilatória, pois encobre temporariamente a exigibilidade da primeira prestação[301]. Assim, paralisa-se a pretensão do exceto sobre a primeira prestação enquanto

[296] AGUIAR JÚNIOR, Ruy Rosado de. **Comentários ao novo Código Civil**: da extinção do contrato. v. VI. t. II. Rio de Janeiro: Forense, 2011, p. 832; ROPPO, Vincenzo. **Il contratto**. 2. ed. Milano: Giuffrè Editore, 2011, p. 924.

[297] NEVES, José Roberto de Castro. **Direito das obrigações.** 7. ed. Rio de Janeiro: GZ Editora, 2018, p. 317.

[298] ASSIS, Araken de. Seção III – Da exceção de contrato não-cumprido. *In*: ASSIS, Araken de; ANDRADE, Ronaldo Alves de; ALVES, Francisco Glauber Pessoa Alves. **Comentários ao Código Civil brasileiro**: do direito das obrigações. v. 5. Rio de Janeiro: Forense, 2007, p. 652-702, p. 701.

[299] BIAZI, João Pedro de Oliveira de. **A exceção de contrato não cumprido no direito privado brasileiro.** Rio de Janeiro: GZ Editora, 2019, p. 146.

[300] Ao tratar do tema no direito italiano, ENRICO GABRIELLI destaca que a exceção de inseguridade, prevista pelo artigo 1461 do *Codice Civile*, tem como pressuposto fático a existência de um risco de inadimplemento *objetivo, concreto, imediato* e *atual*. Como reflexo da piora das condições patrimoniais da devedora, surge na contraparte o fundado receio de que a devedora não tenha mais capacidade de adimplir a prestação futura, justificando a oposição da exceção de inseguridade como instrumento preventivo de proteção do sinalagma contratual (vide: GABRIELLI, Enrico. Appunti sulle autotutele contrattuali. **Rivista di Diritto Privato**, Bari, anno XXI, v. 4, p. 491-530, ott./dic. 2016, p. 516).

[301] PONTES DE MIRANDA, Francisco Cavalcanti. **Tratado de direito privado**. t. VI. 3. ed. São Paulo: Revista dos Tribunais, 1984, § 628, 9, p. 8.

este não cumprir com a contraprestação que lhe compete ou, no mínimo, oferecer garantia idônea. Por consequência, enquanto perdurar a eficácia da exceção de inseguridade, não haverá a configuração de mora daquele que originalmente deveria cumprir a primeira prestação. Em síntese, a eficácia dilatória da exceção de inseguridade resulta na suspensão temporária da pretensão à primeira prestação, equivalendo a um "não-começo temporal da exigibilidade (= não-vencimento)"[302].

Para eliminar o efeito paralisante da exceção de inseguridade, o excetuado tem duas alternativas para viabilizar a retomada da execução do programa contratual, quais sejam: *(i)* oferecer ao excipiente uma garantia idônea capaz de assegurar que a contraprestação será devidamente cumprida no futuro, ou *(ii)* antecipar o próprio cumprimento da contraprestação.

Nesse sentido, vale observar que ambas as alternativas exigem do excepto um comportamento proativo de dúplice-função. De um lado, a resposta do excepto visa a reduzir substancialmente o risco do incumprimento futuro (ou a eliminá-lo, em caso de antecipação do adimplemento). De outro, essa resposta também representa uma sinalização afirmativa de que, mesmo envolto em uma frágil situação patrimonial, o excetuado permanece tendo interesse na continuidade do contrato. Consequentemente, esse comportamento proativo do excetuado permite impulsionar a reconstituição da confiança do excipiente a respeito de qual será o destino da relação contratual. Na hipótese de não ser adotada, pelo excetuado, qualquer das duas alternativas (*i.e.*, antecipação do cumprimento ou oferecimento de garantia), a execução contratual fica, de regra, suspensa até que haja o vencimento da prestação que é devida pelo excetuado[303].

[302] PONTES DE MIRANDA, Francisco Cavalcanti. **Tratado de direito privado**. t. VI. 3. ed. São Paulo: Revista dos Tribunais, 1984, § 637, 1, p. 26 ("Certo, toda mora do devedor pressupõe pretensão, pessoal ou real, de alguém, a quem o devedor tivesse de prestar, pretensão *eficaz*, crédito *vencido* e de *eficácia descoberta* (= não encoberta por exceção, peremptória ou dilatória). Tem-se aventurado que, havendo exceção dilatória, o crédito há de ser tratado como não-vencido. Essa identificação do *encobrimento da eficácia* com o não-começo temporal de exigibilidade (= não vencimento) pode levar a conclusões particulares falsas. Se há direito, e não há pretensão, ou se o crédito não está vencido (ou se houver moratória legal), não pode haver mora.").

[303] PONTES DE MIRANDA, Francisco Cavalcanti. **Tratado de direito privado**. t. XXVI. 3. ed. São Paulo: Revista dos Tribunais, 1984, § 3.129, 1, p. 110 ("Se a caução não pode ser prestada,

No tocante à primeira alternativa para eliminar a exceção de inseguridade, o art. 477 do Código Civil utiliza a expressão "garantia bastante", denotando claramente que a caução deve ser idônea. Dentre as modalidades de garantia, a doutrina reconhece a possibilidade de a caução ser real ou fidejussória (incluindo a utilização de fiança bancária)[304], desde que a garantia oferecida seja meio suficiente para neutralizar o risco de inadimplemento advindo da superveniente diminuição patrimonial da devedora.

nem há meios para o credor adimplir, o devedor, que teria de prestar antes, tem de esperar que se vença a dívida do outro figurante, para poder pedir a resolução por inadimplemento."). No mesmo sentido: ASSIS, Araken de. Seção III – Da exceção de contrato não-cumprido. *In*: ASSIS, Araken de; ANDRADE, Ronaldo Alves de; ALVES, Francisco Glauber Pessoa Alves. **Comentários ao Código Civil brasileiro**: do direito das obrigações. v. 5. Rio de Janeiro: Forense, 2007, p. 652-702, p. 701. Entretanto, preocupada com os casos em que a espera pelo vencimento da dívida do excetuado submeta o excipiente a um elevado risco de sofrer vultuosos – e talvez irreparáveis – danos, parte da doutrina adota posicionamento diverso. José Roberto de Castro Neves dá o exemplo do empresário que adquire certa quantidade de minério de ferro – matéria prima de sua indústria – e que, tendo manejado a exceção de inseguridade, não recebe qualquer garantia substancial e suficientemente protetora. Em tal circunstância, mesmo não sendo absolutamente certo que vá ocorrer o descumprimento da obrigação de entrega do minério, o autor defende a possibilidade de reconhecimento do inadimplemento antecipado (NEVES, José Roberto de Castro. **Direito das obrigações.** 7. ed. Rio de Janeiro: GZ Editora, 2018, p. 318). Fica clara, neste ponto, a grande proximidade existente entre os institutos da exceção de inseguridade e do inadimplemento antecipado (*anticipatory breach*), conforme se depreende dos apontamentos de AZULAY, Fortunato. **Do inadimplemento antecipado do contrato**. Rio de Janeiro: Editora Brasília/Rio, 1977, p. 115 e SANTOS, J. A. Penalva. **Obrigações e contratos na falência**. 2. ed. Rio de Janeiro: Renovar, 2003, p. 24. A doutrina, contudo, de modo geral, afirma ser a exceção de inseguridade aplicável aos casos em que haja uma *alta probabilidade* de inadimplemento, limitando a invocação do inadimplemento antecipado aos casos em que houver *certeza* acerca do futuro incumprimento (neste sentido, vide: MARTINS-COSTA, Judith. A recepção do incumprimento antecipado no direito brasileiro configuração e limites. **Revista dos Tribunais**, São Paulo, v. 885, p. 30-48, jul. 2009, p. 44-45; CUNHA, Raphael Augusto. **O inadimplemento na nova teoria contratual**: o inadimplemento antecipado do contrato. 2015. 295 f. Dissertação (Mestrado em Direito) – Faculdade de Direito, Universidade de São Paulo, São Paulo, 2015, p. 158; USTÁRROZ, Daniel. **Direito dos contratos**: temas atuais. 2. ed. Porto Alegre: Livraria do Advogado Editora, 2012, p. 77).

304 PONTES DE MIRANDA, Francisco Cavalcanti. **Tratado de direito privado**. t. XXVI. 3. ed. São Paulo: Revista dos Tribunais, 1984, § 3.130, 1, p. 113.

O oferecimento de uma caução real não exonera o excetuado da obrigação de executar a prestação em espécie, uma vez que o excipiente poderá não estar interessado na substituição da prestação original pelo equivalente do bem dado em garantia, conforme assinalado por Ruy Rosado de Aguiar Júnior. Ao oferecer a garantia, o excetuado "não obtém com isso o direito de transformar sua prestação no bem dado em garantia, pois continua devendo o que foi contratado, e seu credor (excipiente) poderá, vencida a obrigação, promover a execução do contrato"[305].

Exemplificativamente, no contexto de uma promessa de compra e venda de um apartamento residencial em um empreendimento imobiliário no bairro do Leblon, na cidade do Rio de Janeiro, caso a incorporadora venha a sofrer uma superveniente diminuição patrimonial que coloque em risco a entrega deste empreendimento, o oferecimento em hipoteca de um imóvel de valor equivalente na Barra da Tijuca não é capaz de isentar a incorporadora da obrigação específica de entregar o apartamento no bairro do Leblon para o promitente comprador. Neste caso, o objetivo da hipoteca do imóvel na Barra da Tijuca é tão somente afastar o risco de prejuízo que ameaça o promitente-comprador do imóvel do Leblon. Portanto, a oferta de uma garantia idônea não equivale a uma dação em pagamento, pois, em muitos casos, o bem dado em garantia não é capaz de satisfazer o interesse do excipiente na prestação que originou a formação do sinalagma contratual.

No tocante à segunda alternativa para afastar a eficácia da exceção de inseguridade, a antecipação do cumprimento pelo excetuado é medida apta para eliminar completamente o risco de inadimplemento. Cabe referência ao fato de que compete ao excetuado a escolha sobre *ou* antecipar o cumprimento da contraprestação, *ou* oferecer garantia idônea que reforce a sua capacidade de adimplemento[306]. Em outras palavras, a alternatividade desses dois meios de extinção de inseguridade existe somente pelo prisma do excetuado.

Neste ponto, uma questão-chave que se coloca é de saber se – em contratos com a fixação de uma data certa para o cumprimento de uma prestação

[305] AGUIAR JÚNIOR, Ruy Rosado de. **Comentários ao novo Código Civil**: da extinção do contrato. v. VI. t. II. Rio de Janeiro: Forense, 2011, p. 839.

[306] PONTES DE MIRANDA, Francisco Cavalcanti. **Tratado de direito privado**. t. XXVI. 3. ed. São Paulo: Revista dos Tribunais, 1984, § 3.130, 1, p. 113.

específica – o excipiente poderia se manifestar contrariamente à antecipação do cumprimento dessa prestação pelo excetuado? Concretamente, no caso de uma compra e venda de aparelhos de ar-condicionado para um empreendimento imobiliário, na hipótese de a incorporadora opor a exceção de inseguridade contra a empresa responsável pela entrega e instalação dos aparelhos, a incorporadora poderia se negar a receber antecipadamente esses aparelhos sob a justificativa de que a utilidade da prestação está subordinada à data aprazada para a entrega?

Sobre essa questão envolvendo os "negócios jurídicos fixos"[307], entende-se que a solução pode variar a depender da capacidade de o excetuado conseguir demonstrar que tem bases objetivas, concretas e atuais para adimplir a sua prestação. No exemplo *supra* de compra e venda de aparelhos de ar-condicionado, caso a empresa excetuada conseguisse comprovar à excipiente que os aparelhos especificamente destinados àquele empreendimento já estavam fabricados e prontos para a entrega, essa demonstração pela excetuada afastaria o fundado receio de inadimplemento, por mais que a excipiente não tivesse interesse no recebimento antecipado dos aparelhos. Mesmo sem haver a eficácia liberatória do adimplemento, a prova dos aparelhos fabricados seria a própria garantia do cumprimento da contraprestação, resgatando a confiança da excipiente sobre o futuro do programa contratual. Nesta hipótese, avalia-se que seria incabível exigir da excetuada o oferecimento de uma garantia idônea como remédio cautelar, pois não pairariam mais dúvidas sobre a capacidade de a excetuada cumprir com a sua prestação. Portanto, a veracidade da informação sobre a regular fabricação dos aparelhos teria em si mesmo um valor assecuratório.

Por outro lado, caso os aparelhos de ar-condicionado fossem bens fungíveis (*i.e.*, sem qualquer espécie de personalização ao empreendimento imobiliário em questão), e a fabricante não fosse capaz de assegurar ao excipiente a guarda e conservação desses aparelhos até o momento da entrega, entende-se que o excipiente teria, sim, legitimidade tanto para negar a antecipação da entrega, quanto para exigir o oferecimento de uma garantia idônea. Isso porque prospectivamente remanesceria a dúvida sobre a capacidade de adimplemento da excetuada ao tempo

[307] MARTINS-COSTA, Judith. **Comentários ao novo Código Civil**: do adimplemento e da extinção das obrigações. v. V. t. I. 2. ed. Rio de Janeiro: Forense, 2006, p. 395-396.

futuro da entrega, vale dizer, nada excluiria o risco de uma lesão futura decorrente da utilização de tais aparelhos para a satisfação de outros contratos com o mesmo objeto. Neste caso, a fungibilidade do objeto contratual poderia colocar em evidente perigo a tutela do sinalagma, visto o risco de tais aparelhos escaparem para as mãos de outros clientes da devedora-excetuada.

As diversas consequências das duas situações analisadas *supra* reforçam o entendimento de que o juízo sobre a exceção de inseguridade não comporta soluções gerais e abstratas. Somente à luz dos elementos concretos da relação contratual e respeitados os limites da boa-fé objetiva impostos igualmente a ambas as partes (excipiente e excetuado), é que se poderá avaliar a legitimidade de o excipiente não aceitar o recebimento antecipado da prestação, ficando o excetuado restrito à alternativa de oferecer uma garantia idônea para, enfim, poder exercer a pretensão à prestação contratual devida pelo excipiente.

Traçadas as linhas gerais dos requisitos e as consequências atinentes ao instituto da exceção de inseguridade como remédio protetivo do sinalagma dos contratos bilaterais, será na sequência analisada a operacionalidade desse instituto quando a empresa excetuada estiver em recuperação judicial.

4.2. Exceção de inseguridade no regime da recuperação judicial

No âmbito da recuperação judicial, a exceção de inseguridade surge em uma zona de entrecruzamento de dois riscos: o da insolvência e o do inadimplemento. Não por acaso, parte da doutrina utiliza – para designar a exceção de inseguridade – o termo "exceção de insolvência"[308], sinalizando, com esta sobreposição de significados, a vocação do concurso de credores para emanar efeitos substanciais sobre a vida dos contratos.

Nesta encruzilhada em que naturalmente afloram posições defensivas dos credores contra a empresa em crise (como visto na parte inicial deste

[308] NORONHA, Fernando. **Direito das obrigações**. 4. ed. São Paulo: Saraiva, 2013, p. 209. Na jurisprudência, a denominação também é vista em: TJRS. 17ª Câmara Cível. Ap. 70083105288. Relatora Desa. Liege Puricelli Pires. J. em 22/11/2019; TJRS. 20ª Câmara Cível. Ap. 70083574533. Relator Des. Dilso Domingos Pereira. J. em 29/01/2020; TJSP. 21ª Câmara de Direito Privado. AI 2117218-59.2016.8.26.0000. Relator Des. Itamar Gaino. J. em 28/09/2016.

capítulo), quatro razões justificam a análise dos contornos da exceção de inseguridade no contexto excepcional e coletivo da recuperação judicial.

A primeira razão está ligada ao fato de que a oposição da exceção de inseguridade pode comprometer o fluxo de caixa da empresa devedora, dificultando sobremaneira a manutenção de suas atividades correntes durante o período em que negocia o plano de reestruturação. O processamento da recuperação judicial – ao institucionalizar a fragilidade econômico-financeira da empresa em crise – pode propiciar a formação de um *círculo vicioso* naqueles contratos bilaterais pendentes de cumprimento cuja primeira prestação seja devida pelo credor à devedora. A problemática pode ser resumida no seguinte movimento circular: *(i)* a gravidade da crise econômico-financeira da empresa recuperanda tende a facilitar *(ii)* o preenchimento dos pressupostos da exceção de inseguridade quando identificado um maior risco de inadimplemento; *(iii)* por conta da oposição dessa exceção, a recuperanda fica privada de uma utilidade necessária à continuidade de suas atividades; *(iv)* para que haja a retomada do contrato, cabe à recuperanda escolher entre o cumprimento antecipado de sua contraprestação ou, no mínimo, oferecimento de uma garantia idônea, o que, ao final, pode causar *(i)* um novo agravamento de sua crise econômico-financeira.

A segunda razão diz respeito ao fato de que – das empresas que pedem recuperação judicial – a maior parte começa o procedimento com a totalidade (ou a quase-totalidade) dos seus ativos onerados. Não raro, a devedora entra em recuperação judicial já tendo inclusive onerado seus créditos futuros[309]. Em um cenário em que não há um estoque de garantias à disposição da devedora, as consequências negativas do *círculo vicioso* acima ilustrado podem ser verdadeiramente potencializadas, com risco de grave lesão ao seu fluxo de caixa.

Sem bens disponíveis para o oferecimento de uma caução, fica evidente que a única alternativa cabível à recuperanda seria adimplir antecipadamente a sua prestação para poder extinguir a eficácia dilatória da exceção

[309] SOUZA JÚNIOR, Francisco Satiro de. Recuperação judicial e a excepcionalidade dos créditos garantidos por cessão fiduciária de créditos futuros. *In*: GARCIA, Ricardo Lupion (Org.). **10 anos da Lei de falências e recuperação judicial de empresas**: inovações, desafios e perspectivas. Porto Alegre: Editora Fi, 2016, p. 159-181.

de inseguridade[310]. Na falta de um estoque de garantias, é possível argumentar que a oposição da exceção de inseguridade teria efeitos muito similares aos de uma cláusula de vencimento antecipado, colocando a devedora em uma encruzilhada. Desta forma, amplia-se ainda mais o risco de uma sucessão de desencaixes financeiros capaz de corroer o fluxo de caixa necessário à preservação da empresa. Em síntese, o manejo da exceção de inseguridade pode vir a externalizar uma indesejável corrida de credores extraconcursais no meio do *stay period*, contrariando a lógica coletiva e paritária dos procedimentos de insolvência.

A terceira razão está relacionada à posição dos credores individuais em face da devedora. Frequentemente, o credor individual que se utiliza da exceção de inseguridade não apenas detém créditos extraconcursais, sendo também titular de créditos sujeitos à recuperação judicial. Neste caso, o excipiente ocupa simultaneamente duas posições distintas: *(i)* é credor concursal, no que diz respeito às prestações cumpridas (e não-pagas) antes da recuperação judicial; e *(ii)* é credor extraconcursal, referentemente às prestações a serem cumpridas durante o procedimento de reestruturação.

Na medida em que o credor individual consegue antever os efeitos novatórios do plano de recuperação sobre o valor do seu crédito concursal (*e.g.*, carência, deságio), é natural que passe a adotar uma postura de redobrada cautela para prevenir prejuízos futuros decorrentes do risco de incumprimento da devedora. Neste caso, o manejo de remédios de autotutela constitui um reforço da posição do credor, visando à proteção de sua saúde financeira para que não sofra uma perda patrimonial traduzida na perda da sua prestação[311]. Há de se reconhecer que a recuperação judicial

310 A afirmação parte da premissa de que a garantia pessoal da devedora (ou de seus controladores) não é meio idôneo para servir de garantia para o adimplemento. Sobre o tema, vide: TJRS. 11ª Câmara Cível. Ap. 70074492570. Relator Des. Antônio Maria Rodrigues de Freitas Iserhard. J. em 29/11/2017.

311 Ao analisar a exceção de não cumprimento no Direito português, Luís Miguel Pestana de Vasconcelos reconhece que a *exceptio* desempenha uma função de garantia atípica e indireta, com o objetivo de se evitar que a prestação adimplida pela contraparte *in bonis* após a declaração da insolvência seja paga com o valor reduzido da "moeda falimentar", *in verbis*: "Com efeito, na insolvência, o credor que não realizou a prestação não pode ser compelido a cumprir, a não ser nestes casos. Nas outras hipóteses, pode sempre valer-se da exceção de não cumprimento para recusar a realização de sua prestação. Esta solução nada tem de inevitável.

não impõe um "dever de caridade" ao credor individual, nem poderia obrigá-lo a tolerar inadimplementos futuros da devedora[312]. Nesse sentido, vale lembrar a máxima que provém da tradição concursal segundo a qual a parcela de sacrifício do credor na recuperação judicial não pode ser maior do que aquela que decorreria da liquidação dos ativos da devedora em caso de falência[313].

Frente a essa realidade, entende-se que compete à doutrina e à jurisprudência conjugar esforços contínuos para o estabelecimento das

A lei poderia não ter estabelecido a referida distinção e ter pacificado neste ponto o regime de todos os credores comuns. Dessa forma, aqueles que não tivessem ainda realizado a sua prestação teriam que o fazer, sem poderem recorrer à exceção de não cumprimento, sacrificando dessa forma a sua prestação, e reclamar o seu crédito à contraprestação no processo insolvencial, o que significaria o seguinte: perda total da prestação e obtenção de uma muito pequena percentagem da contraprestação. Este é o resultado que se chega relativamente aos credores que à data da declaração da insolvência tenham já realizado a sua prestação. Porém, o reconhecimento da *exceptio* nesta sede põe os credores comuns que a ela possam recorrer numa posição privilegiada em relação aos outros credores comuns, evitando que sofram uma perda patrimonial traduzida na perda da sua prestação. O reconhecimento da exceção de não cumprimento em sede insolvencial constitui um instrumento de tutela, e assim de garantia, de primeira grandeza para os credores que a ela possam recorrer." (VASCONCELOS, Luís Miguel Pestana de. **Direito das garantias**. 2. ed. Coimbra: Almedina, 2016, p. 635-636).

312 Vale lembrar a citação de Ramez Tebet: "A recuperação judicial é um mecanismo de soerguimento de empresas e não um expediente para inadimplir obrigações e prejudicar credores de boa-fé".

313 Afirma Eduardo Secchi Munhoz que "o instituto da recuperação judicial deve buscar a reorganização célere e efetiva de empresas viáveis. Da perspectiva *ex ante*, não deve prejudicar o mercado de crédito; da perspectiva *ex post*, o sacrifício dos interesses individuais resultante da recuperação judicial não deve ser superior ao que ocorreria na falência, devendo ser, ademais, compensado pelos benefícios decorrentes da reorganização e continuação da atividade da empresa" (MUNHOZ, Eduardo Secchi. Pressupostos da recuperação judicial. *In:* COELHO, Fábio Ulhoa (Coord.). **Tratado de Direito Comercial**: falência e recuperação de empresa e direito marítimo. v. 7. São Paulo: Saraiva, 2015, p. 163-180, p. 169). Manifestação do referido princípio encontra-se igualmente no direito concursal português, em que o dever de gestão ordenada e criteriosa imposto ao administrador da massa (art. 9º, n. 1 do CIRE) obriga-o mesmo a propor o encerramento antecipado das atividades da empresa em recuperação "caso a manutenção em funcionamento dos estabelecimentos prejudicar os credores da insolvência, ou seja, se não houver perspectiva da sua recuperação ou se ela não propiciar aos credores um valor superior ao da venda dos seus elementos" (VASCONCELOS, Luís Miguel Pestana de. **Recuperação de empresas**: o processo especial de revitalização. Coimbra: Almedina, 2017, p. 29).

fronteiras entre, de um lado, o legítimo manejo da exceção de inseguridade e, de outro, o exercício disfuncional (ou abusivo) dessa exceção dilatória. Neste esforço sistematizador, as circunstâncias do caso concreto indicarão quando o credor estiver atuando diligentemente – movido pelo intuito de poupar prejuízos e de proteger o equilíbrio do sinalagma contratual –, em contraste com os casos de comportamentos oportunistas visando à antecipação de ganhos (ou, até mesmo, ao recebimento indevido de créditos concursais)[314].

Em perspectiva comparada, o quarto motivo liga-se ao fato de que a regulação da exceção de inseguridade em procedimentos de reorganização assume muito mais relevância nos regimes concursais em que vigora a regra geral de continuidade dos contratos bilaterais (caso do atual sistema brasileiro[315]) do que nos regimes em que há previsão legal que autoriza expressamente a possibilidade de suspensão de tais contratos (como ocorre, por exemplo, na legislação italiana). Explica-se.

No Direito italiano, a legislação concursal oferece solução normativa para disciplinar os "*contratti pendenti*" no regime da concordata. No art. 169-bis, 1, da *Legge Falimentare*, atribui-se à devedora a prerrogativa de requerer ao juízo concursal a suspensão dos contratos em curso pelo prazo de sessenta dias (sujeito a uma única prorrogação)[316]. Caso a suspensão do contrato seja judicialmente autorizada, os deveres de prestação ficam paralisados para ambas as partes (*i.e.*, empresa concordatária e contraparte *in bonis*), não havendo espaço para a invocação da exceção de inseguridade, pois afastada a exigibilidade das prestações durante o prazo de suspensão da execução contratual.

[314] WAISBERG, Ivo; *et alii*. **Financiamento de empresas em recuperação judicial:** importância, dificuldades e estímulos, mar. 2010. TMA-Brasil.

[315] Na recuperação judicial, art. 49, § 2º; e na falência, art. 117.

[316] Legge Falimentare. Art. 169-bis. 1. Il debitore con il ricorso di cui all'articolo 161 o successivamente può chiedere che il Tribunale o, dopo il decreto di ammissione, il giudice delegato con decreto motivato sentito l'altro contraente assunte, ove occorra, sommarie informazioni lo autorizzi a sciogliersi dai contratti ancora ineseguiti o non compiutamente eseguiti alla data della presentazione del ricorso. Su richiesta del debitore può essere autorizzata la sospensione del contratto per non più di sessanta giorni, prorogabili una sola volta. Lo scioglimento o la sospensione del contratto hanno effetto dalla comunicazione del provvedimento autorizzativo all'altro contraente.

Em contraste com a solução normativa hoje vigente no sistema italiano, a LRE não contém – no que toca ao regime da recuperação judicial – uma regra que autorize, como solução temporária, a possibilidade de suspensão da execução dos contratos bilaterais. No regime recuperacional brasileiro, os contratos bilaterais não ficam sujeitos a uma regra de "congelamento das situações"[317], nem a um "limbo jurídico"[318], uma vez que continuam a operar seus efeitos mesmo após o processamento da recuperação judicial.

Na medida em que não se suspende provisoriamente a exigibilidade das prestações a serem cumpridas no *stay period*, a exceção de inseguridade tende a assumir maior relevância, podendo desempenhar uma dúplice-função no contexto recuperacional: como instrumento protetivo do sinalagma contratual e como remédio informativo para que ambas as partes possam (re)programar o futuro da relação contratual após o início do procedimento de reorganização.

4.2.1. Dever de informar à devedora

A recuperação judicial é um fato relevante na vida empresarial, despertando no ânimo dos credores uma "legítima inquietude"[319] sobre o destino do contrato. O objetivo desta parte do trabalho é analisar *como* se procedimentaliza essa inquietude do credor de contratos bilaterais, com enfoque na seguinte questão: o credor-excipiente deve informar previamente a devedora-excetuada de que está intencionado a opor a exceção de inseguridade?

Partindo dos exemplos apresentados neste capítulo, cabe perguntar se a empresa fornecedora de insumos agrícolas, tendo ciência da situação de crise empresarial da parte compradora, poderia comunicar a exceção

[317] A expressão é de José Oliveira Ascensão (Insolvência: efeitos sobre os negócios em curso. *In*: **Themis**, Coimbra, 2005. Edição Especial, p. 118).

[318] A expressão é de Gisela Cezar (**Os efeitos da insolvência sobre o contrato-promessa em curso**. 2. ed. Coimbra: Almedina, 2017, p. 87).

[319] A expressão advém da doutrina francesa (*"légitime inquiétude"*), valendo destacar que, na década de 50, tanto Serpa Lopes no Brasil quanto Vaz Serra em Portugal fizeram referência a essa clássica expressão francesa ao tratar do tema da *exceção de inseguridade*. Vide: SERPA LOPES, Miguel Maria de. **Exceções substanciais**: exceção de contrato não cumprido. Rio de Janeiro: Livraria Freitas Bastos, 1959, p. 279; VAZ SERRA, Adriano Paes da Silva. Excepção de contrato não cumprido. *In*: **Boletim do Ministério da Justiça**, n. 67, p. 17-181, jun. 1957, p. 61-62.

de inseguridade apenas na data de entrega ou deveria informar, com um pré-aviso razoável, a sua intenção de sustar a entrega dos insumos?

De igual modo, a pergunta se aplica às situações em que o excipiente estiver obrigado ao pagamento do preço, como é o caso da recuperação judicial de uma incorporadora imobiliária. Verificados os pressupostos da exceção de inseguridade, o promitente-comprador poderia aguardar até a data de vencimento de parcela do preço para dar ciência à incorporadora sobre a sustação do pagamento ou deveria comunicar previamente a devedora?

Na construção dogmática da exceção de inseguridade, o dever de informar imposto ao excipiente encontra fundamento no princípio da boa-fé objetiva[320]. Considerando que o retardamento no cumprimento da primeira prestação (pelo efeito dilatório da exceção) pode gerar potenciais danos à excetuada, o dever de notificação prévia reflete uma regra de lealdade e de consideração para com os legítimos interesses alheios. Destarte, busca-se prevenir ou minimizar as futuras consequências de uma possível suspensão do cronograma contratual em virtude do manejo da exceção de inseguridade.

No contexto excepcional e coletivo da recuperação judicial, há de se reconhecer que os deveres de lealdade e de consideração para com os interesses da devedora-excetuada devem incidir com alto grau de intensidade. Em atenção às particularidades do procedimento recuperacional, o dever de notificação prévia é capaz de desempenhar quatro funções, a seguir detalhadas.

Sob o prisma da devedora-excetuada, a notificação prévia enviada pelo credor-excipiente tem uma *função responsiva*, isto é: a notificação prévia é um meio hábil para que a excetuada possa, em resposta à excipiente, prestar os esclarecimentos necessários sobre a existência (ou não) de risco de inadimplemento. Para tanto, o ideal é que a devedora consiga demonstrar que não há bases objetivas para as inquietações externadas na notificação.

Neste trabalho responsivo, a devedora-excetuada pode utilizar duas ordens de argumento para tentar afastar a incidência da exceção de

[320] ROPPO, Vincenzo. **Il contratto**. 2. ed. Milano: Giuffrè Editore, 2011, p. 925 ("*Perché questa possibilità sia concretamente utilizzabile, l'altra parte, intenzionata a sospendere la propria prestazione ex art. 1461, deve darne ragionevole preavviso onde consentire di predisporre l'eventuale garanzia. Lo impone la buona fede, anche qui dominante*".).

inseguridade. Primeiro, a devedora-excetuada tem o ônus de demonstrar que – comparativamente com a data de celebração do contrato – não houve uma mudança significativa nas suas condições patrimoniais. Em outros termos: incumbe à devedora comprovar que o simples fato de estar em recuperação judicial não ensejou um piora da sua "fotografia patrimonial". Por meio dessa demonstração comparativa, a devedora poderia refutar o requisito da superveniência da diminuição patrimonial, evidenciando que o estado de alarme do credor é infundado, visto que a atual "fotografia patrimonial" equivale em substância àquela verificável à época da conclusão do negócio entre as partes.

Sucessivamente, a devedora-excetuada pode prestar esclarecimentos ao excipiente, buscando demonstrar que não há riscos objetivos, concretos e atuais de inadimplemento. Neste sentido, a devedora tem a missão de tranquilizar o excipiente, trazendo evidências suficientes de que, mesmo em recuperação judicial, está capacitada – financeira ou operacionalmente, conforme o caso – para satisfazer a sua contraprestação (*e.g.*, a incorporadora em recuperação judicial pode demonstrar ao promitente-comprador que o cronograma da obra está dentro do prazo, e a empresa agrícola, comprovar que está pagando em dia os fornecedores de bens e serviços essenciais).

Na jurisprudência, é interessante analisar o caso decidido pelo Tribunal de Justiça de São Paulo envolvendo a aplicação da exceção de inseguridade no contexto relativo à recuperação judicial de uma empresa fabricante de móveis[321]. *In casu*, as partes celebraram um contrato de compra e venda de móveis planejados e sob medida, fixando-se as seguintes obrigações: *(i)* o pagamento do preço em 30 parcelas mensais, representadas em cheques pós-datados, os quais foram entregues pelo comprador à fabricante dos móveis no momento da celebração do contrato, em *dezembro de 2016*; e *(ii)* a posterior entrega e a instalação dos móveis no apartamento a ser recebido pelo comprador, em *outubro de 2018*. Nesse ínterim, após o desconto dos primeiros cheques, a empresa moveleira entrou em recuperação judicial. Diante do fundado receio de que os móveis não seriam entregues, o comprador dos móveis ingressou em juízo para sustar a exigibilidade dos cheques emitidos, com base no art. 477 do Código Civil.

[321] TJSP. 28ª Câmara de Direito Privado. AI 2080543-29.2018.8.26.0000. Relatora Desa. Berenice Marcondes Cesar. J. em 09/10/2018.

Ao examinar as condicionantes do caso, o Tribunal de Justiça de São Paulo considerou legítima a aplicação da exceção de inseguridade, sob o fundamento de que a empresa recuperanda "não contradiz ou refuta em âmbito probatório as alegações de sistemático descumprimento de suas obrigações no mercado, com outros consumidores, nem mesmo refuta a patente diminuição de sua capacidade empresarial, oriunda da própria recuperação judicial que requereu". Em específico, a existência de diversas reclamações, em sites da internet, de outros consumidores que não haviam recebido da empresa recuperanda os móveis foi objeto de valoração probatória pelos julgadores, justificando a incidência da medida acautelatória. Em síntese, observa-se que as notícias de inadimplementos em outros contratos foram um elemento de convencimento para legitimar o manejo da exceção de inseguridade.

Aplicando o raciocínio inverso do acórdão do TJSP, caso a fabricante dos móveis tivesse condições de minorar a insegurança do excipiente por meio de provas concretas de que as entregas continuavam ocorrendo regularmente durante a recuperação judicial, poderia haver bases objetivas para a descaracterização do risco de inadimplemento. Dentro de uma inexorável realidade em que as informações circulam rapidamente pela internet, é da devedora-excetuada o ônus de comprovar que a situação de crise não afetou a sua capacidade de adimplir regularmente, para que o credor-excipiente consiga resgatar a confiança no futuro do programa contratual.

Ainda sob o prisma da devedora-excetuada, o dever de notificação prévia também exerce uma *função de previsibilidade*, pois, com o pré-aviso, a devedora consegue antever as consequências da exceção de inseguridade para a sua esfera jurídico-patrimonial. Em um contexto de fragilidade econômico-financeira e de escassez de recursos, é fundamental que seja concedido um prazo razoável à devedora, para que esta tenha tempo hábil para prognosticar como o seu fluxo financeiro-operacional poderá ser impactado pelo manejo da exceção de inseguridade. Como forma de tutela do processo produtivo da devedora, a notificação prévia visa a evitar o efeito-surpresa da exceção de inseguridade, o que poderia ocasionar danos e abalos injustificados na regular condução dos negócios da recuperanda.

Quando a prestação devida pelo credor-excipiente for comprovadamente necessária para a manutenção das atividades da devedora-excetuada, a notificação prévia pode ser um instrumento para que – até a data de vencimento da primeira prestação – a devedora consiga mobilizar esforços e angariar os recursos necessários com o fito de extinguir a eficácia da exceção de inseguridade (seja pelo adimplemento antecipado da contraprestação, ou pelo oferecimento de uma caução idônea). Considerando que, de modo geral, a devedora não tem estoque de garantias, esse lapso temporal pode ser fundamental para que a devedora busque, junto a terceiros-financiadores, recursos que a possibilitem prestar uma garantia suficiente para afastar o risco de inadimplemento.

Sob o prisma do credor-excipiente, a notificação prévia tem a *função demarcatória* para fixar o termo inicial da suspensão da execução do contrato. A partir da data de recebimento da notificação prévia pela excetuada, entende-se que o credor-excipiente está autorizado a suspender por inteiro a execução do contrato, incluindo os atos preparatórios que estejam vinculados ao cumprimento da prestação principal[322]. O objetivo dessa suspensão é evitar que o credor-excipiente continue preparando a entrega de sua prestação em um cenário em que exista uma alta probabilidade de não receber a respectiva contraprestação da devedora-excetuada (*e.g.*, a fabricante ZETA pode paralisar o processo de montagem de um maquinário sob medida que fora encomendado, antes do início da recuperação judicial, pela devedora KAPPA).

Demarcando o início do prazo de suspensão do contrato, a data de entrega da notificação prévia pode servir de marco referencial para se calcular - em caso de extinção dos efeitos da exceção de inseguridade (pela antecipação do cumprimento ou pelo oferecimento de caução) - o prazo de tolerância a ser concedido ao credor-excipiente para que conclua os atos preparatórios da prestação.

Explica-se tal proposição por meio do seguinte caso prático. ZETA obrigou-se a entregar em *30 de setembro* o maquinário para KAPPA, cuja obrigação de pagamento ficou agendada para *30 de dezembro*. Sobrevindo a recuperação judicial de KAPPA, ZETTA entregou notificação prévia à

[322] GABRIELLI, Enrico. Il contratto e i rimedi: la sospensione dell'esecuzione. **Rivista di Diritto Privato**. Bari, anno XIX, v. 2, p. 167-188, apr./giugno 2014, p. 178 ("*La sospensione della prestazione è di regola totale, ed è destinata a rientrare quando viene meno il pericolo dell'inadempimento di controparte; può essere compatibile, tuttavia, con l'esecuzione di quelle prestazioni accessorie o secondarie che non sono poste in rapporto di reciprocità rispetto alla "controprestazione" di controparte, o che, comunque, possono rivelarsi funzionali a far sì che il contratto – dopo la parentesi sospensiva – possa proseguire normalmente nella sua esecuzione.*").

KAPPA em *30 de junho*, formalizando por escrito a suspensão da execução do contrato dali em diante. Em *30 de agosto*, KAPPA antecipa o pagamento do preço do maquinário, eliminando integralmente o risco de inadimplemento. Pelo cálculo da diferença entre *(i)* a data de extinção da eficácia da exceção de inseguridade e *(ii)* a data de entrega da notificação prévia, verifica-se que a execução contratual ficou suspensa por 02 meses, sendo este o prazo de tolerância que deve ser concedido ao credor-excipiente para que possa concluir os atos preparatórios para a entrega definitiva do maquinário à devedora-excetuada.

Como proposição de ordem prática para proteger a posição de ambas as partes contratantes, a concessão deste prazo de tolerância ao credor-excipiente está amparada em uma *lógica de ampulheta*. Na exata medida em que a execução contratual esteve suspensa, vira-se a ampulheta, assim se prorrogando o prazo para que o credor-excipiente consiga concluir a sua prestação. Desta forma, o credor-excipiente somente poderia ser constituído em mora após o transcurso desse prazo de tolerância, levando-se em conta o período em que o contrato esteve pausado a partir da notificação prévia.

Por fim, a notificação prévia desempenha uma *função de mitigação de danos* que é benéfica para ambas as partes. Partindo do exemplo *supra* relativo à fabricação de um maquinário, visualiza-se a seguinte hipótese: caso ZETTA suspendesse (por sua conta e risco) os atos preparatórios para a montagem do maquinário em *30 de junho* e aguardasse para manejar a exceção de inseguridade apenas na data de vencimento de sua prestação (*30 de setembro*), e KAPPA tivesse recursos suficientes para efetuar o imediato pagamento do preço, observa-se que o infundado manejo da exceção colocaria ambas as partes em prejuízo: *(i)* ZETTA incorreria em mora (ou, até mesmo, em inadimplemento absoluto) por conta do atraso na entrega do maquinário; e *(ii)* KAPPA estaria privada da utilidade daquela prestação (definitivamente ou durante o período da mora). Se ZETTA tivesse feito uso da exceção de inseguridade, ambas as partes estariam em melhor posição para reprogramarem o cronograma contratual, minimizando as consequências negativas do retardamento da entrega do maquinário.

Dentro do espectro desta *função mitigatória*, a notificação prévia também pode ensejar um "fracionamento do contrato" nos casos em que as prestações sejam divisíveis. Na hipótese de que KAPPA tivesse encomendado cinco máquinas industriais para ZETTA, a notificação prévia poderia instrumentalizar a seguinte recalibragem contratual: KAPPA reafirma o interesse na aquisição de duas máquinas (por meio do oferecimento de uma caução idônea correspondente ao preço dessas duas máquinas), bem como declara antecipadamente o inadimplemento com relação às outras três máquinas. Com essa recalibragem de expectativas, poderia haver uma mitigação do tamanho dos danos emergentes imputáveis a KAPPA pelo incumprimento contratual, de modo a poupar prejuízos para ambas as partes.

4.2.2. Critérios e limites para a operacionalização da exceção de inseguridade no *stay period*

Na lógica coletiva do procedimento de recuperação judicial, o *stay period* serve como um escudo de proteção patrimonial da devedora, enquanto perdurar a fase procedimental de negociação do plano de recuperação. Assim, busca-se evitar medidas expropriatórias que comprometam a preservação da unidade produtiva, em benefício da devedora e dos credores como um todo[323]. Em síntese, o *stay period* é um instrumento para a manutenção do giro empresarial, no período em que boa parte das energias da devedora estará voltada a convencer a maioria de seus credores sobre a viabilidade econômico-financeira do plano de reorganização.

Sob uma perspectiva financeira, o *stay period* pode ser traduzido como uma ferramenta útil para a preservação do fluxo de caixa da empresa em crise, a fim de que consiga manter o capital de giro necessário para completar o seu ciclo operacional, no espaço de tempo entre a data de chegada dos insumos em seu estoque e a data de ingresso dos recebíveis em seu caixa. Destarte, o *stay period* – ao proteger o caixa – concretiza o princípio da preservação da empresa, a fim de garantir a continuação das atividades correntes da devedora durante esse período crítico do processo recuperacional.

Atento a essa lógica normativa que vincula a regra do *stay period* ao princípio da preservação da empresa, o Tribunal de Justiça de São Paulo fixou em súmula o seguinte entendimento: "A falta de pagamento das contas de luz, água e gás anteriores ao pedido de recuperação judicial

[323] SCALZILLI, João Pedro; SPINELLI, Luis Felipe; TELLECHEA, Rodrigo. **Recuperação de empresas e falência**: teoria e prática na lei 11.101/2005. 1. ed. São Paulo: Almedina, 2016, p. 277.

não autoriza a suspensão ou interrupção do fornecimento"[324]. No *stay period*, os fornecedores de serviços essenciais ficam proibidos de recusar o cumprimento desses serviços com base em inadimplências da devedora cujo fato gerador seja anterior ao pedido de recuperação judicial (*i.e.*, incumprimentos de créditos concursais). Portanto, nos casos de serviços essenciais, as inadimplências pré-pedido não podem servir de fundamento para os fornecedores recusarem o cumprimento das prestações pós-pedido de recuperação judicial, sob pena de se comprometer negativamente a manutenção das atividades empresariais da devedora.

Por mais que seja próxima, a questão que aqui se coloca é outra. Em específico, buscar-se-á analisar a seguinte pergunta: com base na exceção de inseguridade, poderia a concessionária de energia elétrica condicionar o fornecimento de energia ao oferecimento de uma caução pela devedora-excetuada? Reformulando a pergunta para fora da categoria dos *serviços essenciais*, poderia o fabricante de um equipamento industrial recusar o cumprimento de sua prestação à recuperanda até que esta eliminasse o risco de inadimplemento de sua futura contraprestação?

Frente a essa problemática, a investigação de soluções normativas partirá da divisão em dois grupos de casos: *(i)* os casos em que o credor-excipiente deve ser impedido de opor a exceção de inseguridade contra a devedora-excetuada no *stay period* (**item 4.2.2.1**); e *(ii)* os casos em que o manejo da exceção de inseguridade contra a devedora-excetuada deve ser modulado *in concreto* com base em um tríplice critério (**item 4.2.2.2**).

4.2.2.1. Hipóteses de proibição da exceção de inseguridade no *stay period*

Nos contratos com prestações periódicas ou continuadas vigentes quando do início da recuperação judicial (*e.g.*, fornecimento periódico de insumos, prestação de serviços, locação), o credor-excipiente deve ser, de modo geral[325], impedido de opor a exceção de inseguridade contra a empresa recuperanda. No âmbito da recuperação judicial, entende-se que essa regra geral de proibição à exceção de inseguridade nos contratos duradou-

[324] TJSP. Súmula 57.

[325] Salvo as hipóteses em que houver a demonstração de que a relação contratual envolve uma situação de evidente dependência do credor-excipiente para com a devedora (*e.g.*, prestador de serviços exclusivos).

ros está fundamentada na finalidade normativa do *stay period*, buscando-se proteger, com tal proibição, o próprio fluxo de caixa da devedora durante a fase procedimental de negociação do plano de recuperação.

Materialmente, a eficácia primordial da exceção de inseguridade é autorizar o credor-excipiente a suspender a sua prestação, enquanto a devedora-excetuada não for capaz de oferecer, ao menos, uma caução idônea em garantia do cumprimento de sua contraprestação. Neste sentido, o efeito prático da exceção de inseguridade consiste na perda do benefício do prazo de pagamento (das operações a crédito) que fora originalmente estabelecido em favor da devedora-excetuada.

Na realidade dos contratos duradouros, sabe-se que essa ordem de pagamento pode ter um peso ainda maior na regulação das expectativas das partes. Em sua programação financeira, a devedora consegue prever e organizar as datas em que serão devidos os desembolsos futuros das contas a pagar (*e.g.*, mensalmente, a fatura da energia elétrica vence no dia 05, a do contador no dia 10, a da locação comercial no dia 15, *etc.*). Com base na invocação da exceção de inseguridade, a eventual insurgência de credores que fornecem periodicamente bens ou serviços pode ter efeitos gravosos contra a organização financeiro-operacional da devedora, podendo causar um evidente perigo de dessincronização do seu fluxo de caixa. Desta forma, verifica-se que a estabilização da ordem de pagamento nos contratos duradouros pode ser fundamental para a preservação do fluxo de caixa da devedora, com a manutenção de suas atividades durante o *stay period*.

Em perspectiva comparada, vale inicialmente analisar a solução normativa adotada pelo Direito chileno, cuja legislação concursal regulou expressamente o exercício de posições jurídico-contratuais pelos credores no período de proteção financeira concursal (*stay period*)[326]. Essa regulação

[326] A mencionada disposição consta do art. 57, 1, c, da *Ley* 20720, de 9 de janeiro de 2014: "*Artículo 57. Resolución de Reorganización. Dentro del quinto día de efectuada la presentación señalada en el artículo anterior, el tribunal competente dictará una resolución designando a los Veedores titular y suplente nominados en la forma establecida en el artículo 22. En la misma resolución dispondrá lo siguiente:*
1) Que durante el plazo de treinta días contado desde la notificación de esta resolución, prorrogable de conformidad a lo dispuesto en el artículo 58, el Deudor gozará de una Protección Financiera Concursal en virtud de la cual: [...] c) Todos los contratos suscritos por el Deudor mantendrán su vigencia y condiciones de pago. En consecuencia, no podrán terminarse anticipadamente en forma unilateral, exigirse

visa a evitar que comportamentos obstrutivos de credores individuais possam colocar em risco o próprio andamento do procedimento coletivo de reestruturação dos débitos da empresa em crise.

Na doutrina, Juan Luis Goldenberg Serrano destaca que a "regra da imutabilidade das relações contratuais" durante o *stay period* representa uma ferramenta de proteção da negociação coletiva entre a devedora e seus credores em sede concursal[327]. Neste ponto, o objetivo da legislação concursal chilena centra-se em criar um "aro de proteção em torno do contrato"[328], a fim de que – durante a fase do *stay period* – seja mantido o conteúdo original das relações contratuais em curso, quer dizer, seja preservado o cronograma contratual previsto antes do início do procedimento de insolvência. Assim, a regra da imutabilidade das relações contratuais visa a garantir a manutenção do "cronograma pré-concursal", buscando-se prevenir que a contraparte *in bonis* se valha de uma melhor posição negocial capaz de colocar em risco a continuidade operacional da empresa devedora.

Sob a lógica de se delimitar um raio de proteção dos contratos em curso, a tentativa de manejo da exceção de inseguridade poderia ser interpretada como um comportamento obstrutivo do credor individual, pois seus efeitos podem desestabilizar a já fragilizada situação da empresa recuperanda durante a negociação coletiva do plano de reestruturação. No Direito chileno, o conteúdo normativo da regra de imutabilidade das relações contratuais pode, portanto, servir de fundamento para impedir o exercício da exceção de inseguridade, sendo assim promovido um ambiente minimamente estável e equilibrado para o desenrolar da fase crucial de negociação coletiva do plano de reestruturação.

No Direito português, o conceito de "*serviços essenciais*" foi introduzido na legislação concursal para impedir que os prestadores de serviços considerados essenciais interrompam o fornecimento dos mesmos por

anticipadamente su cumplimiento o hacerse efectivas las garantías contratadas, invocando como causal el inicio de un Procedimiento Concursal de Reorganización. El crédito del acreedor que contraviniere esta prohibición quedará pospuesto hasta que se pague a la totalidad de los acreedores a quienes les afectare el Acuerdo de Reorganización Judicial, incluidos los acreedores Personas Relacionadas del Deudor."

327 GOLDENBERG SERRANO, Juan Luis. Los créditos legalmente pospuestos en la Ley 20.720. **Revista de Derecho (Valdivia)**, Valdivia, v. 28, n. 2, p. 91-116, dic. 2015, p. 95-98.

328 GOLDENBERG SERRANO, Juan Luis. Los créditos legalmente pospuestos en la Ley 20.720. **Revista de Derecho (Valdivia)**, Valdivia, v. 28, n. 2, p. 91-116, dic. 2015, p. 98.

conta de dívidas relativas a serviços prestados em momento anterior ao início do procedimento de insolvência[329]. No rol dos serviços que estão expressamente proibidos de serem interrompidos, estão especificados os seguintes: *(i)* fornecimento de água; *(ii)* fornecimento de energia elétrica; *(iii)* fornecimento de gás natural e gases de petróleo liquefeitos canalizados; *(iv)* serviço de telecomunicações; *(v)* serviços postais; *(vi)* serviço de recolha e tratamento de águas residuais; e *(vii)* serviço de gestão de resíduos sólidos urbanos. Na doutrina portuguesa, Catarina Serra assinala que essa regra de proibição de interrupção de serviços essenciais tem alcance limitado em razão da opção legislativa por uma enumeração taxativa dos *serviços essenciais*. A autora ressalta que seria desejável uma maior abrangência do conceito de *serviços essenciais*, "sobretudo quando se pensa nas (outras) necessidades que é previsível que a empresa tenha nestes tipos de situações"[330].

De acordo com a legislação concursal portuguesa, essa regra de proibição de interrupção de serviços essenciais vigora pelo prazo máximo de três meses, contados do início do procedimento concursal, podendo tal prazo ser dilatado em caso de concordância por parte desses fornecedores de serviços essenciais. Na hipótese de a empresa em crise não efetuar o pagamento pontual desses serviços essenciais após o início do procedimento de insolvência, a devedora perde o benefício dessa regra de proibição. Para afastar "a faculdade de o fornecedor recusar a prestação"[331], a garantia de não-interrupção está condicionada ao regular adimplemento dos fornecimentos de serviços essenciais prestados após o início do procedimento.

No Direito português, observa-se que essa regra de proibição de interrupção de serviços essenciais constitui um instrumento de proteção provisória da devedora no *stay period*, a fim de se evitarem – para determinados casos previstos em lei – as consequências negativas do sobrestamento da execução contratual com base em uma recusa individual do fornecedor[332].

329 1ª Legislação RERE – art. 12, n. 1. 2ª Legislação: PER, art. 17-E, n. 08, do CIRE.

330 SERRA, Catarina. **Lições de direito da insolvência**. Coimbra: Almedina, 2018, p. 507.

331 SERRA, Catarina. **Lições de direito da insolvência**. Coimbra: Almedina, 2018, p. 508.

332 Ainda sobre a regra de proibição de interrupção do fornecimento no *stay period* por iniciativa individual da contraparte *in bonis*, é interessante notar que o Direito Comunitário Europeu vai bastante além da regra prevista no Direito português, pois não restringe o alcance da proibição a um rol taxativo de *serviços essenciais*. No artigo 7º, parágrafo 4º, da Proposta

Ainda sob a perspectiva comparada, a doutrina italiana também traz uma relevante contribuição que pode ser adaptada para o contexto de proibição da exceção de inseguridade no *stay period*. Ao tratar da exceção de contrato não-cumprido nos contratos duradouros, Persico afirmava que – se o incumprimento da parte devedora for de *leve importância* – o fornecedor não pode suspender as prestações ulteriores[333]. Portanto, o manejo da exceção de contrato não-cumprido pressuporia que a falta não seja de leve importância.

Por meio de um transplante dessa regra da leve importância para uma situação de exceção de inseguridade, seria possível sustentar que – sob um parâmetro da razoabilidade – o credor-excipiente não estaria autorizado a recusar o cumprimento da primeira prestação quando se verificar que o risco de inadimplemento é irrelevante para a sua saúde financeira. Em outros termos: o sinalagma daquele contrato bilateral é de levíssima importância em vista da estatura patrimonial do credor--excipiente. A título exemplificativo, para uma fornecedora de energia elétrica de grande porte, o eventual inadimplemento de uma conta de luz pela devedora-excetuada é absolutamente imaterial, não havendo uma justificativa razoável para o manejo da exceção de inseguridade. Com base em um juízo de razoabilidade, devem ser analisadas as circunstâncias e características concretas de cada relação contratual, sopesando-se o risco de inadimplemento (para o credor-excipiente) e os efeitos da exceção de inseguridade (para a devedora-excetuada). Quando este juízo ponderativo revelar uma evidente insignificância do risco de inadimplemento para o credor-excipiente, entende-se que a oposição da exceção de inseguridade não deve ser admitida durante o *stay period*.

Em síntese, entende-se que, de regra, o credor-excipiente deve ser impedido de, durante o *stay period*, opor exceção de inseguridade nos casos de contratos de execução periódica ou continuada. Como forma de

Diretiva n. 2016/0359, está fixada a seguinte diretriz: "Os Estados-Membros devem assegurar que, durante o período da suspensão, os credores aos quais a mesma é aplicável não possam recusar-se a cumprir ou resolver, antecipar ou alterar, seja de que maneira for, contratos executórios em prejuízo do devedor, por dívidas existentes antes da suspensão. Os Estados-Membros podem limitar a aplicação desta disposição aos contratos essenciais e necessários para a continuação do exercício corrente da atividade da empresa."

333 PERSICO, Giovanni. **L'eccezione d'inadempimento**. Milano: Giuffrè Editore, 1955, p. 160-167.

concretização do princípio da preservação da empresa, o *stay period* deve assegurar a estabilização da ordem sucessiva das prestações originalmente estabelecida nos contratos de duração, evitando-se o perigo de deterioração do fluxo de caixa da empresa em crise. Nos contratos de execução periódica ou continuada, adianta-se que a única hipótese para legitimar o manejo da exceção de inseguridade se dá quando restar caracterizada uma dependência econômica do credor-excipiente para com a devedora excetuada, conforme se analisará logo a seguir.

4.2.2.2. Critérios para a modulação da exceção de inseguridade no *stay period*

Por outro lado, entende-se que há justificativas para se reconhecer a legitimidade do credor-excipiente para manejar a exceção de inseguridade contra a devedora-excetuada nas seguintes hipóteses: *(a)* nos contratos duradouros (de execução periódica ou continuada) em que o risco de inadimplemento da empresa recuperanda puder resultar em um perigo de dano concreto contra a esfera patrimonial da contraparte *in bonis*, por conta de uma situação de dependência econômica (*e.g.*, 80% do faturamento mensal de $1.000.000,00 de uma empresa fornecedora de insumos hospitalares decorre de um contrato de fornecimento para um grupo hospitalar em recuperação judicial); *(b.1)* nos contratos bilaterais de execução diferida em que a data de vencimento da primeira prestação ocorrer dentro do *stay period* (*e.g.*, a devedora pede recuperação judicial em *1º de março*, tendo celebrado, em *1º de fevereiro*, um contrato para comprar a crédito uma frota personalizada de 12 caminhões a serem fabricados e entregues até *1º de junho* pelo credor-excipiente em contrapartida do preço de $3.000.000,00, a ser pago em 10 parcelas mensais); e *(b.2)* nos contratos bilaterais de execução diferida em que a contraparte *in bonis* estiver obrigada, durante o *stay period*, a executar atos preparatórios à conclusão da primeira prestação, cuja data de cumprimento estiver fixada para momento posterior ao transcurso do prazo legal do *stay period* (*e.g.*, a devedora pede recuperação judicial em *1º de março*, tendo celebrado, em *1º de fevereiro*, um contrato para adquirir uma aeronave particular a ser fabricada e entregue pela contraparte *in bonis* até *1º de dezembro*, em contrapartida do preço de $12.000.000,00, que deverá ser pago pela devedora, após a entrega da aeronave, em 24 parcelas mensais).

Em atenção às três hipóteses especificadas *supra*, observa-se que há um importante *ponto de convergência*: nestes três cenários, o credor-excipiente está obrigado a cumprir com deveres de prestação durante o prazo legal de 180 dias do *stay period* – seja para efetuar o próprio adimplemento da primeira prestação dentro do *stay period* (vide hipóteses "a" e "b.1", *supra*), seja para executar atos preparatórios necessários ao cumprimento da primeira prestação, cujo adimplemento definitivo está programado para ocorrer após o término do *stay period* (vide hipótese "b.2", *supra*). Em vista do equilíbrio sinalagmático dos contratos bilaterais, observa-se que, em todas essas três hipóteses, o credor-excipiente terá de empregar recursos e esforços a fim de viabilizar o cumprimento de sua prestação. Deste modo, o credor-excipiente está visivelmente exposto a um risco patrimonial caso haja o inadimplemento da contraprestação que é devida pela empresa em recuperação judicial.

A identificação desse *ponto de convergência* conduz ao reconhecimento do seguinte pressuposto fático para aplicação da exceção de inseguridade no âmbito da recuperação judicial: somente aqueles credores que estiverem obrigados a cumprir com deveres de prestação durante o prazo legal do *stay period* poderão exercer o contra-direito da exceção de inseguridade, como instrumento de proteção do sinalagma contratual.

Em razão dessa restrição, entende-se que a exceção de inseguridade não deverá ser aplicada nos casos em que, de acordo com o cronograma contratual, a contraparte *in bonis* não tenha qualquer obrigação de executar, durante o *stay period*, atos preparatórios à sua prestação. A título exemplificativo, visualiza-se o caso de a devedora pedir recuperação judicial em *1º de março de 2020*, tendo celebrado, em *1º de fevereiro de 2020*, um contrato para adquirir uma aeronave a ser entregue em *1º de fevereiro de 2023*, com início do cronograma de fabricação da aeronave apenas em *1º de fevereiro de 2021*. Nesta hipótese específica, não existe um risco concreto, atual e imediato de inadimplemento que pudesse condicionar o manejo da exceção de inseguridade, visto que o credor-excipiente tem a certeza de que – durante os 180 dias do *stay period* – não precisará empregar recursos e esforços para a fabricação da aeronave. *In concreto*, o avião encomendado pela recuperanda está apenas em uma "fila de espera", não havendo bases imediatas e concretas para a configuração de um legítimo "estado de alarme" do credor.

Ademais, para estes casos em que o contrato está naturalmente dormente nos primeiros meses após o início da recuperação judicial, há de se reconhecer que o *real risco de inadimplemento* da devedora está condicionado ao resultado futuro e incerto da assembleia geral de credores que irá justamente apreciar, ao final do *stay period*, o plano de recuperação. Até lá, o sentimento de risco do credor-excipiente é meramente expectativo, pois a probabilidade do inadimplemento somente poderá ser mensurada de maneira concreta após o término do processo de deliberação sobre o plano de recuperação (com a possibilidade de haver uma reorganização significativa do passivo da devedora por meio da novação recuperacional). Em síntese, estes casos não trazem um perigo concreto e imediato de prejuízos ou de disfunções no sinalagma que pudesse justificar, ainda no *stay period*, a medida extraordinária da exceção de inseguridade, considerando que o exercício de tal exceção pressupõe que o credor-excipiente esteja prestes a iniciar a execução de atos preparatórios (*i.e.*, quando o contrato efetivamente despertar do seu "estado de dormência").

Com base neste pressuposto fático, serão a seguir desenvolvidos três critérios a serem cumulativamente considerados para se modular a aplicação da exceção de inseguridade no âmbito da recuperação judicial.

O primeiro critério está vinculado a uma limitação do valor da caução apenas ao montante do *custo de produção* em que o credor-excipiente incorrerá, durante o *stay period*, para fins de execução de sua prestação (ou dos atos preparatórios necessários à conclusão dessa prestação). Neste cálculo, o valor da caução está limitado por dois fatores: *(i)* o primeiro fator diz respeito à exclusão da margem de lucro do credor-excipiente, o qual não fará jus ao preço total da prestação, mas tão somente a uma caução de valor correspondente ao seu *custo de produção* (= preço final *menos* margem de lucro); e *(ii)* o segundo fator é de ordem temporal, pois o valor da caução está temporalmente delimitado ao montante dos custos que serão diretamente incorridos pelo credor-excipiente durante o *stay period*.

Para operacionalização desse primeiro critério, utiliza-se o exemplo da hipótese "b.1" *supra* (contrato de compra e venda de uma frota de caminhões), tomando-se como base as seguintes premissas adicionais: a margem de lucro do credor-excipiente é de 40% do preço do contrato, e o seu custo de produção é mensalmente homogêneo durante os 04 meses de fabricação dos 12 caminhões. Neste caso, a aplicação dos dois fatores de limitação resultaria em um valor exigível de caução no limite-máximo de $1.350.000,00, conforme o seguinte cálculo: *(i)* custo de produção total no montante de $1.800.000,00 multiplicado *(ii)* pelo quociente de $^3/_4$ a refletir proporcionalmente o tempo de execução de contrato no *stay period* (*i.e.*, o resultado da divisão do tempo de execução do contrato no *stay period* sobre o tempo total de execução do contrato). Desta forma, o credor-excipiente não poderia condicionar a retomada da montagem dos caminhões ao oferecimento, pela devedora-excetuada, de uma caução correspondente ao preço total do contrato ($3.000.000,00). Caso a devedora-excetuada recebesse, em *1º de abril*, a notificação prévia referente à oposição da exceção de inseguridade e, em *1º de maio*, conseguisse oferecer uma caução no valor de R$1.350.000,00, o credor-excipiente estaria obrigado a retomar imediatamente a fabricação dos 12 caminhões a partir do dia *1º de maio*, tendo o credor-excipiente até o dia *1º de julho* para entregar a frota de caminhões à devedora-excetuada (data de vencimento original acrescida do prazo de tolerância).

Em síntese, o critério do "custo de produção no *stay period*" visa a garantir que o valor da caução seja proporcional aos custos (direta e imediatamente) relacionados aos atos de execução, pelo credor-excipiente, de sua prestação contratual, durante o *stay period*. Assim, busca-se eliminar apenas o risco concreto e imediato a que o excipiente está sujeito durante o prazo legal do *stay period*, considerando que, em uma realidade concursal, o manejo da exceção de inseguridade não pode ser fonte para o credor-excipiente tentar injustificadamente antecipar ganhos ou maximizar lucros, em detrimento da devedora e da coletividade de credores.

O segundo critério – a fim de justificar o oferecimento de uma caução idônea – diz respeito à exigência de que a devedora-excetuada demonstre a *evidente utilidade* da prestação contratual (devida pela contraparte) para a manutenção da atividade empresarial da recuperanda. Para a concreção do conceito indeterminado de *evidente utilidade* quando da aplicação da exceção de inseguridade na recuperação judicial, toma-se por empréstimo a regra falimentar do art. 117 da LRE. Nesse sentido, a prestação contratual do credor-excipiente deve ser considerada *evidentemente útil* quando o cumprimento deste contrato bilateral reduzir ou evitar o aumento do passivo da devedora-excetuada ou for necessário à manutenção e preservação de sua atividade empresarial. Em suma, a prestação contratual do credor-excipiente deve servir para a devedora-excetuada manter o giro empresarial ou, ao menos, obter um saldo positivo para minorar o tamanho do seu passivo.

Com base no exemplo da hipótese "a" *supra* (*i.e.*, contrato de fornecimento periódico de insumos hospitalares), há de se reconhecer que o objeto da prestação contratual é de *evidente utilidade* para a preservação das atividades empresariais da devedora-excetuada, sendo justificável a prestação de uma caução idônea a fim de se garantir a regular retomada do fornecimento desses insumos ao grupo hospitalar. Diferentemente, no exemplo da hipótese "b.2" *supra* (*i.e.*, contrato de compra e venda de uma aeronave particular), caso a aquisição da aeronave fosse destinada para uso dos administradores e controladores da devedora-excetuada, não haveria qualquer justificativa para o oferecimento de uma caução em favor do credor-excipiente, pois o cumprimento do contrato – além de ser absolutamente desnecessário para a preservação das atividades primárias da devedora – não seria capaz de reduzir ou evitar o aumento de seu passivo.

Por fim, o terceiro critério está estribado no argumento de que o oferecimento de uma caução (no limite-máximo do custo de produção do credor-incipiente no *stay period*) não pode causar uma disfunção no fluxo de caixa da devedora-excetuada. Em outros termos: a prestação de uma garantia idônea pela devedora-excetuada não pode configurar um *perigo de dano reverso*, que coloque em evidente perigo a própria continuidade do procedimento coletivo de reorganização, em prejuízo de todos os interessados no soerguimento empresarial.

Neste caso, caberá ao juízo recuperacional efetuar a ponderação entre dois riscos: de um lado, o perigo de dano ao credor-excipiente, por conta do risco de inadimplemento da devedora-excetuada; e, de outro, o perigo de dano reverso vinculado ao risco de deterioração do ciclo financeiro-operacional da devedora por conta da necessidade de prestação de caução. Em linguagem metafórica, o remédio do credor-excipiente não pode ser a *cicuta* a sentenciar de morte a devedora-excetuada, e *vice-versa*. Neste juízo ponderativo, entende-se que o julgador tem a tarefa de reduzir equitativamente o valor da caução à luz do caso concreto, a fim de se evitarem "os dois maus maiores", quais sejam: a bancarrota da devedora e o severo dano econômico-financeiro à contraparte.

CONCLUSÃO

No regime da recuperação judicial (assim como no da falência), o termo "contrato bilateral" – para além do vetor de reciprocidade que envolve o sinalagma – está vinculado a uma dimensão temporal da execução do contrato, contemplando aquelas relações contratuais nas quais existam obrigações pendentes de cumprimento tanto pela devedora quanto pela contraparte *in bonis*, quando do início do procedimento.

Os contratos bilaterais representam, portanto, aqueles contratos *"com um pé dentro, e outro fora"* da recuperação judicial. Embora a formação do vínculo contratual seja anterior à data do pedido de recuperação, cada parte ocupa – ao tempo do processamento da recuperação judicial – a dupla-posição de credora e de devedora, coexistindo "créditos" e "débitos" dentro do equilíbrio interno do contrato.

A partir do significado dos contratos bilaterais na recuperação judicial, surge a seguinte questão pertinente à classificação do crédito detido pela contraparte *in bonis*: o crédito decorrente de um contrato bilateral está, ou não, sujeito aos efeitos novatórios do plano de recuperação? No regime legal, o conceito de *crédito existente* (conforme previsto no art. 49, *caput*, da LRE) deixou uma margem de dúvida a respeito da posição dos credores de contratos bilaterais que estão pendentes de cumprimento na data do pedido de recuperação, despertando divergências na jurisprudência e na doutrina sobre a classificação dos créditos destes contratos sinalagmáticos.

Por meio de uma interpretação funcional da regra geral do art. 49, *caput*, sustentou-se neste trabalho a extraconcursalidade dos contratos bilaterais pendentes de cumprimento, com base na utilização do critério da data do adimplemento. Vale dizer: independentemente de o contrato ter sido celebrado antes do pedido de recuperação, o respectivo crédito não estará sujeito à recuperação judicial quando a utilidade da prestação devida pela contraparte *in bonis* estiver programada para ser disponibilizada à recuperanda (e internalizada em seu patrimônio) em momento posterior ao início do procedimento. Em termos práticos, em um contrato de empreitada que esteja com 50% da obra executada e 30% do preço pago à data do pedido de recuperação da empresa dona da obra, o empreiteiro (na condição de *credor* de 70% do preço e de *devedor* de 50% da obra) deverá receber o saldo do preço como crédito extraconcursal, considerando que o adimplemento da prestação, com a entrega da obra, ocorrerá após o processamento da recuperação judicial.

Contudo, o reconhecimento da extraconcursalidade do crédito do contrato bilateral não coloca a contraparte *in bonis* em um "universo paralelo" à realidade da recuperação judicial. Dentro da lógica excepcional e coletiva do procedimento de recuperação, entende-se que – durante o período crítico entre a data do pedido e a data da assembleia geral de credores convocada para apreciação do plano de soerguimento empresarial – deve-se prevenir todo e qualquer ato de um credor individual que possa dilapidar o patrimônio da devedora ou inviabilizar a manutenção de suas atividades. Em muitos casos, não basta a garantia de proteção de elementos tangíveis do patrimônio da devedora, cabendo também ser dimensionada a relevância de que sejam preservados os contratos necessários à continuidade do processo produtivo da empresa em crise. Em vista do interesse coletivo do procedimento de recuperação, identificam-se fundamentos normativos para que, durante o *stay period*, haja a imposição de limites substanciais ao exercício, pela contraparte *in bonis*, de determinados direitos, poderes e faculdades, buscando-se evitar "novos relâmpagos" em uma situação de crise empresarial inevitavelmente tempestuosa.

Em atenção ao "aro de proteção" financeiro-patrimonial do *stay period*, defendeu-se neste trabalho a nulidade da cláusula *ipso facto*, partindo-se da premissa de que não há uma correlação necessária entre o risco de insolvência e o risco de inadimplemento. Mesmo estando configurado o risco de insolvência uma vez distribuído o pedido de recuperação, a empresa em crise pode estar cumprindo regularmente com as obrigações assumidas em determinados contratos bilaterais e, mais do que isso, ter a necessidade e o pleno interesse na manutenção desses contratos para a própria sobrevivência de suas atividades. Neste caso, quando for constatado que o único descumprimento contratual imputável à recuperanda é do "dever lateral de se manter solvente", admitir a validade da cláusula *ipso facto* seria de todo incompatível com o regime da recuperação judicial, uma vez que o início do procedimento não pode ser, por si só, a causa e o agente catalisador do agravamento da crise empresarial em decorrência da descontinuidade de contratos necessários à preservação da empresa, especialmente durante o período crítico de negociação do plano de recuperação a ser submetido à assembleia de credores.

Ao mesmo tempo, a nulidade da *ipso facto* não representa, em hipótese alguma, um *salvo conduto* para inadimplementos futuros da devedora. A diferenciação entre o risco de insolvência e o risco de inadimplemento não quer dizer que a contraparte *in bonis* deva ficar imobilizada quando se verificar um risco concreto e imediato a apontar que a empresa em crise não irá conseguir honrar com sua prestação do contrato bilateral com vencimento no curso do procedimento de recuperação.

Retomando-se o exemplo *supra* do contrato de empreitada, caso haja indícios concretos de que a dona da obra em recuperação judicial não terá recursos suficientes para, ao tempo da entrega do empreendimento, adimplir com o saldo do preço, não é justificável exigir que o empreiteiro continue a mobilizar esforços para a execução dos atos preparatórios necessários à conclusão da obra, sem uma segurança mínima de que haverá um equilíbrio entre prestação e contraprestação.

Nestes casos de contratos bilaterais de execução diferida em que a contraparte estiver obrigada a cumprir com deveres de prestação (adimplemento definitivo ou atos preparatórios) durante o *stay period*, a exceção de inseguridade surge como instrumento de proteção do sinalagma contratual, tendo sido proposto neste trabalho três critérios cumulativos para o seu manejo.

O primeiro critério é o do *custo de produção* (= preço final *menos* margem de lucro), a fim de que o valor da caução a ser prestada pela empresa recuperanda seja proporcional aos *custos* direta e imediatamente incorridos pela contraparte para a execução de sua prestação contratual durante o *stay period*. O segundo critério diz respeito à demonstração de que a execução do contrato seja de *evidente utilidade* para a recuperanda, a fim de justificar o oferecimento de uma garantia idônea em benefício da contraparte. O terceiro é o de que o oferecimento dessa garantia não venha a causar uma disfunção do fluxo de caixa da recuperanda, cabendo nesta situação excepcional uma redução equitativa do valor da garantia para que sejam tutelados os demais interesses envolvidos no âmbito do procedimento de recuperação.

No exemplo da empreitada, o valor da garantia seria quantificado com base nos custos a serem incorridos pelo empreiteiro durante os 180 dias do *stay period* (primeiro critério); a recuperanda teria o ônus de demonstrar a *evidente utilidade* da conclusão deste empreendimento para a manutenção das suas atividades empresariais (segundo critério); e o oferecimento da caução em benefício da contraparte não poderia, por exemplo, esvaziar o caixa da recuperanda a ponto de não haver recursos suficientes para o pagamento da folha de funcionários no período (terceiro critério).

Ao final deste percurso, vale destacar que também se buscou com este trabalho demonstrar que o tratamento dos contratos bilaterais na recuperação judicial não está amparado em uma *lógica de sacrifício*, a qual viesse a impor ao credor uma tolerância a inadimplementos futuros da devedora e, que, no limite, poderiam condicionar a própria bancarrota do credor. Retomando-se a metáfora do avião em turbulência trazida na introdução, o delineamento de critérios e limites ao exercício, pela contraparte, de determinadas posições jurídicas tem intuito preventivo, a fim de que o acionamento de "saídas de emergência" não sacrifique o interesse coletivo de todos os demais sujeitos a bordo de um avião que – após a superação do período de turbulência – pode, sim, ter condições de novamente pousar em terreno próspero para novas decolagens.

REFERÊNCIAS

Bibliografia

ABRANTES, José João. **A excepção de não cumprimento do contrato**. 2. ed. Coimbra: Almedina, 2014.

AGUIAR JÚNIOR, Ruy Rosado de. **Comentários ao novo Código Civil**: da extinção do contrato. v. VI. t. II. Rio de Janeiro: Forense, 2011.

ALMEIDA COSTA, Mario Júlio de. **Direito das obrigações**. 12. ed. Coimbra: Almedina, 2012.

ANTUNES, José A. Engracia. **Direito dos contratos comerciais**. Coimbra: Almedina, 2009.

ANTUNES VARELA, João de Matos. **Das obrigações em geral**. v. I. 10. ed. Coimbra: Almedina, 2000.

ASCENSÃO, José Oliveira. Insolvência: efeitos sobre os negócios em curso. *In*: **Themis**, Coimbra, 2005. Edição Especial.

ASSIS, Araken de. Seção III – Da exceção de contrato não-cumprido. *In*: ASSIS, Araken de; ANDRADE, Ronaldo Alves de; ALVES, Francisco Glauber Pessoa Alves. **Comentários ao Código Civil brasileiro**: do direito das obrigações. v. 5. Rio de Janeiro: Forense, 2007, p. 652-702.

AYOUB; Luiz Roberto; CAVALLI, Cássio. **A construção jurisprudencial da recuperação judicial de empresas**. 3. ed. Rio de Janeiro: Forense, 2017.

AZEVEDO, Antônio Junqueira de. **Negócio jurídico**: existência, validade e eficácia. São Paulo: Saraiva, 2002.

AZULAY, Fortunato. **Do inadimplemento antecipado do contrato**. Rio de Janeiro: Editora Brasília/Rio, 1977.

BARRETO FILHO, Oscar. **Teoria do estabelecimento comercial**. São Paulo: Max Limonad, 1969.

BETTI, Emilio. Autotutela. *In*: **Enciclopedia del Diritto**. v. IV. Milano: Giuffrè Editore, p. 529-537.

BEVILÁQUA, Clóvis. **Código Civil dos Estados Unidos do Brasil Comentado**. 2. ed. Rio de Janeiro: Livraria Francisco Alves, 1924.

BEZERRA FILHO, Manoel Justino. **Lei de recuperação de empresas e falência - Lei 11.101/2005**: comentada artigo por artigo. 14. ed. São Paulo: Thomson Reuters Brasil, 2019.

BIAZI, João Pedro de Oliveira de. **A exceção de contrato não cumprido no direito privado brasileiro**. Rio de Janeiro: GZ Editora, 2019.

BRASIL. Câmara dos Deputados: Diário da Câmara dos Deputados - Suplemento, 03 de dezembro de 1999.

BRASIL. Senado Federal. Senador Ramez Tebet. Parecer n. 534/2004, 04 de maio de 2004, p. 19-21. Disponível em: <https://www25.senado.leg.br/web/atividade/materias/-/materia/63304>.

BRASIL. Senado Federal. Diário do Senado Federal. Complemento dos Pareceres nºs 559 e 560, de 2004 - Plenário - Senador Ramez Tebet e Senador Fernando Bezerra, publicado em 07 de julho de 2004, p. 90. Disponível em: <http://redir.stf.jus.br/paginadorpub/paginador.jsp?docTP=TP&docID=580930>.

BULGARELLI, Waldírio. **Problemas de direito empresarial**. São Paulo: Revista dos Tribunais, 1989.

BUSCHINELLI, Gabriel Saad Kik. **Abuso do direito de voto na assembleia geral de credores**. 2013. 203 f. Dissertação (Mestrado em Direito) - Faculdade de Direito, Universidade de São Paulo, São Paulo, 2013.

CAMPINHO, Sérgio. **Curso de direito comercial**: falência e recuperação de empresa. 8. ed. São Paulo: Saraiva, 2017.

CARVALHO DE MENDONÇA, José Xavier. **Tratado de direito comercial brasileiro**. v. III. t. II. Campinas: Russell, 2003.

CARVALHO DE MENDONÇA, José Xavier. **Tratado de direito comercial brasileiro**. v. VII. 7. ed. Rio de Janeiro: Livraria Freitas Bastos, 1964.

CARVALHO SANTOS, João Manuel de. **Código Civil brasileiro interpretado**. v. XV. 11. ed. Rio de Janeiro: Livraria Freitas Bastos, 1986.

CAVALCANTE, Fábio Murta Rocha. A falência e a recuperação judicial como causas da extinção de contrato empresarial em cláusula resolutiva. **Revista dos Tribunais**, São Paulo, v. 983, p. 223-261, set. 2017.

CAVALLI, Cássio. **Plano de recuperação**. *In:* COELHO, Fábio Ulhoa (Coord.). **Tratado de Direito Comercial**: falência e recuperação de empresa e direito marítimo. v. 7. São Paulo: Saraiva, 2015, p. 258-294.

CEREZETTI, Sheila Neder. **A recuperação judicial de sociedades por ações**: o princípio da preservação da empresa na Lei de Recuperação e Falência. São Paulo: Malheiros Editores, 2012.

CÉSAR, Gisela. **Os efeitos da insolvência sobre o contrato-promessa em curso.** 2. ed. Coimbra: Almedina, 2017.

CHE, Yeon-Koo; SCHWARTZ, Alan. Section 365, mandatory bankruptcy rules and inefficient continuance. **Journal of Law, Economics, and Organization**, v. 15, n. 2, p. 441-467, July 1999.

COELHO, Fábio Ulhoa. **Comentários à Lei de falências e de recuperação de empresas.** 9. ed. São Paulo: Saraiva, 2013. *E-book.*

COELHO, Fábio Ulhoa. **Parecer Caso Recuperação Judicial OAS.** Parecer constante dos autos do processo TJSP, nº 2076320-96.2019.8.26.0000, fls. 424-444, 2016.

COMPARATO, Fabio Konder. **O Seguro de Crédito**: Estudo Jurídico. São Paulo: Revista dos Tribunais, 1968.

COMPARATO, Fábio Konder. **Aspectos jurídicos da macro-empresa**. São Paulo: Revista dos Tribunais, 1970.

COUTO E SILVA, Clóvis Veríssimo do. **A obrigação como processo**. Rio de Janeiro: Editora FGV, 2006.

CUNHA, Raphael Augusto. **O inadimplemento na nova teoria contratual**: o inadimplemento antecipado do contrato. 2015. 295 f. Dissertação (Mestrado em Direito) – Faculdade de Direito, Universidade de São Paulo, São Paulo, 2015.

DIAS DE OLIVEIRA, Adriana Maria Cruz. **Créditos sujeitos à recuperação judicial**. São Paulo: Quartier Latin, 2019.

DÁVALOS, Susana. The rejection of executory contracts: a comparative economic analysis. **Mexican Law Review**, Ciudad de México, v. 10, n. 1, p. 69-101, July/Dec. 2017.

FERREIRA, Waldemar. **Tratado de direito comercial**: o estatuto da falência e da concordata. v. 14. São Paulo: Saraiva, 1965.

FERNANDES, Micaela Barros Barcelos. Distinção entre condição resolutiva e a cláusula resolutiva expressa: repercussões na falência e na recuperação judicial. **Revista Brasileira de Direito Civil**, Belo Horizonte, v. 20, p. 183-207, abr./jun. 2019.

FERREIRA DA SILVA, Luis Renato. O tempo no Direito e o tempo do Direito: provocação para uma relação entre direito e literatura a partir de um tema borgiano. *In*: MARTINS-COSTA, Judith (Coord.). **Narração e normatividade**: ensaios de direito e literatura. Rio de Janeiro: GZ Editora, 2013, p. 95-100.

FERREIRA DA SILVA, Luis Renato. **Reciprocidade e contrato**: a teoria da causa e sua aplicação nos contratos e nas relações paracontratuais. Porto Alegre: Livraria do Advogado, 2013.

FRIED, Jesse M. Executory contracts and performance decisions in bankruptcy. **Duke Law Journal**, Durham, v. 46, n. 3, p. 517-574, Dec. 1996.

GABRIELLI, Enrico. Appunti sulle autotutele contrattuali. **Rivista di Diritto Privato**, Bari, anno XXI, v. 4, p. 491-530, ott./dic. 2016.

GABRIELLI, Enrico. Il contratto e i rimedi: la sospensione dell'esecuzione. **Rivista di Diritto Privato**, Bari, anno XIX, v. 2, p. 167-188, apr./giugno 2014.

GARCIA, Rebeca. Cláusula resolutiva expressa: análise crítica de sua eficácia. **Revista de Direito Privado**, São Paulo, v. 14, p. 67-103, out./dez. 2013.

GARRON, Frédéric. **La caducité du contrat**. Aix-en-Provence: Presses Universitaires d'Aix-Marseille, 1999.

GOLDENBERG SERRANO, Juan Luis. Los créditos legalmente pospuestos en la Ley 20.720. **Revista de Derecho (Valdivia)**, Valdivia, v. 28, n. 2, p. 91-116, dic. 2015.

GRAU, Eros Roberto. Concordata: garantia por fiança e vencimento antecipado das obrigações. **Revista dos Tribunais**, São Paulo, v. 622, p. 16-22, ago. 1987.

GOMES, Orlando. **Contratos**. 27. ed. Rio de Janeiro: Forense, 2019.

GOMES, Orlando. **Novos temas de Direito Civil**. Rio de Janeiro: Forense, 1983.

HAICAL, Gustavo. Apontamentos sobre o direito formativo extintivo de denúncia no contrato de agência. *In*: MARTINS-COSTA, Judith (Org.). **Modelos de direito privado**. São Paulo: Marcial Pons, 2014, p. 294-331.

HAY, Alan Santos. **A exceção de inseguridade no direito brasileiro**. 2019. 69 f. Trabalho de Conclusão de Curso (Bacharelado em Ciências Jurídicas e Sociais) – Faculdade de Direito, Universidade Federal do Rio Grande do Sul, Porto Alegre, 2019.

JACKSON, Thomas H. **The logic and limits of bankruptcy law**. Cambridge: Harvard University Press, 1986.

JENSEN, Michael C.; MECKLING, William H. Theory of the firm: managerial behavior, agency costs and ownership structure. **Journal of Financial Economics**, Rochester, v. 3, n. 4, p. 305-360, Oct. 1976.

KIRSCHBAUM, Deborah. Cláusula resolutiva expressa por insolvência nos contratos empresariais: uma análise jurídico-econômica. **Revista Direito GV**, São Paulo, v. 2, n. 1, p. 37-54, jan./jun. 2006.

LARENZ, Karl. **Derecho de obligaciones**. t. I. Madrid: Revista de Derecho Privado, 1953.

LEGAL DEPARTMENT INTERNATIONAL MONETARY FUND. Orderly & Effective Insolvency Procedures: Key Issues, 1999.

LISBOA, Marcos de Barros; DAMASO, Otávio Ribeiro; SANTOS, Bruno Carazza do; COSTA, Ana Carla Abrão. A racionalidade econômica da nova Lei de Falências e de Recuperação de Empresas. *In*: PAIVA, Luiz Fernando Valente de (Coord.). **Direito falimentar e a nova Lei de falência e recuperação de empresas**. São Paulo: Quartier Latin, 2005, p. 29-60.

LOBO, Jorge. Efeitos da concordata e da falência em relação aos contratos bilaterais do concordatário e do falido. **Revista de Direito Mercantil**, São Paulo, v. 110, p. 32-42, abr./jun. 1998.

MACEDO, Pedro Souza. **Manual de direito das falências**. v. I. Coimbra: Almedina, 1964.

MARTINS-COSTA, Judith. A recepção do incumprimento antecipado no direito brasileiro configuração e limites. **Revista dos Tribunais**, São Paulo, v. 885, p. 30-48, jul. 2009.

MARTINS-COSTA, Judith. **A boa-fé no direito privado**: critérios para sua aplicação. 2. ed. São Paulo: Saraiva, 2018.

MARTINS-COSTA, Judith. **Comentários ao novo Código Civil**: do adimplemento e da extinção das obrigações. v. V. t. I. 2. ed. Rio de Janeiro: Forense, 2006.

MARTINS-COSTA, Judith; NITSCHKE, Guilherme Carneiro Monteiro. Contratos duradouros e lacunosos e poderes do árbitro: questões teóricas e práticas. **Revista Jurídica Luso-Brasileira**, Lisboa, ano 1, n. 1, p. 1247-1299, 2015.

MENEZES CORDEIRO, António. **Tratado de direito civil**: direito das obrigações: cumprimento e não-cumprimento, transmissão, modificação e extinção. v. IX. 3. ed. Coimbra: Almedina, 2017.

MENEZES LEITÃO, Luís Manuel Teles de. **Direito da insolvência**. 4. ed. Coimbra: Almedina, 2012.

MENEZES LEITÃO, Luís Manuel Teles de. **Direito da insolvência**. 7. ed. Coimbra: Almedina, 2017.

MUNHOZ, Eduardo Secchi. Seção IV – Do procedimento de recuperação judicial. *In*: SOUZA JÚNIOR, Francisco Satiro de; PITOMBO, Antônio Sérgio A. de Moraes (Coord.). **Comentários à Lei de recuperação de empresas e falência**: Lei 11.101/2005. 2. ed. São Paulo: Revista dos Tribunais, 2007, p. 270-319.

MUNHOZ, Eduardo Secchi. Estão sujeitos à recuperação judicial os créditos existentes na data do pedido, não se submetendo aos seus efeitos os créditos posteriores ao pleito recuperacional. *In*: WARDE JÚNIOR, Walfrído Jorge (Coord.). **Teses jurídicas dos tribunais superiores**: direito comercial I. São Paulo: Revista dos Tribunais, 2017, p. 557-563.

MUNHOZ, Eduardo Secchi. Pressupostos da recuperação judicial. *In:* COELHO, Fábio Ulhoa (Coord.). **Tratado de Direito Comercial**: falência e recuperação de empresa e direito marítimo. v. 7. São Paulo: Saraiva, 2015, p. 163-180, p. 167-168.

NEVES, José Roberto de Castro. **Direito das obrigações.** 7. ed. Rio de Janeiro: GZ Editora, 2018.

NORONHA, Fernando. **Direito das obrigações**. 4. ed. São Paulo: Saraiva, 2013.

NOVAES E FRANÇA, Erasmo Valladão A. e. Seção IV: Da Assembleia Geral de Credores. *In*: SOUZA JÚNIOR, Francisco Satiro de; PITOMBO, Antônio Sérgio A. de Moraes (Coord.). **Comentários à Lei de recuperação de empresas e falência**: Lei 11.101/2005. 2. ed. São Paulo: Revista dos Tribunais, 2007, p. 186-217.

OLIVEIRA, Ana Perestrelo de; OLIVEIRA, Madalena Perestrelo de. **Incumprimento resolutório**: uma introdução. Coimbra: Almedina, 2019.

OLIVEIRA, Bruno Kurzweil de; COMODO, Ana Paula. A sujeição de créditos: a data de existência para fins de créditos decorrentes de indenização civil na recuperação judicial. **Revista Dialética de Processo Civil**, São Paulo, n. 119, p. 7-16, fev. 2013.

PENALVA SANTOS, Paulo. Os contratos na recuperação judicial e na falência. *In*: PAIVA, Luiz Fernando Valente de (Coord.). **Direito falimentar e a nova Lei de falências e recuperação de empresas**. São Paulo: Quartier Latin, 2005, p. 413-439.

PERSICO, Giovanni. **L'eccezione d'inadempimento**. Milano: Giuffrè Editore, 1955.

PESSOA, Samuel. Debate entre esquerda e direita no Brasil é pouco esclarecedor. **Revista Conjuntura Econômica**, v. 70, n. 7, p. 10-11, jul. 2016.

PONTES DE MIRANDA, Francisco Cavalcanti. **Tratado de direito privado**. t. VI. 4. ed. São Paulo: Revista dos Tribunais, 1983.

PONTES DE MIRANDA, Francisco Cavalcanti. **Tratado de direito privado**. t. XXII. 3. ed. São Paulo: Revista dos Tribunais, 1984.

PONTES DE MIRANDA, Francisco Cavalcanti. **Tratado de direito privado**. t. XXV. 3. ed. São Paulo: Revista dos Tribunais, 1984.

PONTES DE MIRANDA, Francisco Cavalcanti. **Tratado de direito privado**. t. XXVI. 3. ed. São Paulo: Revista dos Tribunais, 1984.

PONTES DE MIRANDA, Francisco Cavalcanti. **Tratado de direito privado**. t. XXVII. 3. ed. São Paulo: Revista dos Tribunais, 1984.

PONTES DE MIRANDA, Francisco Cavalcanti. **Tratado de direito privado**. t. XXVIII. 3. ed. Rio de Janeiro: Revista dos Tribunais, 1984.

PONTES DE MIRANDA, Francisco Cavalcanti. **Tratado de direito privado**. t. XXX. 3. ed. São Paulo: Revista dos Tribunais, 1984.

PUGLIESI, Adriana Valéria. **A falência e a preservação da empresa**: compatibilidade? 2012. 326 f. Tese (Doutorado em Direito) – Faculdade de Direito, Universidade de São Paulo, São Paulo, 2012.

RIBEIRO, Joaquim de Souza. **Cláusulas contratuais gerais e o paradigma do contrato**. 1990. 251 f. Dissertação (Pós-graduação em Ciências Jurídico-Empresariais) – Faculdade de Direito, Universidade de Coimbra, Coimbra, 1990.

RIBEIRO, Marcia Carla Pereira; GALESKI JUNIOR, Irineu. **Teoria geral dos contratos**: contratos empresariais e análise econômica do direito. 2. ed. São Paulo: Revista dos Tribunais, 2015.

REDECKER, Ana Cláudia. Recuperação de empresas: efeitos sobre os negócios e ações em curso. *In*: GARCIA, Ricardo Lupion (Org.). **10 anos da Lei de falências e recuperação judicial de empresas**: inovações, desafios e perspectivas. Porto Alegre: Editora Fi, 2016, p. 20-58.

REICH, Charles. The new property. **The Yale Law Journal**, Yale, v. 73, n. 5, p. 733-787, Apr. 1964.

ROPPO, Vincenzo. **Il contratto**. 2. ed. Milano: Giuffrè Editore, 2011.

SACRAMONE, Marcelo Barbosa. Cláusula de vencimento antecipado na recuperação judicial. **Revista do Advogado**, São Paulo, n. 131, p. 133-139, out. 2016.

SACRAMONE, Marcelo Barbosa; PIVA, Fernanda Neves. Créditos vencidos e vincendos na recuperação judicial: o negócio jurídico sob condição suspensiva e o contrato bilateral. *In*: WAISBERG, Ivo; RIBEIRO, Jose Horácio Halfeld Rezende (Org.). **Temas de direito da insolvência**: estudos em homenagem ao professor Manoel Justino Bezerra Filho. São Paulo: IASP, 2017, p. 589-607.

SACRAMONE, Marcelo Barbosa. **Comentários à lei de recuperação de empresas e falência**. São Paulo: Saraiva, 2018.

SALAMA, Bruno Meyerhof. Recuperação Judicial e trava bancária. **Revista de Direito Bancário e do Mercado de Capitais**, São Paulo, v. 59, p. 13-23, 2013.

SALAMA, Bruno M. **O Fim da Responsabilidade Limitada no Brasil**. São Paulo: Malheiros, 2014.

SALLES, Raquel Bellini de Oliveira. **A autotutela pelo inadimplemento nas relações contratuais**. 2011. 258 f. Tese (Doutorado em Direito) – Faculdade de Direito, Universidade do Estado do Rio de Janeiro, Rio de Janeiro, 2011.

SANTOS, J. A. Penalva. **Obrigações e contratos na falência**. 2. ed. Rio de Janeiro: Renovar, 2003.

SCALZILLI, João Pedro; SPINELLI, Luis Felipe; TELLECHEA, Rodrigo. **Recuperação de empresas e falência**: teoria e prática na lei 11.101/2005. 1. ed. São Paulo: Almedina, 2016.

SCALZILLI; João Pedro; SPINELLI, Luis Felipe; TELLECHEA, Rodrigo. **Recuperação de empresas e falência**: teoria e prática na Lei 11.101/2005. 3. ed. São Paulo: Almedina, 2018.

SCALZILLI, João Pedro; SPINELLI, Luis Felipe; TELLECHEA, Rodrigo. **História do direito falimentar**: da execução pessoal à preservação da empresa. São Paulo: Almedina, 2018.

SERPA LOPES, Miguel Maria de. **Exceções substanciais**: exceção de contrato não cumprido. Rio de Janeiro: Livraria Freitas Bastos, 1959.

SERRA, Catarina. **Lições de direito da insolvência**. Coimbra: Almedina, 2018.

SOUZA JÚNIOR, Francisco Satiro de. Recuperação judicial e a excepcionalidade dos créditos garantidos por cessão fiduciária de créditos futuros. *In*: GARCIA, Ricardo Lupion (Org.). **10 anos da Lei de falências e recuperação judicial de empresas**: inovações, desafios e perspectivas. Porto Alegre: Editora Fi, 2016, p. 159-181.

SOUZA JÚNIOR, Francisco Satiro de. Autonomia dos credores na aprovação do plano de recuperação judicial. *In*: CASTRO, Rodrigo R. Monteiro; WARDE JÚNIOR, Walfrido Jorge; TAVARES GUERREIRO, Carolina Dias (Coords.). **Direito empresarial e outros estudos em homenagem ao Professor José Alexandre Tavares Guerreiro**. São Paulo: Quartier Latin, 2013, p. 101-114.

SOUZA JÚNIOR, Francisco Satiro de. **Parecer "Grupo TONON".** Parecer constante dos autos do processo TJSP, nº 2190770-23.2017.8.26.0000, fls. 607-640, 2016.

SOUZA JÚNIOR, Francisco Satiro de. **O "dinheiro novo" como elemento de interpretação do conceito de "crédito existente" na recuperação judicial.** Disponível em: <https://ssrn.com/abstract=3058053>. Acesso em: 17 jan. 2020.

SOUZA JÚNIOR, Francisco Satiro de; WANDERLEY, Eduardo G. National Report for Brazil. *In*: CHUAH, Jason; VACCARI, Eugenio (Ed.). **Executory contracts in insolvency law**: a global guide. Cheltenham: Edward Elgar Publishing, 2019, p. 94-118.

STRETEN, Elizabeth. National report for Australia. *In*: CHUAH, Jason; VACCARI, Eugenio (Ed.). **Executory contracts in insolvency law**: a global guide. Cheltenham: Edward Elgar Publishing, 2019, p. 476-498.

TEPEDINO, Gustavo. Efeitos da crise econômica na execução dos contratos: elementos para a configuração de um direito da crise econômica. *In*: TEPEDINO, Gustavo. **Temas de Direito Civil**. 3. ed. Rio de Janeiro: Renovar, 2004, p. 79-125.

TEPEDINO, Ricardo. Seção VIII – Dos efeitos da declaração de falência sobre as obrigações do devedor. *In*: ABRÃO, Carlos Henrique; TOLEDO, Paulo F. C. Salles de (Coord.). **Comentários à Lei de recuperação de empresas e falência**. 6. ed. São Paulo: Saraiva, 2016, p. 445-481.

TERRA, Aline de Miranda Valverde. **Cláusula resolutiva expressa**. Belo Horizonte: Fórum, 2017.

TISSOT, Fabrice Robert. The Effects of a Reorganization on (Executory) Contracts: A Comparative Law and Policy Study [United States, France, Germany and Switzerland]. ***IILR***, v. 234, jun. 2012.

TOLEDO, Paulo Fernando Campos Salles de. O Plano de Recuperação Judicial e o controle judicial da legalidade. **Revista de Direito Bancário e do Mercado de Capitais**, v. 60, abril de 2013, p. 307-326.

TOLEDO, Paulo Fernando Campos Salles de; PUGLIESI, Adriana V. "Capítulo I – Insolvência e Crise das Empresas". *In:* CARVALHOSA, Modesto (Coord.). **Tratado de direito empresarial**: recuperação empresarial e falência. São Paulo: Revista dos Tribunais, 2016.

TRIANTIS, George. The effects of insolvency and bankruptcy on contract performance and adjustment. **University of Toronto Law Journal**, Toronto, v. 43, n. 3, p. 679-710, ago. 1993.

USTÁRROZ, Daniel. **Direito dos contratos**: temas atuais. 2. ed. Porto Alegre: Livraria do Advogado Editora, 2012.

VACCARI, Eugenio. National report for England and Wales. *In*: CHUAH, Jason; VACCARI, Eugenio (Ed.). **Executory contracts in insolvency law**: a global guide. Cheltenham: Edward Elgar Publishing, 2019, p. 519-545.

VALVERDE, Trajano de Miranda. **Comentários à Lei de falências**. v. I. 4. ed. Rio de Janeiro: Forense, 1999.

VASCONCELOS, Luís Miguel Pestana de. **Direito das garantias**. 2. ed. Coimbra: Almedina, 2016.

VASCONCELOS, Luís Miguel Pestana de. O novo regime insolvencial da compra e venda. **Revista da Faculdade de Direito da Universidade do Porto**, Porto, ano 3, p. 521-559, 2006.

VASCONCELOS, Luís Miguel Pestana de. **Recuperação de empresas**: o processo especial de revitalização. Coimbra: Almedina, 2017.

VAZ SERRA, Adriano Paes da Silva. Excepção de contrato não cumprido. *In*: **Boletim do Ministério da Justiça**, n. 67, p. 17-181, jun. 1957.

WAISBERG, Ivo; *et alii*. **Financiamento de empresas em recuperação judicial:** importância, dificuldades e estímulos, mar. 2010. TMA-Brasil.

WANG, Bingdao. National report for Singapore. *In*: CHUAH, Jason; VACCARI, Eugenio (Ed.). **Executory contracts in insolvency law**: a global guide. Cheltenham: Edward Elgar Publishing, 2019, p. 561-583.

WESTBROOK, Jay Larence. A functional analysis of executory contracts. **Minnesota Law Review**, Minneapolis, v. 74, p. 227-338, 1989.

WILLCOX, Victor. A cláusula resolutiva expressa ipso facto e a crise da empresa: parâmetros para exame da legitimidade da resolução do contrato em caso de insolvência do contratante. **Revista Brasileira de Direito Civil**, Belo Horizonte, v. 13, p. 197-215, jul./set. 2017.

WOOD, Philip R. **Principles of international insolvency**. London: Sweet & Maxwell, 2007.

ZANETTI, Cristiano de Souza. Exceção de contrato não cumprido. *In*: MORRIS, Amanda Zoe; BARROSO, Lucas Abreu (Coord.). **Direito dos contratos**. São Paulo: Revista dos Tribunais, 2008, p. 228-234.

ZANETTI, Cristiano de Souza. Seção III – Da exceção de contrato não cumprido. *In*: NANNI, Giovanni Ettore (Coord.). **Comentários ao Código Civil**: direito privado contemporâneo. São Paulo: Saraiva, 2019, p. 771-775.

UNCITRAL. **Legislative Guide on Insolvency Law.** New York: United Nations Publication, 2005.

UNITED STATES OF AMERICA. **House Report 95-595**. Committee House Judiciary. Representative Don Edwards, 07/11/1977.

Julgados

TJSP. 2ª Câmara Reservada de Direito Empresarial. AI 2024636-35.2019.8.26.0000. Relator Des. Maurício Pessoa. J. em 13/08/2019.

TJSP. 28ª Câmara de Direito Privado. AI 2080543-29.2018.8.26.0000. Relatora Desa. Berenice Marcondes Cesar. J. em 09/10/2018.

TJRS. 11ª Câmara Cível. Ap. 70074492570. Relator Des. Antônio Maria Rodrigues de Freitas Iserhard. J. em 29/11/2017.

TJSP. 2ª Câmara Reservada de Direito Empresarial. AI 2127203-18.2017.8.26.0000. Relator Des. Carlos Alberto Garbi. J. em 29/09/2017.

TJSP. 29ª Câmara de Direito Privado. Ap. 0001576-67.2013.8.26.0553. Relator Des. Carlos Dias Motta. J. em 09/08/2017.

STJ. 4ª Turma. REsp 1.368.550/SP. Relator Min. Luis Felipe Salomão. J. em 04/10/2016.

TJRJ. 7ª Vara Empresarial da Capital. Processo 0203711-65.2016.8.19.0001. Juiz Titular Fernando Cesar Ferreira Viana. J. em 29/06/2016.

STJ. 4ªTurma. REsp 1.447.918/SP. Relator Min. Luis Felipe Salomão. J. em 07/04/2016.

TJSP. 1ª Câmara Reservada de Direito Empresarial. AI 2112614-89.2015.8.26.0000. Relator Des. Pereira Calças. J. em 29/07/2015.

STJ. 2ª Seção. EDcl nos EDcl nos EDcl no AgRg no CC 105.345/DF. Relator Min. Raul Araújo. J. em 09/11/2011.

TJRJ. 2ª Câmara Cível. Ap. n. 2003.001.11933. Relatora Desa. Elizabeti Filizzola Assunção. J. em 15/10/2003.

STJ. 3ª Turma. AgRg no Ag 252.689/SP. Relator Min. Carlos Alberto Menezes Direito. J. em 19/11/1999.

TJRJ. 12ª Câmara Cível. AI 2.357/97. Relator Des. Bernardino Machado Leituga. J. em 27/03/1998.

STJ. 2ª Seção. CC 6.990/PR. Relator Min. Barros Monteiro. J. em 13/04/1994.

STJ. 2ª Seção. CC 1.865/MS. Relator Min. Dias Trindade. J. em 26/06/1991.

STF. 2ª Turma. RE 28.759/GO. Relator Min. Lafayette de Andrada. J. em 11/10/1955.

TJSP. 1ª Câmara Reservada de Direito Empresarial. AI 2035308-68.2020.8.26.0000. Relator Des. Cesar Ciampolini. J. em 24/07/2020.

TJSP. 25ª Câmara de Direito Privado. AI 2194058-71.2020.8.26.0000. Relator Des. Marcondes D'Angelo. J. em 05/11/2020.

TJRJ. 25ª Câmara Cível. Ap. 0009322-91.2018.8.19.0007. Relatora Desa. Leila Albuquerque. J. em 16/09/2020.

TJRS. 17ª Câmara Cível. Ap. 70083105288. Relator Desa. Liege Puricelli Pires. J. em 22/11/2019.

TJRS. 20ª Câmara Cível. Ap. 70083574533. Relator Des. Dilso Domingos Pereira. J. em 29/01/2020.

TJSP. 21ª Câmara de Direito Privado. AI 2117218-59.2016.8.26.0000. Relator Des. Itamar Gaino. J. em 28/09/2016.

TJRS. 12ª Câmara Cível. Ap. 70080592439. Relator Des. Pedro Luiz Pozza. J. em. 18/07/2019.

TJSP. 31ª Câmara de Direito Privado. AI 2186544-04.2019.8.26.0000. Relator Des. José Augusto Genofre Martins. J. em 01/10/2019.

TJSP. 28ª Câmara de Direito Privado. AI 2080543-29.2018.8.26.0000. Relatora Desa. Berenice Marcondes Cesar. J. em 09/10/2018.